Stefan Blank
Ulrike Niederer

Seychellen

IWANOWSKI'S REISEBUCHVERLAG

Im Internet:

www.iwanowski.de

Hier finden Sie aktuelle Infos zu allen Titeln, interessante Links – und vieles mehr!

Einfach anklicken!

Schreiben Sie uns, wenn sich etwas verändert hat. Wir sind bei der Aktualisierung unserer Bücher auf Ihre Mithilfe angewiesen:
info@iwanowski.de

Seychellen
1. Auflage 2019

Salm-Reifferscheidt-Allee 37 • 41540 Dormagen
Telefon 0 21 33/26 03 11 • Fax 0 21 33/26 03 34
info@iwanowski.de
www.iwanowski.de

Titelfoto: Blick auf die Anse Source d'Argent, La Digue
© Freesurf/fotolia/stock.adobe.com
Alle anderen Farbabbildungen: s. Bildnachweis S. 249
Layout: Monika Golombek, Köln
Lektorat: Ute König, Kitzingen
Karten: Klaus-Peter Lawall, Unterensingen
Titelgestaltung: Point of Media, www.pom-online.de
Redaktionelles Copyright, Konzeption und deren ständige Überarbeitung: Michael Iwanowski

Gesamtherstellung: Himmer GmbH, Augsburg
Printed in Germany

ISBN: 978-3-86197-208-2

Alle Karten zum Gratis-Download – so funktioniert's
In diesem Reisehandbuch sind alle Detailpläne mit QR-Codes versehen, die per Smartphone oder Tablet gescannt und bei einer bestehenden Internet-Verbindung auf das eigene Gerät geladen werden können. Alle Karten sind im PDF-Format angelegt, das nahezu jedes Gerät darstellen kann. Für den Stadtbummel oder die Besichtigung unterwegs hat man so die Karte mit besuchenswerten Zielen und Restaurants auf Smartphone, Tablet, Reader oder als praktischen DIN-A-4-Ausdruck dabei. Mit anderen Worten – der Reiseführer kann im Auto oder im Hotel bleiben und die Basis-Infos sind immer und überall ohne Roaming-Gebühren abrufbar.
Sollten wider Erwarten Probleme beim Karten-Download auftreten, wenden Sie sich bitte direkt an den Verlag. Unter info@iwanowski.de erhalten Sie die entsprechende Linkliste zum Herunterladen der Karten.

Reiserouten

info

Weiterführende Informationen zu folgenden Themen

Verzeichnis der Karten

Legende

- Information
- Sehenswürdigkeit
- Kathedrale
- Moschee
- Hindutempel
- Museum
- wichtiges Gebäude
- Denkmal
- Krankenhaus/Arzt
- Schiffsanleger, Fähre
- Hafen
- Bus-Terminal
- Heliport
- Post
- Markt
- Flughafen, Flugplatz
- Tankstelle
- Schiffswrack
- Aussichtspunkt
- Strand, mit Fläche
- Tauchen
- Leuchtturm
- Wasserfall
- 900 m – Berg mit Höhe in m
- Unterkünfte
- Essen und Trinken
- Nachtleben
- Hauptstraße, mehrspurig
- wichtige Verbindungsstraße
- Nebenstraße
- Pfad, Wanderweg
- Fährlinie
- Nationalpark/Schutzgebiet

EINLEITUNG

Willkommen auf den Seychellen

„Die Seychellen haben eine gute Regierung, die Ausbildung ist kostenlos, es herrscht Vollbeschäftigung und es gibt kein Schwarz und Weiß, keine Diskriminierung", sagte Tom Bowers im Juni 2018 im Gespräch mit den Autoren dieses Buches. Der 1936 geborene, britischstämmige Künstler lebt mit seiner Familie seit 1986 auf Mahé. Er schuf 2014 mit dem „Liberty Monument" eine großartige Bronzestatue als Sinnbild für den Freiheitsgedanken der Einwohner der Seychellen, der Seychellois, wie sie sich selbst nennen. In Victoria steht sie an der 5th June Avenue und zeigt eine Frau und einen Mann, die die Nationalflagge der Seychellen über ihren Köpfen halten und zuversichtlich der Zukunft entgegenstreben. Mit diesem Bild und wenigen Worten hält Bowers fest, was die Seychellen so sympathisch macht – vor allem für Urlauber aus der westlichen Welt: Hier lebt auf 115 Inseln ein friedliches, 98.000 Menschen starkes Volk, das im Laufe der Jahrhunderte aus verschiedenen Ethnien zusammengewachsen ist und das Erbe der Sklaverei längst hinter sich gelassen hat. Heute ist man stolz, „creol" zu sein und damit die eigene kulturelle Vielfalt zu leben.

Besucher sind immer willkommen, Türen, Tore und auch Herzen werden gerne geöffnet. Und wenn viele Seychellois gleich drei Jobs haben, um ihre Familie ernähren zu können, so zahlt sich das im wahrsten Sinne des Wortes aus: Die Seychellen glänzen mit dem höchsten Einkommen von Afrika, sichtbare Armut gibt es nicht in dieser „harmonischen Gesellschaft", wie Bowers sie liebt. Damit nicht genug: „Wir leben ein gutes Leben auf den Seychellen. Der Strand ist kostenlos und Sonne ist reichlich vorhanden", so Marlon, der Taxifahrer. Was Urlaubern nur recht sein kann. Die Strände hier zählen zu den schönsten der Welt und sie sind öffentlich – es gibt keine privaten Strandabschnitte. Sonnenhungrige Urlauber können überall im feinsten Sand und bei wunderschönen Ausblicken – häufig umrahmt von den berühmten Granitfelsen, die das Postkartenbild der Seychellen prägen – ihr Handtuch ausbreiten und den Tag genießen. Die Schnorchelausrüstung muss unbedingt in die Strandtasche. Dazu gibt es reichlich dicht bewachsenes und sattgrünes, bergiges Hinterland mit einer einzigartigen Pflanzen- und Tierwelt. Dazu gehört beispielsweise die Coco de Mer, die größte Nuss der Welt mit ihrem ganz speziellen Aussehen, die auf Praslin, der zweitgrößten Insel der Seychellen, heimisch ist.

Was die Seychellen ausmacht, ist das Ensemble der Bilder und Geschichten, Feiern, Religion und Sprache. Jeder Urlauber wird sich hier in kürzester Zeit wohlfühlen und wahrscheinlich genau das Bild der paradiesischen Inseln finden, das er oder sie vor der Reise im Kopf hatte. Und neue Bilder mit nach Hause nehmen. Viele Besucher werden unweigerlich zu Wiederholungstätern, manche lassen sich gleich hier nieder, andere erleben die Seychellen immer wieder in ihren Träumen. Und das hat sich längst herumgesprochen: 2017 kamen 349.861 Besucher; davon stammten 50.476 aus Deutschland, 41.118 kamen aus Frankreich. Und die Strände sind längst noch nicht voll. Wirklich günstig ist ein Urlaub auf den Seychellen nicht, keine Frage. Aber wirklich teuer auch nicht. Längst gibt es preisgünstige Pensionen mit Familienanschluss, in denen man an dem Leben der Seychellois teilhaben kann. Es gibt Imbissstände, an denen das Curry 3 € kostet und ein eisgekühltes Bier dazu 2,50 €. Busfahren ist nahezu gratis und der Eintritt für die zehn Nationalparks über und unter Wasser moderat. Es geht also durchaus preiswert. Die Deutschen stellen mittlerweile nicht nur die größte Besuchergruppe, sondern sind den Einheimischen auch die liebsten Urlauber. Und das spürt man sofort. Höchste Zeit also für einen Besuch der Seychellen!

Danksagung

An diesem Buchprojekt waren etliche Menschen beteiligt, deren Unterstützung unsere Recherche und Arbeit deutlich einfacher gemacht hat und die uns viele Türen geöffnet haben. Ihnen ein ganz großes Dankeschön. Da wären in Deutschland beispielsweise Edith Hunzinger vom Seychelles Tourist Office, die Autorin Heike Mallad und das kompetente Team von SeyVillas, einem auf die Seychellen spezialisierten Reiseveranstalter.

Auf den Seychellen zog das Team des STB (Seychelles Tourism Board) und namentlich Rolira Young zahlreiche Register, um uns viele Wege zu bereiten und vor allem zu verkürzen. Das gemeinsame Arbeiten führte zu individuellen Begegnungen und Erfahrungen und damit zu den Texten und Bildern, die dieses Buch ausmachen. Vielen Dank!

Willkommen im Paradies

Zum Aufbau des Buchs

Dieses Reisehandbuch kann nur einen unvollständigen und subjektiven Ausschnitt bieten, soll Anregungen geben und als Leitfaden dienen. Es handelt sich um keine flächendeckende Abhandlung über die Seychellen, sondern um Empfehlungen für individuelles Reisen und Erkunden. Sehens- und Erlebenswertes wird in erster Linie für die beschrieben, die ihr komfortables Urlaubsquartier für Exkursionen in die nähere und weitere Umgebung verlassen möchten.

Auf eine allgemeine Vorstellung der Reiseregion, Ausführungen über „Land und Leute" unter verschiedenen Gesichtspunkten folgen Routenvorschläge mit Schwerpunkt auf den Hauptinseln Mahé, Praslin und La Digue. Entlang dieser Routen erreicht man die Hauptsehenswürdigkeiten, aber auch weniger bekannte, lohnende Ziele. Es gibt Tipps und Hinweise zu Restaurants, Stränden und Sehenswürdigkeiten. Eingeschobene Exkurse („Info") liefern Hintergrundwissen und bieten weiteren Lesestoff.

Bei den Beschreibungen im Routenteil wurde größter Wert auf Aktualität gelegt, allerdings kann angesichts der Fülle an Informationen und wegen der Schnelllebigkeit touristischer Angebote keine Gewähr für Korrektheit übernommen werden. Die Autoren sind dankbar über jede Nachricht mit Informationen zu Unstimmigkeiten oder Neuheiten. Über Kritik, Anregungen und Verbesserungsvorschläge freuen wir uns: per E-Mail unter info@iwanowski.de.

Als „Gelbe Seiten" farblich abgesetzt sind die Allgemeinen Reisetipps von A–Z zur Planung und Ausführung einer Reise. Anhaltspunkte zu den Kosten bieten die „Grünen Seiten". Die Reisepraktischen Informationen zu einzelnen Orten bzw. Regionen befinden sich im Routenteil, am Ende der jeweiligen Kapitel. Bei den Hinweisen zu Übernachtung, Restaurants, Shopping oder Touren musste zwangsläufig eine Auswahl getroffen werden. Die genannten Adressen sind allerdings reine Vorschläge oder Empfehlungen. Natürlich gibt es rechts und links davon noch etliche Adressen, die es individuell zu entdecken gilt. Der Anhang bietet neben einem Wörterbuch und Literaturhinweisen ein ausführliches Register, das Ihnen die Möglichkeit gibt, schnell den gesuchten Begriff zu finden.

Stefan Blank und Ulrike Niederer, im November 2018

I. LAND UND LEUTE

Die Seychellen auf einen Blick

Name	Republic of Seychelles; République des Seychelles
Fläche	455 km^2
Einwohner	98.000 (UN-Schätzung 2017)
Bevölkerungsdichte	215 Einw./km^2
Bevölkerung	90 % Kreolen – eine Verbindung aus Europäern und Afrikanern, u. a. Nachkommen von Sklaven, sowie Asiaten. Daneben leben hier ca. 12.800 Menschen aus dem Ausland: z. B. Briten, Franzosen, Deutsche, Chinesen und Inder.
Staatssprache	Amts- und Verkehrssprachen: Seselwa (franz. geprägtes Kreolisch), Englisch und Französisch
Hauptstadt	Victoria auf Mahé
Religion	Ca. 95% der Bevölkerung sind Christen, die meisten Katholiken. Daneben gibt es Anglikaner und Mitglieder von Pfingstkirchen sowie überschaubare Gruppen von Hindus, Muslime u. a.
Flagge 	Die Flagge zeigt fünf schräg verlaufende Streifen oder Strahlen in den Farben Blau, Gelb, Rot, Weiß und Grün. Diese gehen von einem Punkt in der linken unteren Ecke aus. Zur Geschichte und der Bedeutung der Farben s. S. 36.
Nationalfeiertag	18. Juni („Tag der Verfassung“, seit 1993)
Staats- und Regierungsform	Republik mit einem Mehr-Parteien-System und einem Präsidenten. Dieser ist Staatsoberhaupt und Regierungschef zugleich (Präsidialsystem).
Staatsoberhaupt	Danny Faure (PL), vereidigt am 16. Oktober 2016
Größte Inseln/ Anteil Bevölkerung	Hauptinsel Mahé mit 154,2 km^2 und 86,4 % der Gesamtbevölkerung. Praslin: 37,9 km^2 und 9,3 %. La Digue: 9,8 km^2 und 3,2 %. Sonstige Inseln zusammen rund 1,1% der Bevölkerung.
Währung	Seychellen-Rupie (SR bzw. SCR) zu 100 Cents (c)
Wirtschaft	Geldtransfers von Auslands-Seychellois, Tourismus, Ausfuhr von Thunfischkonserven, Erdöl-Reexporte
Bruttoinlandsprodukt/Kopf (lfd. Pr.; US$)	16.008 US-Dollar (IWF-Schätzung 2017)
Arbeitslosenquote	2,7 % (2016)

Inflation	-0,1 % (2016)
Handelspartner	Ausfuhr: EU (v. a. Frankreich, Großbritannien, Italien) 52,8 %; Mauritius 10,0 %; Japan 9,2 %; Madagaskar 2,7 %; sonstige 25,3 % Einfuhr: EU (v. a. Frankreich, Spanien, Großbritannien) 25 %; Saudi-Arabien 22,5 %; Singapur 7,4 %; China 4,5 %; Südafrika 4,1 %; Malaysia 2,9 %; Schweiz 2,6 %; sonstige 30,9 %. (alle Zahlen von 2015)
Problematik	Nahrungsmittel, Brennstoffe, Kapitalgüter, Finanzmittel und Know-how müssen importiert werden. Weltweite Preissprünge bei Nahrungsmitteln und Erdöl wirkten und wirken sich negativ auf die Entwicklung des Landes aus. Große Probleme bereiten eine ausladende Bürokratie sowie Korruption. Die seit 2016 amtierende Regierung von Danny Faure hat diesen Problemen den Kampf angesagt.

Allgemeiner Überblick

Topografie

Die Seychellen befinden sich zwischen dem 4. und 10. Breitengrad südlich des Äquators und gehören topografisch zu Afrika. Sie bestehen aus **115 Granit- und Koralleninseln**, die auf dem nördlichen und westlichen Teil des Maskarenenrückens liegen, der im westlichen Teil des Indischen Ozeans eine untermeerische Schwelle bildet. Südlich der Seychellen liegen die Inselstaaten Madagaskar, Mauritius und die Komoren. Dank der 200-Seemeilen-Zone um die Inseln erstrecken sich die Seychellen von Südwesten nach Nordosten über eine Länge von rund 1.000 km. Das führt zu einem Gesamtgebiet von 1,35 Mio. km² – bei einer Landfläche von gerade mal 455 km².

Mächtige Felsen und üppiges Grün prägen die Inneren Inseln

Auf den Seychellen leben nach der letzten UN-Schätzung im Jahr 2017 98.000 Menschen, 86,4 % davon auf der Hauptinsel Mahé im Osten. Hier liegt auch Victoria, mit 26.000 Einwohnern eine der kleinsten Hauptstädte der Welt. Die Inseln Praslin und La Digue bieten weiteren

12,5 % der Menschen ein Zuhause, sodass auf diesen drei Hauptinseln fast 99 % der Gesamtbevölkerung leben.

Die 115 Inseln werden entsprechend ihrer Lage in **die Inneren und die Äußeren Inseln** eingeteilt. Die 43 Inneren Inseln (Inner Islands) mit einer Landfläche von insgesamt 266 km² bestehen aus den Granit- und den nördlichen Koralleninseln. Dazu gehören die Hauptinsel Mahé mit 154 km², Praslin mit 38 km² und La Digue mit 10 km² Fläche. Zu den Inneren Inseln werden ebenfalls gezählt: Silhouette mit 20 km² Fläche, North Island mit 2 km², Frégate mit 2 km², die 1 km² große Île Aride, die Île Denis mit 1,4 km² sowie Bird Island. Zu den 72 Äußeren Inseln gehören die südlichen Koralleninseln, die Amiranten, die Alphonse-, die Farquhar- und die Aldabra-Gruppe.

Hauptinsel Mahé

Das Klima auf den Seychellen wird durch Monsun- und Passatwinde bestimmt. Die Temperaturen sind das ganze Jahr über konstant und schwanken lediglich zwischen 24 °C und 31 °C. Die Wassertemperatur liegt ganzjährig zwischen 26 °C und 30 °C., da die Gewässer um die Hauptinseln herum sehr flach sind. Mit einem Regenguss muss man auf allen Inseln täglich rechnen – was aber als Abkühlung sehr angenehm sein kann. Für Abkühlung sorgt auch eine tägliche Brise: Von Mai bis September weht der Wind normalerweise aus Südosten, von Dezember bis März aus Nordwesten. Als Übergangsphase und trockene Zeit gelten April/Mai und Oktober/November. Jetzt ist es meistens windstill und es kann drückend heiß sein.

Klima

Die Seychellen entstanden, als vor etwa 200 Mio. Jahren der Urkontinent Gondwana auseinanderdriftete. Hierbei blieben zwischen Indien und dem heutigen Afrika die Granitinseln und -klippen der Seychellen im Ozean stehen. Arabische Seefahrer waren im 7. Jahrhundert vermutlich die Ersten, die die einsamen und unbesiedelten Inseln erblickten. 1502 war es der Portugiese Vasco da Gama, der auf dem Weg nach Indien die Seychellen entdeckte. Die Franzosen folgten 1742. Ab 1771 nutzten sie die Seychellen als Transitgebiet für den Sklavenhandel. Auf

Entstehung und Entdeckung

Blick von La Digue in Richtung Mahé

den Inseln selbst wurden Sklaven aus Afrika auf den Plantagen eingesetzt. Von 1794 bis 1811 kämpften Frankreich und Großbritannien um die Vorherrschaft, 1811 mussten die Franzosen endgültig weichen. Großbritannien verwaltete jetzt die Seychellen von Mauritius aus, Sklavenarbeit inklusive. Als 1839 die Sklaverei offiziell abgeschafft wurde, blieben viele ehemalige Sklaven, meist afrikanischer Abstammung, hier. Durch sie wurden die Seychellen zu dem, was sie heute sind: ein lebendiges Beispiel kreolischer Kultur, Mentalität und Toleranz.

Kreolische Mehrheit

Heute sind etwa 90 % der Einwohner Kreolen, die mit dem Seychellenkreol oder „Seselwa" ihre eigene Sprache sprechen und als ungemein freundlich gelten. Unter den sonstigen **Bevölkerungsgruppen** sind besonders die Menschen indischer Abstammung zu nennen. Sie betreiben zum Großteil die kleinen Läden und sind aus den Dörfern der Inseln nicht mehr wegzudenken. Trotzdem – oder deshalb – werden sie teilweise von den Seychellois wegen ihres vermeintlichen Reichtums beneidet. Einen geringen Anteil der Einwohnerschaft bilden Expats, meist wohlhabende Menschen aus westlichen Ländern, die sich entschlossen haben, hier zu leben oder zumindest einen Wohnsitz zu nehmen, z. B. auf Eden Island. Denn das kann sich, wie sich bei den Recherchen rund um die sogenannten „Panama Papers" herausstellte, steuerlich durchaus günstig auswirken.

Umweltpolitische Aktivitäten

Da das „**Recht auf eine saubere Umwelt**" in der Verfassung verankert ist, betreiben die Seychellen seit Jahren mit dem „Environmental Management Plan of Seychelles" aktiv Umweltschutzpolitik und gelten weltweit als Vorreiter bei der Förderung der „Blue Economy", einer besonders umweltschonenden Wirtschaftsform. Ein Großteil der Inselwelt ist Naturschutzgebiet. Das Aldabra-Atoll und der Naturpark Vallée de Mai auf Praslin zählen seit Jahrzehnten zum UNESCO-Weltnaturerbe. Im Februar 2018 verabschiedete die Regierung ein Gesetz zur Schaffung eines Meeresschutzgebiets, das mehr als 210.000 km² umfasst. Bis 2021 soll der Plan umgesetzt werden. Bislang waren nur 0,04 % der Gewässer des Landes geschützt. Das einzigartige Abkommen basiert auf einem Deal mit den Gläubigern des Inselstaats. Unter der Federführung der US-Umweltschutzorganisation „The Nature Conservancy" (TNC) hatten sich die Seychellen bereits 2016 mit ihren Gläubigern Großbritannien, Frankreich, Belgien und Italien geeinigt, dass die TNC einen Teil der Schulden des Landes übernimmt, gut 22 Mio. US-Dollar. Die Seychellen können jetzt ihre Schulden bei einer von der TNC neu eingerichteten Stiftung zu deutlich niedrigeren Zinsen und über einen längeren Zeitraum begleichen. Dadurch wurden 12 Mio. Dollar für die kommenden 20 Jahre frei, die in Umwelt-, Meeres- und Artenschutzprojekte fließen sollen.

Kreolische Kultur, aktiver Umweltschutz und unzählige Naturschönheiten locken Jahr für Jahr **zahlreiche Besucher** auf die Inseln. Kamen im Jahr 2000 noch 130.000 Urlauber hierher, waren es 2017 bereits 349.861. Davon stammten rund 50.500 aus Deutschland. Heute stellen Deutsche den größten Anteil an Touristen auf den Inseln – und sie sind gerne gesehen. Auf der informellen Hitliste aller Taxifahrer sollen deutsche Urlauber die beliebtesten Gäste sein. Hatte der Inselstaat früher das Image von hochpreisigem Luxustourismus, zählen heute genauso Reisende mit schmalerem Geldbeutel zur Zielgruppe. Aber die Anreise lohnt immer – egal wie groß das Budget ist.

Unterkünfte für jedes Budget

Historischer Überblick

Zeittafel

851	Die Seychellen werden in arabischen Schriftstücken erstmalig erwähnt.
1502	Der portugiesische Seefahrer Vasco da Gama entdeckt die Inselwelt der Seychellen auf seinem Weg nach Indien. Er nennt die gesichtete Inselgruppe „Amiranten".
1609	Lange vor der ersten Besiedlung der Inseln beschreibt der englische Seefahrer John Jourdain an Bord des Schiffes „Ascension" die Gestade der Seychellen.
1742	Lazare Picault führt die erste französische Expedition nach Mahé. Er ist unterwegs im Auftrag des Gouverneurs der Île de France (dem heutigen Mauritius) Bertrand François Mahé de La Bourdonnais. Nach ihm wird die Hauptinsel benannt. Ein Jahr später landet Picault auf Praslin und nennt die Insel „Îsle des Palmes" (Palmeninsel).
1756	Die französische Staatsmacht erhebt offiziell Anspruch auf die Inselgruppe der Seychellen. Der neue Name lautet „Séchelles" zu Ehren von Jean Moreau de Séchelles, dem damaligen Finanzminister von Ludwig XV.
1768	Die Palmeninsel wird in Praslin umbenannt, zu Ehren des Marineministers César Gabriel de Choiseul, der auch der Duc de Praslin ist.
1770	Auf der Insel Ste. Anne wird die erste französische Siedlung erbaut. Auf Mahé errichtet Pierre Poivre einen Kräutergarten, „Le Jardin du Roi".
1771	Auf Ste. Anne entsteht die erste Plantage, die Arbeit wird von Sklaven verrichtet. Gleichzeitig werden die Seychellen zum Transitgebiet für den weltweiten Sklavenhandel.
1778	Die erste französische Siedlung auf Mahé entsteht. Sie heißt „L'Établissement du Roi".
1794	Beginn der Kolonisierung durch die Briten: Quéau de Quinssy, der französische Gouverneur der Inseln, muss sich der überlegenen britischen Seemacht geschlagen geben und kapituliert. Er behält allerdings Einfluss und Macht, weiterhin flattert die französische Flagge über Mahé.
1811	Ein britischer Verwalter landet auf Mahé, um die Geschäfte an sich und damit Großbritannien zu ziehen.
1815	Durch die Ratifizierung des Vertrags von Paris (1814) auf dem Wiener Kongress fallen die Seychellen auch offiziell an Großbritannien und werden Kolonie. Verwaltet werden sie von Mauritius aus.
1825	Gut 7.000 Menschen leben jetzt auf den Seychellen.

1835	Die Briten schaffen bis 1839 die Sklaverei ab.
1841	Die Siedlung L'Établissement du Roi auf Mahé wird zu Ehren der britischen Königin umbenannt in Victoria.
1853	Die katholische Kirche hält Einzug auf den Seychellen und kommt, um zu bleiben.
1861	Die ersten befreiten Sklaven lassen sich auf den Seychellen nieder.
1862	Victoria wird durch einen gewaltigen Erdrutsch („Lavalas") verwüstet. Die Abschaffung der Sklaverei macht sich bemerkbar, die weiße Oberschicht verdient nicht mehr so viel wie zu früheren Zeiten, es folgt eine Wirtschaftskrise.
1903	Die Seychellen werden zu einer von Mauritius unabhängigen Kronkolonie im britischen Imperium.
1939	Eine eigene Währung wird im Land eingeführt: die Seychellen-Rupie.
1948	Die erste eigene Verfassung wird ausgerufen und ein Wahlsystem eingerichtet.
1964	Die ersten politischen Parteien entstehen. France-Albert René gründet die Seychelles People's United Party (SPUP), die die schnellstmögliche Unabhängigkeit von Großbritannien zum Ziel hat. James Mancham geht mit der Seychelles Democratic Party (SDP) an den Start. Ihr Ziel ist es, mit den Briten politisch zusammenzuarbeiten.
1967	Bei den ersten Parlamentswahlen erhält die SDP vier Sitze, die SPUP drei. Ein Sitz geht an „Unabhängige".
1971	Der internationale Flughafen auf Mahé wird eröffnet. Langsam, aber nachhaltig hält der Tourismus Einzug.
1975	Die Seychellen werden autonome Kolonie. Die Selbstverwaltung wird geführt von einer SDP-SPUP-Koalition unter James Mancham.
1976	Am 29. Juni folgt die Unabhängigkeit. Die Seychellen bleiben Mitglied im Commonwealth. Der erste Präsident wird James Mancham, Premierminister ist France-Albert René.
1977	Staatsstreich: France-Albert René übernimmt die Regierungsgeschäfte. Mancham geht ins Exil und bleibt bis 1992 in England.
1979	Die Seychellen erklären sich zur sozialistischen Republik, regiert von einem Einparteiensystem unter der neu formierten Seychelles People's Progressive Front (SPPF). Gleichzeitig tritt eine neue, sozialistische Verfassung in Kraft.
1981	Ein Putschversuch durch 50 Söldner unter der Leitung von Mike „Mad Mike" Hoare und unterstützt durch den südafrikanischen Geheimdienst endet spektakulär in einem Feuergefecht am Flughafen von Mahé. Es ist einer von mehreren Putschversuchen gegen René.

1993 Der Sozialismus ist überwunden, das Land kehrt am 21. Juni als „Dritte Republik" zum Mehrparteiensystem zurück.

1998 Bei der Präsidentenwahl am 20. März erhält René 66,7 % der Stimmen und gewinnt gegen Wavel Ramkalawan von der United Opposition (UO) mit 19,5 % sowie Mancham mit 13,8 %.

2001 France-Albert René wird als Präsident mit 54 % der Wählerstimmen wiedergewählt.

2004 René zieht sich von den Amtsgeschäften zurück und übergibt sein Amt an James Alix Michel.

Beim Tsunami am 26. Dezember sind auf den Seychellen drei Tote zu beklagen.

2006 James Alix Michel wird mit 53,7 % der Wählerstimmen im Amt bestätigt. Seine Amtszeit überdauert zwei Wiederwahlen 2011 und 2015.

2009 Im Juni wird aus der SPPF die People's Party (Kreol: Parti Lepep, PL). Ab November gelingt es durch ein Abkommen mit der EU, die Piraterie in den Gewässern rund um die Seychellen nachhaltig zu unterdrücken.

2016 In den sogenannten „Panama Papers" wird von Briefkastenfirmen prominenter Ausländer auf den Seychellen berichtet.

In Form des Mehrparteienbündnisses Linyon Demokratik Seselwa (LDS) unter Führung von Wavel Ramkalawan gewinnt zum ersten Mal in der Geschichte der jungen Republik die Opposition die Parlamentswahl. Ein paar Wochen später tritt James Alix Michel als Präsident zurück. Sein Nachfolger wird der bisherige Vizepräsident Danny Faure. Am 15. November spricht Faure auf der Weltklimakonferenz in Marrakesch in Marokko.

2017 Am 8. Januar stirbt James Mancham, der erste Präsident der Seychellen, im Alter von 77 Jahren.

2018 Ende Februar verabschiedet die Regierung der Seychellen ein Gesetz über die geplante Einrichtung eines Meeresschutzgebietes von der Fläche Großbritanniens. Dieses soll rund ein Drittel der Gewässer des Landes im Indischen Ozean umfassen. Ziel ist es, die einzigartige Artenvielfalt langfristig zu schützen. Hintergrund ist ein besonderer Handel: ein Schuldentausch, bei dem eine Umweltschutzorganisation unter Mitwirkung des US-amerikanischen Schauspielers Leonardo DiCaprio Gläubigern des Landes die Schulden abgekauft hat.

Geografischer Überblick

Den Archipel der Seychellen findet man zwischen dem 4. und 10. Breitengrad südlich des Äquators und östlich von Afrika im Indischen Ozean. Die gesamte Fläche der Seychellen umfasst 1,35 Mio. km². Die insgesamt 115 Inseln werden in **zwei Gruppen** eingeteilt: die Inneren und die Äußeren Inseln. Dazu kommt eine weitere

115 + 1

Insel, die bei den offiziellen Zählungen aber nicht berücksichtigt wird: Eden Island vor Mahé. Diese künstliche Insel umfasst 5 ha und wurde zu Beginn der 2000er-Jahre mit tatkräftiger und vor allem finanzieller Unterstützung aus den Vereinigten Arabischen Emiraten im Hafengebiet der Hauptstadt Victoria aufgeschüttet. Ziel war es, den Tourismus anzukurbeln und gleichzeitig in überschaubare Bahnen zu lenken. Wohlhabende Menschen aus aller Welt können sich hier ein Apartment oder gleich ein Haus kaufen und erhalten gleichzeitig das Wohnrecht.

Die „Inner Islands" oder **Inneren Inseln** umfassen 41 Granit- und die beiden Koralleninseln Denis und Bird Island. Alle Inneren Inseln haben gemein, dass sie bis zu maximal 90 km von der **Hauptinsel Mahé** entfernt und im wahrsten Sinne des Wortes „grün" sind. Sie sind meist dicht bewachsen mit tropischem Regenwald, verfügen über eine einmalige Tierwelt und hügelige Landschaften. Die Strände in den Buchten sind strahlend weiß und werden umrahmt von den bekannten mächtigen Granitfelsen.

Mahé ist die größte Insel der Seychellen und glänzt mit der höchsten Erhebung der 115 Inseln, dem Morne Seychellois mit 905 m über dem Meeresspiegel. 86,4 % der Bevölkerung der Seychellen leben auf Mahé, davon 26.000 in der Hauptstadt

Felsen an der Anse Banane, La Digue

Victoria. Zählt man die Bevölkerung der drei (Inneren) Hauptinseln Mahé, Praslin und La Digue zusammen, so leben hier 99 % der 98.000 Menschen starken Bevölkerung. Zu den Inneren Inseln gehören auch die Inselchen Cerf, Round und Frégate.

Inselgruppen und Atolle

Die 72 **Äußeren Inseln** werden in fünf Gruppen zusammengefasst: Alphonse mit der gleichnamigen Insel, St. François und Bijoutier. Die Amiranten mit gleich 24 Inseln, zu denen u. a. Desroches zählt, die Southern Coral Group (südliche Korallengruppe) mit Platte und Coëtivy, die Farquhar-Gruppe mit Providence und den Farquhar-Inseln sowie die Aldabra-Gruppe mit Aldabra, Assumption, Astove und Cosmoledo. Diese Koralleninseln sind flach und überragen den Meeresspiegel lediglich knapp. Nur wenige Menschen leben hier. Einige Inselchen wie beispielsweise Desroches dienen als Zuflucht für wohlhabende, zivilisationsmüde Urlauber. Hier gibt es nur ein Luxusresort, dafür aber etliche Kilometer Sandstrand und viel Einsamkeit.

Üppige Vegetation

Da die Seychellen über Jahrmillionen vom Rest der Welt abgeschnitten waren, konnte sich hier eine einzigartige Flora und Fauna erhalten. Grün ist die vorherrschende Farbe, wie man schon beim Anflug auf Mahé sieht. Die Regenwälder im Inselinneren sind größtenteils unberührt und an den Rändern wenig zerstört von den Auswüchsen der Zivilisation.

Klima und Reisezeit

Ganzjähriges Reiseziel

Auf den Seychellen ist es das ganze Jahr über heiß und feucht. Die Temperaturen bewegen sich zwischen 24 °C und 31 °C., die Luftfeuchtigkeit liegt bei 80 %. Auch der Aufenthalt im meist kristallklaren Wasser ist angenehm. 26 °C sind immer drin, 30 °C Wassertemperatur auch. Täglich wechseln sich Sonne, Wolken und vielleicht ein Regenschauer ab. Und wer einen Seychellois nach dem aktuellen Wetterbericht fragt, wird sicher die lächelnd vorgebrachte Aussage hören, dass wahrscheinlich die Sonne scheinen werde und ein wenig Regen immer möglich sei. Die Seychellen sind also ein Urlaubsziel, das man das ganze Jahr über ansteuern kann. Unterschieden wird in **zwei Reisesaisons**: Von Mai bis September/Oktober herrscht „Winter", der mitunter von starken und kühlenden Winden aus Südosten begleitet wird. Somit gelten Juli und August als die „kältesten" Monate des Jahres. Da die Winde recht kräftig sein können, eignet sich diese Zeit gut zum Segeln, Surfen und Wandern. Von November bis März oder April ist „Sommer" und der Wind übernimmt aus Nordwesten. Jetzt ist es heißer und feuchter als im Winter. Das Meer ist normalerweise ruhiger, dafür regnet es mehr. Man kann gut schnorcheln und tauchen, denn die Sicht unter Wasser beträgt bis zu 30 m.

Als gute Reisezeiten gelten die Übergangsmonate zwischen den beiden Jahreszeiten. Wer also im April und Mai oder im September und Oktober Zeit hat, die Seychellen zu besuchen, der sollte das tun. Normalerweise ist es windstill und heiß mit wenig Regen. Allerdings ist keine der Wettervorhersagen verbindlich: Der globale Klimawandel hinterlässt auch im Paradies seine Spuren. So kann es

Wolken über Mahé

im April oder Mai durchaus zu heftigen Regenfällen kommen, die lange anhalten. Auch ein mehrtägiger, bedeckter Himmel ist möglich. Was auch für die Seychellois nicht angenehm ist. Und man sollte sich nicht wundern, wenn sich Einheimische bei Urlaubern an regenverhangenen Tagen für das schlechte Wetter entschuldigen. Auch kann sich das Wetter von Insel zu Insel unterscheiden: Während man beispielsweise von La Digue aus zuschauen kann, wie Praslin in Regenwolken gehüllt ist, scheint einem auf der Nachbarinsel die Sonne auf den Kopf.

Die wichtigsten touristischen Inseln der Seychellen liegen außerhalb des sogenannten „Cyclone Belts" (Zyklonengürtel) und sind somit kaum von Wirbelstürmen betroffen. Natürlich aber können im Indischen Ozean auftretende Zyklone Auswirkungen auf die Großwetterlage der Seychellen haben.

Kaum Wirbelstürme

Klimadaten (Quelle: www.wetter.com)

Mahé	Ø Temperaturen in °C/Tag	Ø Temperaturen in°C/Nacht	Sonnenstunden pro Tag	Regentage	Wassertemperaturen in °C	Luftfeuchtigkeit in %
Januar	29,8	24,1	5	17	27	82
Februar	30,4	24,6	6,2	11	28	80
März	31	24,8	6,8	11	28	79
April	31,4	25	7,6	14	29	80
Mai	30,5	25,4	8,2	11	28	79
Juni	29,1	24,6	7,7	10	27	79
Juli	28,3	23,9	7,4	10	26	80
August	28,4	23,9	7,4	10	26	79
September	29,1	24,2	7,6	11	26	78
Oktober	29,6	24,3	7,1	12	26	79
November	30,1	24	6,5	14	27	80
Dezember	30	23,9	5,5	18	27	82

Pflanzen- und Tierwelt

Das warme und feuchte Klima der Seychellen sowie die lange Abgeschiedenheit der Inseln von den Geschehnissen der Welt führten zu einer einmaligen Pflanzen- und Tierwelt. Wegen ihr allein lohnt sich schon ein Besuch. Sattes Grün ist die vorherrschende Farbe der Inseln. Von reichlich Regen und fruchtbarem Boden genährt gibt es hier mehr als **70 endemische Pflanzenarten**. Endemisch heißt, dass sie nur hier zu finden sind. Dazu gehört die bekannte Coco de Mer (s. S. 170), aber auch Orchideen, wilde Vanille oder die fleischfressende *Nepenthes pervillei*, die „Kannenpflanze" mit den charakteristischen Boden- und Luftkannen, die an den Blattenden entwickelt werden – und Fallen für Fliegen und anderes Kleingetier sind. Überhaupt trägt die opulente Pflanzenwelt zur Farbigkeit der Seychellen bei: Da wachsen rotblühende Frangipanibüsche im Hof, Straßenränder sind mit Bougainvilleen verziert, Hibiskus wechselt sich ab mit Mangobäumen, Bananenstauden gehören genauso zum bald vertrauten Anblick wie Brotfrucht- oder Jackfruchtbäume.

Bunte Pflanzenwelt

Die Zusammensetzung der **Tierwelt** hat für Urlauber den netten Nebeneffekt, dass es keine Tiere gibt, die Menschen gefährlich werden könnten. Säugetiere gibt es nur wenige, dafür aber etliche urtümliche Reptilien, die sich bis heute in ihrem Aussehen kaum verändert haben. So kreuzen gewaltige Schildkröten die schmalen Gassen auf La Digue und gleich nebenan streiten sich 10 m über dem Boden lautstark die Flughunde. Vogelfreunde sollten das Spektiv einpacken, denn auf den 115 Inseln der Seychellen leben mehr als 7 Mio. Exemplare aus mehr als 200 Arten. Zugvögel findet man zahlreich, z. B. auf Cousin oder Bird Island. Viele Arten sind aber endemisch, etwa der Seychellen-Nektarvogel (*Cinnyris dussumieri*), den die Einheimischen „kolibri" nennen. Mit viel Glück begegnen einem im Vallée de Mai auf Praslin schwarze Papageien (Seychellenpapagei, *Coracopsis barklyi*), zumindest kann man ihnen beim Gespräch hoch in den Wipfeln der Coco-de-Mer-Palmen zuhören – wenn sie nicht übertönt werden vom lauten Gequatsche der Bülbüls (*Hypsipetes crassirostris*), die sich anscheinend über die Urlauber am Boden lustig machen. Endemisch sind auch der Seychellen-Paradiesschnäpper (*Terpsiphone corvina*), der Seychellendajal (*Copsychus sechellarum*), die Paradies-Fruchttaube (*Alectroenas pulcherrima*) oder der Seychellenweber (*Foudia sechellarum*). Weit entfernt von der Zivilisation, auf Aldabra, lebt mit der Aldabran Rail (Cuvierralle, *Dryolimnas cuvieri aldabranus*) der einzige Vogel im weiten Indischen Ozean, der nicht fliegen kann.

Keine gefährlichen Tiere

Jackfrucht

Nicht zu vergessen die **Welt unter Wasser**: Mehr als 800 Fischarten können auf den Seychellen bestaunt werden. Haie gehören genauso dazu wie Barrakudas, Zackenbarsche und Thunfische, Rochen und Delfine,

Paradies-Fruchttaube auf North Island

Taucher mit Meeresschildkröte

Schildkröten und Aale und viele mehr. Einige Arten von Schildkröten gibt es nur auf den Seychellen, und es wird seit den 1980er-Jahren viel unternommen, damit sie auch hier bleiben. Mit eigenen Aufzuchtprogrammen und bewachten Strandabschnitten, an denen die Schildkröten ihre Eier ablegen, soll der Bestand gesichert werden. Heute leben auf den Inseln der Seychellen Grüne Meeresschildkröten (*Chelonia mydas*), Echte Karettschildkröten (*Eretmochelys imbricata*), Lederschildkröten (*Dermochelys coriacea*), die Aldabra-Riesenschildkröte (*Aldabrachelys gigantea*) als größte lebende Landschildkröte und Exemplare der Bastardschildkröte (*Lepidochely olivacea*). Urlaubern wird auf einigen Inseln wie Cousin die Möglichkeit geboten, ein Wiederaufzuchtprogramm zu besichtigen und vielleicht eine kleine Spende dazulassen.

Um die vormals bunte Welt der **Korallen** ist es rund um die Hauptinseln der Seychellen leider nicht gut bestellt. Experten gehen davon aus, dass mehr als 90 % der Korallen auf dem flachen Plateau rund um die Inneren Inseln kaputt sind. Schuld ist das immer wiederkehrende Klimaereignis El Niño. Seit sich das Weltklima verändert, wird ein häufigeres Auftreten festgestellt. Bei seinem letzten Auftreten zog El Niño die Unterwasserwelt der Seychellen stark in Mitleidenschaft: Ab dem Frühjahr 2016 heizte sich der Indische Ozean für gut vier Monate auf mehr als 32 °C auf. Dazu kamen zu viel Kohlendioxid sowie ein sich verstärkender Tidenhub. Das war zu viel für die Korallen, die eine solche Wärme maximal ein bis zwei Monate überstehen können. Es folgte die sogenannte Korallenbleiche, das Ausbleichen der Steinkorallenstöcke, das zum anschließenden Absterben der Korallen führt. Heute ist die vormals prächtig bunte Korallenwelt grau, die Korallen sind tot. Beim Tauchen freut man sich über jedes Exemplar einer Fächerkoralle, das bis jetzt die Bleiche überstanden hat. Ab 20 m Tiefe wird der Gesamteindruck besser. Was Tauchern aber nicht viel hilft, denn mehr als 80 % aller Tauchgänge auf den Seychellen werden eben bis maximal 20 m abgehalten. Wer also intakte Korallenwelten erleben will, muss die Inneren Inseln hinter sich lassen und tiefere Gefilde anpeilen – etwa um Aldabra oder die Amiranten. Hoffnung machen einige Projekte, die den Wiederaufbau der Korallenwelt zum Ziel haben.

Abgestorbene Korallen

Korallenbleiche und Schadensbehebung

info

Leider müssen sich Taucher auf den Seychellen an den Anblick gewöhnen: Bei Tauchgängen bis zu 20 m Tiefe sieht man nur weißlich-graue Kalkskelette ohne Leben, die volle Sichtweite entlang, über Kilometer hinweg. Normalerweise und in einer idealen Welt verdanken die Korallen den bunten Algen (*Zooxanthellen*), mit denen sie in enger Gemeinschaft leben, ihre Farbenpracht. Korallen sind einfach gebaute Tiere und gehören, wie Quallen, zu den Nesseltieren (*Cnidaria*). Bei der Korallenbleiche sondern die vorher in friedlicher Eintracht mit den Nesseltieren lebenden Algen stressbedingt Gifte ab und werden jetzt von den Korallen abgestoßen. Diese verlieren ihre Farbe. Auf Dauer können die Nesseltiere nicht ohne die einzelligen Algen überleben. Denn die Nesseltiere fischen mit ihren Tentakeln im Meer nach Schwebeteilchen, und die Algen liefern ihnen Zucker als Nahrung. Folge: Korallenriffe, die sich über Jahrhunderte gebildet haben, sterben ab. Die Korallenbleiche wird auf das Klimaphänomen El Niño und die globale Erwärmung zurückgeführt. Normalerweise tritt El Niño alle fünf bis sieben Jahre auf. Wo, das kann nicht vorhergesagt werden. Doch auch Korallenriffe vor Australien und in Indonesien wurden schon in Mitleidenschaft gezogen. Normalerweise können Korallen einen Temperaturanstieg im Wasser auf 31 oder 32 °C gut ein bis zwei Monate aushalten. Im Frühjahr 2016 aber hielt die hohe Wassertemperatur des Indischen Ozeans auf dem Plateau der Seychellen zu lange an. Fast vier Monate dauerte die Hochtemperaturphase, und damit war der Stress für die Korallen zu groß – sie starben ab.

„Dagegen kann man leider nichts machen", sagt Jay McBride, gibt die Hoffnung aber nicht auf. McBride ist Anfang 30 und Meeresbiologe. Schon während seines Studiums interessierte er sich für die Ozeane, heute forscht er auf Praslin über die Wiederherstellung von Korallenriffen sowie das Verhalten von Freizeittauchern. Mit ein bisschen Glück kann man ihn im **Octopus Diving Center** an der Anse Volbert bei der täglichen Arbeit antreffen. Ein Gespräch mit dem von seinem Fach und seiner Mission begeisterten Liverpooler lohnt sich: Der Divemaster will in Zusammenarbeit mit der Regierung der Seychellen und Octopus Diving ein Projekt aufziehen, bei dem es um die Wiederherstellung der bunten Korallenwelt geht. 1 km vor der Goldküste betreibt er einen kleinen Korallengarten in 10 m Tiefe, in dem Korallen ins Leben zurückgeholt werden. „Wir suchen und finden Korallen, sogenannte ‚Nubbins', die nicht von der Korallenbleiche betroffen sind und pflegen diese wieder gesund", erzählt er. „Dann werden sie mit einem Strick oder mit Kabelbinder an einem Käfig festgemacht. So können wir über eine lange Zeit beobachten, wie es ihnen geht. Sind sie wieder in Ordnung, werden sie nach neun bis zwölf Monaten zurück ins Riff gesetzt." Fixiert werden die kleinen Korallen mit Zement, und mit ein bisschen Glück wachsen sie an. Das Projekt ist im Vorbereitungsstadium, die Infrastruktur baut McBride gerade auf, und mit finanzieller Unterstützung kann es bald in großem Rahmen losgehen.

Zugegeben: Bei dem Ausmaß der Korallenbleiche kann das nur ein Tropfen auf den heißen Stein sein. Doch McBride setzt auch auf die Taucher aus der ganzen Welt, die gerne bei dem Projekt mitmachen oder sich zumindest bei ihm darüber informieren können. „Ich will die Taucherinnen und Taucher auch aufklären, wie sie selbst als Freizeittaucher ihre Umwelt verändern." Die Anfahrt mit dem Schnellboot, das Werfen eines Ankers, das Tauchen in großen Gruppen, der

info

Ausstoß von Atemluft unter Wasser – all das beeinflusse das Ökosystem. Da ist sich McBride sicher und macht sich ständig Gedanken, was hier verbessert werden könnte.

Reichlich Gedanken über die Korallen und den Einfluss des Tauchens macht man sich auch in einer anderen Ecke der Seychellen: Roshni Mangar ist Marine Educator der Organisation **WiseOceans**, die im Four Seasons Resort auf Mahé zu finden ist. Und wie McBride auf Praslin hat Mangar in der Bucht vor dem Luxushotel einen Korallengarten ins Leben gerufen. Dieser dient dazu, interessierten Tauchern und Schnorchlern die Welt unter Wasser und vor allem die Wiederherstellung der Riffe näherzubringen. Auch an die Kleinen wurde gedacht: Es gibt einen „Kindergarten" zum Gucken, Anfassen und Verstehen. 2015 ging das Projekt an der Südwestküste von Mahé an den Start. „Seitdem haben wir 900 Korallen angepflanzt und bisher läuft alles sehr gut", sagt Mangar. Dazu gehört auch, dass ein eigenes Aufklärungsprogramm gestartet wurde mit einem kleinen Pavillon am Strand. Hier stellt das Team von WiseOceans Interessierten das Projekt vor, hier kann man mit den Experten wie Roshni Mangar ins Gespräch kommen. Zweimal die Woche erzählt und zeigt sie 1 Std. lang, wie das Projekt funktioniert und was jeder Mensch dazu beitragen kann, damit die Welt wieder ein bisschen besser wird. „Auch im Honeymoon-Paket für die Gäste des Four Seasons haben wir ein kleines, 2-stündiges Abenteuer gepackt: Die Hochzeitspaare können gemeinsam die Korallen anschauen, anfassen und verstehen, wie wichtig das alles ist." Und das Luxushotel Four Seasons sei genau der richtige Ort dafür. Denn hier machen Entscheider und Influencer aus der ganzen Welt Urlaub und nehmen die gewonnenen Erkenntnisse dann mit in ihre Heimat – um hoffentlich anschließend Gutes zu tun.

Roshni Mangar erläutert die Bemühungen um den Erhalt der Korallen

Infos: *Jay McBride trifft man regelmäßig im* **Octopus Diving Center**, *Berjaya Praslin Beach Hotel, Anse Volbert, Côte d'Or auf Praslin. ☏ +248-4232602, http://octopusdiver.com.*
Die Projektvorstellung von WiseOceans im Four Seasons Resort auf Mahé findet donnerstags und samstags um 14 Uhr statt. Auch Nicht-Gäste sind willkommen.
Four Seasons Resort Seychelles, *Petite Anse, Mahé, ☏ +248-4393000, www.fourseasons.com/seychelles.*
Mehr **Infos und Hintergründe**: *www.wiseoceans.com/marine-discovery-programmes/marine-educators-at-fsrs/*
Einen **Überblick** *über die weltweiten Zusammenhänge in Sachen Korallen bietet www.coralwatch.org. Hier werden auch Möglichkeiten vorgestellt, wie man als Laie bei der Erhaltung der Korallenriffe mitmachen kann.*

Die Regierung der Seychellen hat sich seit Jahrzehnten den **Schutz der Umwelt** auf die Fahnen und in Gesetze geschrieben. So gelten heute rund 43 % der Fläche der Seychellen als geschützt. Mit vier Meeresnationalparks, St. Anne, Port Launay/ Baie Tournay, Coco und Curieuse werden mehr als 150 Fischarten geschützt, auf Cousin und Bird wurden Vogelschutzgebiete eingerichtet. Daneben gibt es auf den Seychellen zwei geschützte Weltnaturerbestätten der UNESCO: seit 1982 Aldabra, das gleichzeitig das größte Atoll des Indischen Ozeans ist, und seit 1983 das Vallée de Mai auf Praslin mit der berühmten Coco de Mer.

Wirtschaftlicher Überblick

Höchstes BIP in Afrika

Mit einem BIP von über 16.000 US-Dollar pro Kopf im Jahr (Schätzung 2017) – dem mit Abstand höchsten in Gesamtafrika – gelten die Seychellen als Small Island Developing State (SIDS). Haupteinkommensquelle des jungen Staates ist der Tourismus. An zweiter Stelle steht die Ausfuhr von Thunfischkonserven. Daneben lebt das Land von Geldtransfers von Auslands-Seychellois sowie Erdöl-Reexporten. Auch ein Offshore-Finanzsektor spült ein wenig Geld in die Kassen. Dieser kam allerdings mit der Enthüllung der sogenannten „Panama Papers“ ins Gerede. Der Agrarsektor spielt keine Rolle. Lebenswichtig ist für die 98.000 Einwohner der Import von Nahrungsmitteln und Brennstoffen. In der Folge wirkten sich Preissprünge insbesondere bei Nahrungsmitteln und Erdöl auf den globalen Märkten wiederholt negativ aus. Als Haupthindernisse für wirtschaftliche Betätigung gelten die überbordende Bürokratie und Korruption. Die seit 2016 amtierende Regierung will sich dieser Probleme in den nächsten Jahren mit Hochdruck annehmen und damit ein zentrales Wahlversprechen der Parti Lepep erfüllen.

Wirtschaftliche Stabilisierung

Unter Präsident James Alix Michel (2004–2016) wurde die staatlich stark regulierte Wirtschaft schrittweise liberalisiert. Auch suchten die Seychellen die Zusammenarbeit mit dem Internationalen Währungsfonds (IWF) und der Weltbank. Seit 2008 und nach der globalen Finanz- und Wirtschaftskrise setzte der Staat auf eine Serie von **ökonomischen Reformen**, um Wirtschaft und Währung zu stabilisieren. So schlossen die Seychellen drei insgesamt fast neunjährige Kreditabkommen mit dem IWF, die Mitte 2017 ausliefen. Zu den Reformen zählte beispielsweise die Aufhebung des festen Wechselkurses, was zu einer Abwertung der Landeswährung führte. Auch wurden Devisenkontrollen abgeschafft und der Privatsektor bevorzugt. Diese Bevorzugung galt vor allem für den Offshore-Sektor, in dem sich bis heute zahlreiche internationale Unternehmen engagieren. Die Belohnung für die zahlreichen Liberalisierungsmaßnahmen folgte 2009: Nahezu die Hälfte der Auslandsschulden wurde erlassen. Danach aber stiegen die Schulden von unter 500 Mio. US-Dollar wieder stark an: Ende 2016 standen fast 2 Mrd. US-Dollar auf der Sollseite. Im Zeitraum von 2010 bis 2014 nahm das BIP durchschnittlich um 5 % pro Jahr zu, 2015 waren es noch 3,5 %, ein Wert, der 2017 immerhin gehalten werden konnte. Im April 2015 wurden die Seychellen das 161. Mitglied der World Trade Organization (WTO).

Mit dem Konzept der „Blue Economy“ betraten die Seychellen im Rahmen eines mit dem IWF abgestimmten wirtschaftspolitischen Kurses Neuland. In der

Umweltschonendes Wirtschaften

Blue Economy steht die nachhaltige Nutzung von Meeresressourcen, Erdölvorkommen und mineralischen Rohstoffen im Mittelpunkt. Unter dem Motto „Umweltschonendes Wirtschaften" sollen Energieerzeugung, Meerestransport und Tourismus in diesem Konzept miteinander verknüpft werden. Dazu gehören auch eine gute Regierungsführung, die wirtschaftliche und soziale Entwicklung, der Schutz der natürlichen Lebensgrundlagen und die geregelte Energieversorgung. Seit Anfang 2018 sind die Seychellen noch ein wenig grüner geworden: Die Regierung beschloss, ein Meeresschutzgebiet von der Fläche Großbritanniens einzurichten. Dieses soll rund ein Drittel der Gewässer des Landes im Indischen Ozean umfassen und die einzigartige Artenvielfalt langfristig schützen. Hintergrund ist ein Schuldentausch, bei dem eine Umweltschutzorganisation unter Mitwirkung des Schauspielers Leonardo DiCaprio Gläubigern des Landes die Schulden abgekauft hat. Die frei gewordenen Gelder wollen die Seychellen in eine ökologische Zukunft investieren.

info

Ein Siegel für nachhaltigen Fremdenverkehr

Auch der Tourismus gehört in das Konzept der Blue Economy. Seit 2012 gibt es ein Siegel für nachhaltigen Fremdenverkehr (Seychelles Sustainable Tourism Label, SSTL), mit dem die Unterkünfte auf den Inseln in Sachen Ökologie bewertet werden. Ein Fokus liegt auch auf der umweltgerechten Bewirtschaftung der Betriebe. Weitere Infos und eine Liste mit den zertifizierten Unterkünften gibt es normalerweise beim jeweiligen Tourismusbüro.

Wer nicht in einem der genannten Hotels unterkommt, kann und sollte sich trotzdem nachhaltig auf den Seychellen verhalten. Die netten Leute vom Tourism Department der Seychellen haben ein paar Leitlinien aufgestellt:

Umweltschutz wird auf den Seychellen großgeschrieben

info

„**Wenn Sie unser Land besuchen** ...

- ... buchen Sie Ihre Reise bei verantwortungsbewussten Veranstaltern und Dienstleistern. Wenn Sie auf den Seychellen sind, können Sie Ihren CO_2-Fußabdruck verkleinern, indem Sie öffentliche Verkehrsmittel nutzen oder sich ein Fahrrad mieten, um die Inseln zu erkunden.
- ... schützen Sie bitte auch die Umwelt unter Wasser. Berühren Sie keine Korallen und stellen Sie sich auf keinen Fall darauf. Engagieren Sie sich für den Schutz der Meere, indem Sie entsprechenden Umweltschutzorganisationen beitreten oder sie unterstützen.
- ... entnehmen Sie keine lebenden Muscheln aus dem Meer und kaufen Sie keine Produkte, die aus Schildpatt oder anderen Materialien von gefährdeten Tierarten hergestellt werden.
- ... achten Sie darauf, das empfindliche Ökosystem nicht zu stören. Entnehmen Sie der Natur bitte keine tierischen Produkte, Vogelnester, Pflanzen, Samen oder Mineralien!
- ... nehmen Sie Ihre Abfälle wieder mit. Abfälle wie Plastiktüten schaden Meerestieren wie Fischen und Meeresschildkröten.
- ... machen Sie sich mit der einzigartigen Flora und Fauna der Seychellen vertraut, indem Sie sich vorher Websites zu Umwelt und Natur anschauen.
- ... interessieren Sie sich auch für die Sprache und Kultur der Einheimischen.
- ... unterstützen Sie die einheimische Wirtschaft. Kaufen Sie Andenken, die tatsächlich auf den Seychellen hergestellt wurden. Ernähren Sie sich, wenn Sie selbst einkaufen, von Obst und Gemüse, das im Land wächst. Kosten Sie die einheimische Küche, indem Sie in kreolischen Restaurants speisen.
- ... achten Sie die Kultur der Einheimischen. Es ist ungesetzlich für Frauen, ‚oben ohne' zu baden!
- ... sparen Sie Wasser. Auf kleinen Inseln ist Trinkwasser ein kostbares Gut. Sie können uns helfen, indem Sie kürzer duschen und Badetücher mehrfach verwenden, anstatt sie täglich waschen zu lassen."

Landwirtschaft

Die Landwirtschaft spielt auf den Seychellen nur eine kleine Rolle: So trug sie 2015 lediglich gut 1 % zum BIP bei. 3,3 % der Inselflächen sind Agrarland. Dazu zählen auch die in früheren Zeiten so wichtigen Plantagen mit Exportgütern wie Tee, Zimt oder Kokosnüssen. Die Deviseneinnahmen sind heute nur noch gering. 2014 konnten von offiziellen Stellen folgende Zahlen für ausgewählte Agrarprodukte notiert werden, jeweils in t. Gemüse/Obst: Cassava 220, Bananen 2.017, Gemüse 2.908, Kokosnüsse 2.580, Kopra 2, Zimt 8, Tee 27. Tierprodukte: u. a. Fleisch 1.284 (vorwiegend Geflügel und Schwein). Der Tierbestand 2014: 5.600 Schweine, 300 Rinder, 5.500 Ziegen, 125.000 Hühner, 5.000 Enten.

Kokosnüsse zählen zu den wenigen landwirtschaftlichen Exportgütern

Forstwirtschaft

Kaum Einschlag

Auch die Forstwirtschaft ist unbedeutend, obwohl die Inseln großteils von Bäumen bedeckt sind. Dank der Umweltschutzmaßnahmen gibt es kaum mehr Einschlag, wie die Ernährungs- und Landwirtschaftsorganisation der Vereinten Nationen (FAO) letztmalig für 2015 vermeldete: 12.840 m³: 3.160 m³ Brennholz und 9.680 m³ anderes Holz.

Fischereiwirtschaft

Fischstand auf den Markt in Victoria

Die gigantischen Ausmaße der Hoheitsgewässer der Seychellen (1,35 Mio. km²) bilden die Grundlage für die Fischereiindustrie, dem zweitgrößten Devisenbringer des Landes. Hier werden gut 4 % des BIP erwirtschaftet. 2014 wurden laut FAO 75.146 t Thunfisch und andere Meerestiere gefangen. Das Fischereiprotokoll 2014–2020, das gemeinsam mit der EU ausgehandelt wurde, erlaubt Schiffen aus der EU Fänge im Gebiet der Seychellen für eine Gegenleistung von 5 bis 5,53 Mio. € pro Jahr.

Produzierendes Gewerbe

Bergbau

Für den Eigenbedarf und vor allem für die boomende Baubranche werden überwiegend auf Mahé Granit, Sand, Kies und Kleingestein gewonnen. Die Offshore-Suche nach Erdöl wurde an internationale Konzerne vergeben.

Energie

Stromerzeugung

2015 wurden 438 GWh Strom erzeugt. Dieser wurde vorwiegend aus fossilen Brennstoffen gewonnen. Erneuerbare Energiequellen wie Fotovoltaik und Windenergie tragen bisher zu etwa 5 % zur Stromerzeugung bei. Bis 2030 peilen die Seychellen 15 % an. Dazu soll auch Afrikas erste schwimmende Fotovoltaikanlage im Meer beitragen, die gerade geplant wird. Diese maritime Solaranlage soll in der Lagune von Le Rocher, an der Ostküste von Mahé, installiert werden und mit 1 % zur Stromerzeugung beitragen. Weitere Projekte werden diskutiert.

Verarbeitendes Gewerbe

2015 erwirtschaftete das verarbeitende Gewerbe 6,4 % des BIP. Dazu gehören Erzeugnisse wie Nahrungs- und Genussmittel, Papier, Glas, Plastik, Farben, Reinigungsmittel sowie Baustoffe. Die Fabrik Oceana Fisheries, die zu 51 % einem russischen Investor gehört, produziert und exportiert im großen Stil Fischkonserven und trug 2015 mit 53,2 % zu den Exporterlösen bei.

Export von Fisch-konserven

Baugewerbe

Das Baugewerbe kam 2015 auf 3,1 % des BIP, Tendenz steigend.

Finanzdienstleistungen

2015 erbrachte der Finanzsektor 10,6 % des BIP. Zahlreiche Geldinstitute wie die britische Barclays Bank, die Mauritius Commercial Bank, die Bank of Mauritius, die indische Bank of Baroda oder die Bank of Ceylon aus Sri Lanka haben sich hier angesiedelt. Letztere hat auf Sri Lanka den Ruf, Schwarzgeld der korrupten Eliten des Landes dankbar und gewinnbringend zu verwalten.

Der Offshore-Sektor ist bis heute bei ausländischen Investoren beliebt. Dazu trägt sicher die Seychelles International Business Company (IBC) bei. Ihre Aufgabe ist es – bei garantierter Steuerfreiheit, Befreiung von Berichtspflichten und umfassender Diskretion –, für Engagements auf allen erdenklichen Gebieten internationaler Geschäftstätigkeit zu sorgen. In den sogenannten „Panama Papers“ wurde 2016 enthüllt, dass diverse ausländische Politiker und Geschäftsleute auf den Seychellen Briefkastenfirmen gründeten, um in ihren Herkunftsländern Steuern zu sparen.

Panama Papers

Tourismus

Die Seychellen gelten auf der ganzen Welt als Inbegriff eines Tropenparadieses. Dazu tragen die Klischees von wunderbaren Stränden, farbenprächtigen Tauchrevieren und hervorragender Infrastruktur bei. Ganz zu schweigen vom vermeintlich locker-lässigen Lebensstil der Kreolen. Noch bis vor einigen Jahren stand das hochpreisige Luxussegment im Fokus der Tourismusverantwortlichen. Dies hat sich mittlerweile gewandelt, heute zählen auch Gäste mit kleinerem Reisebudget zur Zielgruppe.

Paradies für Touristen

2016 trug der Tourismus direkt und indirekt zu 58,1 % des BIP bei und damit zur Beschäftigung von 12.000 Erwerbspersonen (26,2 % der Erwerbstätigen auf den Seychellen). 2017 kamen 349.861 Besucher auf die Inseln. Davon stammten 50.476 oder 14 % aus Deutschland, das im Ranking der Herkunftsländer damit den ersten Platz belegt, gefolgt von Frankreich mit 41.118 Besuchern (12 %). Schweizer liegen an neunter Stelle mit 12.422 Besuchern und einem Anteil von 4 %, dicht gefolgt von chinesischen Urlaubern.

Gesellschaftlicher Überblick

Bevölkerung

Kokosnusstransport mal anders im Markt von Victoria

Acht Inseln der Seychellen gelten als dauerhaft besiedelt. Von den 98.000 Einwohnerinnen und Einwohnern der gesamten Seychellen leben 86,4 % auf der größten Insel Mahé. Die Zusammensetzung der Bevölkerung spiegelt die recht spät einsetzende Siedlungsgeschichte des Archipels wider. Die mit 90 % **größte Bevölkerungsgruppe** ist die der **Kreolen**, der Nachfahren afrikanischstämmiger Sklaven und europäischer Kolonisten. Bis heute ist der Austausch zwischen den Kulturen und Ethnien das prägende Prinzip der Gesellschaft der Seychellen. Aufgrund ihrer Lage – und sicher auch aufgrund ihrer Schönheit – zieht es seit jeher Menschen aller Herren Länder auf die Inselwelt. Laut UN lebten 2015 rund 12.800 Migranten aus dem Ausland auf den Seychellen (sowie ca. 11.800 Seychellois im Ausland, vorwiegend in Großbritannien, Australien sowie USA und Kanada). **Bedeutende Minderheiten** stellen Indisch-, Chinesisch- und Europäischstämmige dar. Wobei der Begriff Minderheit in dieser lebendigen Multikultigesellschaft fast schon fehl am Platz ist: Diskriminierung ist weitgehend ein Fremdwort und die Menschen leben friedlich-freundlich nebeneinander, ganz gleich welche Hautfarbe sie haben oder ob ihre Vorfahren Sklaven, Siedler, Verbannte oder Piraten waren.

Friedliches Miteinander

Diese **Offenheit und Toleranz** wird auch im Alltag gelebt. So ist es etwa nicht ungewöhnlich, dass ein Mann sich mehreren Frauen zugetan fühlt – auch wenn er verheiratet ist. Im Gegenzug ist eine Seychelloise mit Kindern von verschiedenen Männern auch kein ungewöhnlicher Anblick. Ohnehin leben – der katholischen Prägung und dem Ruf der Seychellen als Heiratsparadies zum Trotz – viele Paare unverheiratet zusammen. Die Kinder wachsen hingegen oftmals bei den Großeltern auf – nicht zuletzt, weil viele Seychellois mehrere Jobs ausüben. Dies gilt übrigens für beiderlei Geschlechter, denn Frauen sind auf den Seychellen (zumindest in der Theorie) gleichberechtigt. Ein gutes Beispiel hierfür ist die Tourismusbranche: Hier sind gut 50 % der Angestellten Frauen.

Viele unverheiratete Paare

Und der Fleiß der Seychellois scheint sich auszuzahlen: Den meisten Menschen geht es gut, die Autos auf der Straße sind meist recht neu – trotz der hohen Einfuhrsteuern – und die Arbeitslosigkeit liegt mit unter 3 % auf europäischem

Niveau. Das BIP pro Kopf liegt deutlich über dem jedes anderen afrikanischen Landes, und auch andere Zahlen sprechen eine ähnliche Sprache. So liegt die durchschnittliche Lebenserwartung bei 73,8 Jahren. Frauen werden im Durchschnitt 78,6 Jahre alt, Männer 69,6. Das Durchschnittsalter der Seychellois liegt bei 32 Jahren und das jährliche Bevölkerungswachstum beträgt 0,5 %.

Die **gemeinsame Sprache** der im wahrsten Sinne des Wortes „bunten" Bevölkerung ist das Seychellenkreol oder „Seselwa". Die offiziellen Amtssprachen sind Kreolisch, Englisch und Französisch. *Seselwa*

Seselwa – das Seychellenkreol

info

Seselwa, das Seychellenkreol, basiert auf dem Französischen, das sich aber stark abgeschliffen hat und dafür um Einflüsse aus afrikanischen Sprachen wie dem Suaheli und dem Malagasy (Madagassisch) bereichert wurde. Dabei ging es den Kolonialherren im 18. Jahrhundert und während der Hochzeit der Sklaverei wohl in erster Linie darum, den Sklaven klarzumachen, was sie zu tun hatten. Daher wurde die eigene Sprache denkbar verknappt und die französische Aussprache vereinfacht. Bald nutzten auch die afrikanischen Sklaven das Seselwa, um miteinander sprechen zu können, stammten sie doch selbst oftmals aus unterschiedlichen Regionen des Kontinents.

Der älteste Nachweis des Kreolischen auf den Seychellen ist eine Übersetzung von 49 Fabeln des französischen Schriftstellers de La Fontaine durch Rodolphine Young. Sie lebte von 1860–1932 und war eine auf den Seychellen wirkende Lehrerin. Erst 1983 wurden ihre Werke wiederentdeckt und geben heute einen Einblick in das Kreolische der damaligen Zeit. Über die Jahrzehnte wurde der französische Dichter Molière genauso ins Seselwa übersetzt wie Shakespeare. Auch gibt es seit vielen Jahren eine eigene kreolische Dichtung und Literatur. Das erste Wörterbuch Kreolisch–Französisch wurde 1983 erstellt. Das erste Wörterbuch Kreolisch-Deutsch brachte Annegret Bollée heraus, die Pionierin der deutschsprachigen Kreolistik. Sie begründete 1981 die monographische Reihe „Kreolische Bibliothek". 2007 veröffentlichte sie ein vierbändiges, etymologisches Wörterbuch der Kreolsprachen des Indischen Ozeans. Wer mehr über das Seselwa wissen will, für den ist das International Kreol Institute auf Mahé der erste Anlaufpunkt (s. S. 137).

Zweisprachige Beschilderung Seselwa – Englisch

Die offizielle **Nationalhymne** der Seychellen heißt „Koste Seselwa" (etwa: „Kommt zusammen, Seychellois" oder „Vereinigt euch Seychellen"), stammt aus der Feder von David André und geht so:

info

Koste Seselwa	*Die inoffizielle deutsche Übersetzung* **Vereinigt euch Seychellen!**
„Sesel ou menm nou sel patri Kot nou viv dan larmoni Lazwa, lanmour ek lape Nou remersye Bondye	„Seychellen, die unsere einzige Heimat sind Wo wir in Harmonie leben, Freude, Liebe und Frieden Wir danken Gott
Preserv labote nou pei Larises nou losean En leritaz byen presye Pour boner nou zanfan	Bewahren Sie die Schönheit unseres Landes Der Reichtum unseres Ozeans Ein kostbares Erbe Für die Zukunft unserer Kinder
Reste touzour dan linite Fer monte nou paviyon Ansanm pou tou leternite Koste Seselwa!"	Lassen Sie uns immer einig sein Wie wir hissen unsere Flagge Gemeinsam für alle Ewigkeit Vereinigt euch Seychellen!" (Quelle: de.wikipedia.org, CC BY-SA 3.0)

Was das Seselwa ausmacht, bringt Uta Goridis im Vorwort ihres nur noch als Download verfügbaren Buches „Kreol für die Seychellen – Wort für Wort" auf den Punkt: „Melodisch und rhythmisch zugleich, drückt das Kreolische Gefühle und Stimmungen aus, die sonst unausgesprochen bleiben. In ihm begründet sich eine kreolische Identität, die die im Indischen Ozean verstreuten Inseln der Seychellen, sowie Mauritius, Réunion und Rodriguez mit den Karibikinseln Martinique, Guadeloupe, Haiti, Dominica und St. Lucia verbindet." Und sie endet mit den Worten: „Sie eröffnen sich also ein ganz neues Universum, wenn Sie sich nicht nur von den paradiesischen Stränden, sondern auch von dem sanften Rhythmus des Kreolischen verführen lassen."

Damit sich Urlauber besser verführen lassen können, haben wir einen kleinen Seselwa-Wortschatz in diesem Reiseführer untergebracht. Nur ein paar Worte an einen Seychellois oder eine Seychelloise gerichtet, und schon werden alle Augen glänzen (s. S. 237).

Staatsform

Die Seychellen sind seit 1976 eine **Präsidialrepublik**, die im Commonwealth of Nations vertreten ist. Die zuletzt am 5. April 2016 novellierte Verfassung vom 21. Juni 1993 garantiert Gewaltenteilung, ein Mehrparteiensystem und grundlegende Bürger- und Menschenrechte. Der Staatspräsident ist Staats- und Regierungschef sowie Oberkommandeur der Streitkräfte. Er wird in einer direkten Wahl von den Staatsbürgern der Seychellen gewählt, die über 18 Jahre alt sind. Seine Amtszeit dauert fünf Jahre und ist seit 2016 auf maximal zwei Amtsperioden beschränkt. Der Präsident ernennt zwölf Minister für sein Kabinett. Die Verfassung garantiert die Gewaltenteilung in Exekutive, Legislative und Judikative. Die Legislative wird von der Nationalversammlung (National Assembly/Assemblée Nationale) gebildet, einem Einkammerparlament. Dieses besteht aus bis zu 35 vom Volk gewählten Abgeordneten. 25 davon vertreten ihre Wahlkreise und werden nach dem Mehrheitswahlrecht gewählt. Die Wahlkreise entsprechen den 25 Bezirken, in die

Direkte Wahl des Präsidenten

die Seychellen aufgeteilt sind. Bis zu zehn zusätzliche Abgeordnete werden per Verhältniswahlrecht über Listen gewählt. Dabei gibt es jeweils einen Sitz für volle 10 % Wählerstimmen.

Wahlsieg der Opposition

Die **Parlaments- und Präsidentschaftswahlen** finden immer getrennt voneinander statt. Erstmals seit Einführung des Mehrparteiensystems konnte die Opposition bei den Parlamentswahlen im September 2016 den Sieg erringen. Das um die Seychelles National Party (SNP) von Wavel Ramkalawan gebildete Bündnis Linyon Demokratik Seselwa (LDS) gewann 19 von 33 Sitzen in der Nationalversammlung. Die Parti Lepep (PL) des bisher amtierenden Präsidenten James Alix Michel kam auf nur 14 Mandate. Michel erklärte zwei Wochen nach der Parlamentswahl seinen Rücktritt. Auf ihn folgte Danny Faure (PL). Er wurde am 16. Oktober 2016 für den Rest von Michels bis Dezember 2019 laufender Amtszeit vereidigt.

Präsident Danny Faure

Auf Danny Faure und seine Regierung setzte und setzt das Volk große Hoffnungen. Der am 8. Mai 1962 in Kilembe/Uganda als Sohn von seychellischen Eltern geborene Faure gilt als Mann des Volkes. Die Sekundarschule besuchte er auf den Seychellen, darauf schloss sich auf Kuba ein Studium der Politikwissenschaft an. 1985 übersiedelte er auf die Seychellen und machte schnell Karriere im Staatsdienst, in der Parti Lepep (PL), im Parlament und im Kabinett. Von 1998–2006 war er Bildungs-, ab 2006 Finanzminister. Seit dem 1. Juli 2010 bekleidete er das Amt des Vizepräsidenten der Seychellen. Zu seiner Regierung gehören u. a. Vizepräsident Vincent Meriton und Finanzminister Peter Larose als einziger Kabinettsneuling. Mehrere erfahrene Minister wechselten die Ressorts, einige Ressorts wurden neu zugeschnitten.

Parteien

Das Parteiensystem des Inselstaates ist auch nach diversen Verfassungsreformen überschaubar. Es besteht aus zwei großen Lagern und mehreren kleinen Parteien.

Präsident Danny Faure als Gast beim G7-Gipfel 2018 in Kanada (3. v. r., neben Emmanuel Macron; nicht im Bild: Donald Trump)

LDS mit 19 Sitzen

Aktuell hat die Mehrheit im Parlament mit 19 Sitzen die 2016 gegründeten **Linyon Demokratik Seselwa** (LDS, Seychellois Democratic Union/Union Démocratique Seychelloise). Sie ist ein Zusammenschluss der 1994 gegründeten Seychelles National Party (SNP) mit den 2015 gegründeten Parteien Seychellois Alliance/Lalyans Seselwa (LS), Seychelles Party for Social Justice and Democracy (SPSD) und Seychelles United Party (SUP).

PL mit 14 Sitzen

Mit 14 Sitzen in der Nationalversammlung ist die **Parti Lepep** (PL, People's Party/Parti du Peuple) vertreten. Parti Lepep ist seit 2009 der offizielle Name der vormaligen Seychelles People's Progressive Front (SPPF), die 1978 aus der 1964 gegründeten Seychelles People's United Party (SPUP) hervorgegangen war.

Weitere Parteien:
- Independent Conservative Union of Seychelles (ICUS), gegründet 2015
- Lafors Sosyal Demokratik (LSD), gegründet 2016
- Linyon Sanzman (LS, Union for Change), gegründet 2016
- Popular Democratic Movement (PDM), gegründet 2011
- Seychelles Democratic Party (SDP), gegründet 1964, erneut 1992
- Seychelles Patriotic Movement (SPM), gegründet 2016.

Die Seychellen sind Mitglied der Vereinten Nationen (UN), der Afrikanischen Union, des Commonwealth of Nations und La Francophonie.

info

Die Flagge: Nationalstolz in Farbe

Die heutige Flagge der Seychellen ist ungemein farbenfroh: Da strahlt es in Blau, Gelb und Rot, dazwischen erscheint ein weißer Streifen und die Farbe Grün bildet den Kontrast. Diese Flagge ist bereits die dritte des jungen Landes. Denn zum Tag der Unabhängigkeit, dem 29. Juni 1976, bestand die Flagge aus vier Dreiecken, die sich in Blau und Rot abwechselten – getrennt durch eine weiße Linie. Doch als France-Albert René 1977 die Macht von James Mancham übernahm, ersetzte die neue Regierung die alte Flagge kurzerhand durch eine neue in den Farben der jetzt staatstragenden Seychelles People's United Party (SPUP). Bis 1996 sollten Rot, Weiß und Grün die Flagge der Seychellen prägen. In diesem Jahr aber waren sich die Entscheidungsträger parteienübergreifend einig, dass die alten Zeiten beerdigt werden müssten und die Flagge ersetzt gehöre. Also wurde am 18. Juni 1996 die heutige Flagge vorgestellt, auf der sich die fünf Farben Blau, Gelb, Rot, Weiß und Grün ausgehend von einem Startpunkt unten links als Bänder über die gesamte Fläche ziehen. Mit diesem Schachzug haben sich die zwei größten Parteien verewigt. Denn Rot, Weiß und Grün gehören seit eh und je zur SPUP, Blau und Gelb sind die Farben der

So bunt wie das Land: die Flagge der Seychellen

info

Demokraten. Mit dem Aufsteigen der Farben aus dem Punkt links unten soll die Dynamik der aufstrebenden Republik dargestellt werden. Natürlich aber bietet die Flagge auch ganz andere Möglichkeiten der Deutung, die wesentlich schöner klingen: Blau kann für den Himmel stehen und für den Ozean, der die Seychellen umgibt. Gelb ist die Sonne, die über dem Land strahlt und Leben schafft. Rot, das steht für die Seychellois, die gemeinsam etwas erreichen und die Zukunft gestalten wollen. Das weiße Band symbolisiert Ruhe, Harmonie und soziale Gerechtigkeit. Und der grüne Abschluss ist das Sinnbild für eines der wichtigsten Themen der Politik der Seychellen: die Umwelt, die es zu bewahren gilt.

Bildung

Bildungssystem

Das Bildungswesen besteht aus Vorschule, sechsjähriger Grundschule, fünfjähriger Sekundarschule und einem überschaubaren Bereich von höheren Schulen und Hochschuleinrichtungen. Der Besuch der öffentlichen Schulen einschließlich der Sekundarstufe ist gebührenfrei. An Privatschulen fallen Gebühren an. Die Alphabetisierungsrate der über 15-Jährigen lag 2015 auf 95,2 %, davon bei Frauen 95,7 %. In der Altersgruppe bis 24 Jahre stieg der Wert auf 99,0 % (Frauen 99,6 %).

Schulen

2014 gab es an 28 Grundschulen mit 662 Lehrkräften 8.812 Schüler, davon 49,6 % Mädchen. An den 14 Sekundarschulen unterrichteten 550 Lehrkräfte 6.858 Schüler, davon 50,1 % Mädchen. An den zehn höheren Schulen standen 180 Lehrkräfte 2.380 Schüler gegenüber. Weiterhin gab es eine Sonderschule mit 24 Lehrkräften und 76 Schülern. An 33 Vorschulen betreuten 183 Erzieher 3.030 Kinder. Die Anzahl der Frauen als Lehr- und Betreuungskräfte liegt etwa dreimal so hoch wie die der Männer.

Hochschulen

2014 unterrichteten 28 Lehrkräfte an der 2009 gegründeten **University of Seychelles** 205 Studierende. An der 1983 gegründeten Seychelles Polytechnic werden die eher technischen Fächer gelehrt.

Kapelle am Wegesrand: Die meisten Seychellois sind Katholiken

Religion

Die meisten Seychellois sind Christen (95 %), davon der **größte Teil Katholiken**. Daneben gibt es Anhänger der anglikanischen Kirche, ca. 2 % Hindus sowie 1 % Muslime. 2 % der Bevölkerung bekennen sich zur Bahai-Religion oder zu kleineren christlichen Gruppierungen wie den Adventisten. Unabhängig davon kommen Hexerei, Magie, Aberglauben und Wahrsagerei im täglichen Leben nach wie vor große Bedeutung zu. So wenden sich Seychellois für einen Rat oder vor wichtigen Entscheidungen gerne an einen Zauberer, einen „Mann aus dem Wald". Auch die Verwendung eines gesegneten Talismans ist weit verbreitet.

Magie und Wahrsagerei

Kunst und Kultur

Die Seychellois sind stolz auf ihre kreolische Kultur, was nicht nur beim jährlichen „Festival Kreol" deutlich wird. Ursprünglich geht das Wort „Kreole" auf einen spanischen bzw. portugiesischen Begriff zurück, der so viel wie „Zögling" bedeutet und auf die Nachfahren europäischer Kolonisten anspielt, die diese mit Einheimischen oder Sklaven zeugten. Längst bezeichnet der Begriff aber auch jene **Mixtur von Völkern und Kulturen**, wie sie u. a. für die Seychellen typisch ist. Denn auf den Seychellen kamen Menschen aus vielen Ecken der Welt zusammen, um sich im wahrsten Sinne des Wortes zu vermischen. Da gab es Europäer, Chinesen, Inder und befreite Sklaven aus etlichen afrikanischen Ländern. Aus dem Westen kamen politisch Verfolgte, die hier ihr Exil verbrachten. Iraner und Händler aus der arabischen Welt machten hier gute Geschäfte. All die Einflüsse dieser Menschen und all das, was sie aus ihren Heimatländern mitbrachten, das macht bis heute die Architektur, die Musik, den Tanz und auch die Küche der kreolischen Kultur aus.

Völkergemisch

Architektur

Solange es sie noch gibt, sollte man die Gelegenheit nutzen und die **Holzhäuser aus der französischen Kolonialzeit** besichtigen. Reiche Plantagenbesitzer hatten sich diese Schmuckstücke erbauen lassen, um mit ihrem Reichtum zu prahlen und sich und ihrer Familie ein schönes Leben zu ermöglichen. So sind die Häuser immer luftig über dem Boden angelegt und werden umrahmt von einer großzügigen, schattigen Veranda. Eine breite Treppe führt hinauf in den herrschaftlichen Bereich, wo hoffentlich ein kühlendes Lüftchen durch die zahlreichen Türen weht. „Gran Kaz" werden die Häuser bis heute genannt. Leider gibt es nicht mehr viele davon. Einige wurden abgerissen, um Platz für die Ansprüche der modernen Welt zu schaffen, andere verfielen schlicht im Laufe der Jahrhunderte. Zwei schöne Beispiele, die man heute besuchen kann – und auch sollte –, sind das Handwerkerdorf Vilaz Artizanal (Domaine de Val des Près, S. 136) auf Mahé sowie das Yellow House auf La Digue (La Digue Island Lodge, S. 195).

Kolonialarchitektur in der Domaine de Val des Près

Häuschen an der Anse Gaulettes auf La Digue

Wer die Augen bei einem Spaziergang offen hält, wird noch einige alte Häuschen oftmals unbemerkt am Straßenrand stehen sehen. Häufig sind diese Überbleibsel aus einer anderen Zeit bunt angemalt und bis heute bewohnt – meist von älteren Seychellois, die jüngere Generation richtet sich lieber in soliden Ziegelhäusern ein. Früher waren die Dächer der Holzhäuser aus Palmenblättern, die kunstvoll zusammengesetzt wurden, sodass sie wasserdicht waren. Inzwischen wurden sie meist großflächig durch Blechdächer ersetzt, die die Lautstärke des darauf prasselnden Regens noch verstärken und Luftaustausch verhindern. Um die entstehende Hitze in den Zimmern unter dem heißen Blechdach wieder in den Griff zu kriegen, wird heute die Klimaanlage eingeschaltet. Geblieben sind rund um die Häuser oft die Veranden oder zumindest ausladende Balkone sowie steile Dachneigungen, damit das Regenwasser schnell abfließt. Die Küche befand sich meist nicht im Haus, sondern etwas abgesetzt. So blieben die Essensgerüche draußen und die Brandgefahr konnte eingedämmt werden. Ein schönes Beispiel einer solchen Küche befindet sich auf dem Gelände des **International Kreol Institute** auf Mahé (S. 137).

Separate Küche

Musik und Tanz

Tänze und Gesänge wie **Sega** und **Moutia** gelten als feste und traditionelle Bestandteile kreolischer Kultur. Tatsächlich aber wird es Urlaubern kaum mehr gelingen, einer „echten" Vorführung beizuwohnen – es sei denn beim „Festival Kreol". Resorts fahren zum Abendessen manchmal eine Segagruppe auf, doch das Hauptaugenmerk der Urlauber liegt dann meist auf dem kreolischen Buffet. Längst hören die jungen Seychellois Reggae und internationalen Hiphop, gerne aus Ghettoblastern, und die heimischen Künstler haben sich dem angepasst. Open-Air-Konzerte, etwa in Beau Vallon, werden von erfolgreichen Reggae-Recken wie I Blacka, Jahrimba oder Ras Ricky als Headliner angeführt. Für Sega oder Moutia bleibt auch in den Nachtklubs kein Platz.

Tradition und Moderne

Mit dem Voranschreiten dieser modernen Zeiten verschwindet Althergebrachtes. Denn Musik und Tanz gehörten zum Leben immer dazu – seit den geschichtlichen Anfängen der Seychellen. Zu Beginn des 18. Jahrhunderts und mit dem Einstieg Frankreichs in die Sklavenhaltung versammelten sich, so heißt es, die Sklaven der Plantagen gerne um ein Lagerfeuer, um zu singen und zu tanzen. Da sie keine Instrumente hatten, bauten sie sich kurzerhand den für den Gesang nötigen Klangteppich selbst. Da gab es die „Maravane", eine Kürbisart, gefüllt mit

Sega-Aufführung auf La Digue

getrockneten Samen sowie die „Ravane", eine mit Haut bespannte Trommel. Die Haut kam von Ziegen oder Rochen, Hauptsache der Klang stimmte. Dazu ein Triangel und es konnte losgehen.

Der bekannteste, von Instrumenten und Gesang begleitete Tanz ist der **Sega**. Sega gibt es auch auf Mauritius und Rodrigues, jeweils in eigenen Ausführungen. Gemeinsam ist den verschiedenen Stilen, dass reichlich die Hüften geschwungen werden und manche Bewegung durchaus als erotisch bezeichnet werden kann. In Sachen Erotik setzt die **Moutia** noch eins drauf. Nicht umsonst waren sich die einflussreichen Vertreter der katholischen Kirche schnell sicher, dass die tänzerische Umsetzung der Sklavenlieder und -gebete „unanständig" seien. Vielleicht darum wird die Moutia meist nachts unter freiem Himmel und spontan getanzt. Urlauber brauchen also viel Glück oder einen sehr guten Guide, um in den Genuss eines echten Moutia-Abends zu kommen.

Erlebnis Moutia-Abend

Daneben gibt es noch die **Kamtole-Tänze**, die der französischen Tradition des „Contredanse" entstammen. Bei diesen Gruppentänzen ruft – begleitet von Banjos, Akkordeons und Geigen – ein sogenannter Komander den Tanzenden die nächsten Figuren zu. Hierin erinnert der Tanz oftmals an den amerikanischen Squaredance.

Klassische Musikstile

Wer ein bisschen etwas von den „klassischen" Musikstilen der Seychellen mitbekommen will, der sollte sich ein paar Stücke anhören von Ti Frère (Jean Alphonse Ravaton) oder der Latanier Group aus Praslin, angeführt von Allain Lesperance und Judette Volcere. Wer es ein bisschen durchmischter und moderner mag: Der Sega auf den Seychellen nimmt durchaus auch Elemente des jamaikanischen Reggaes auf. Der Bassist Golty Farabeau nennt diesen Stil kurzerhand „Seggae". Er setzt in seinen Stücken auf die rebellischen Elemente des Reggae und will damit die Seychellois auffordern, mehr zu ihrer eigenen Identität zu stehen.

Kunst und Handwerk

Die Seychellen haben in Sachen Kunsthandwerk einiges zu bieten: Von Hüten, Batik, Keramik, Modellschiffen, Juwelen und Korbwaren bis zu T-Shirts, Bronzeskulpturen, Aquarellen und Ölgemälden kann man einiges entdecken. Vieles ist sicher souvenirtauglich. Die Malerei der Seychellen beschäftigt sich hauptsächlich mit heimischen Themen wie der formenreichen und bunten Landschaft sowie dem täglichen Leben und Wirken der Menschen auf den verschiedenen Inseln. Gearbeitet wird mit allem, was die Natur hergibt: Farben und Metallen, Stoffen und Kohle, Bronze und Holz. Einige Handwerkermärkte auf den Hauptinseln zeigen, was die heimischen Künstler können.

Einer der bekanntesten, wenn nicht der bekannteste einheimische Künstler der Seychellen ist **George Camille**. Er vertrat die Seychellen 2015 auf der internationalen Kunstbiennale in Venedig. Camille wurde 1963 auf Mahé geboren und verbrachte seine Kindheit auf La Digue. Schon früh entdeckte er seine Leidenschaft für die Malerei und studierte am Blackheath College of Art und dem Goldsmiths College in London. Seine Arbeiten führt er aus in Aquarell, Gouache und Acryl. 1987 eröffnete er das Sunstroke Studio Seychelles. Neben der Malerei interessieren ihn auch andere Dinge: So renovierte er das historische Kolonialhaus Kaz Zanana in Victoria, bis heute seine Hauptgalerie. Auf La Digue, schön am nördlichen Ende der Insel gelegen, befindet sich eine weitere Galerie. **Infos**: *https://de-de.facebook.com/GeorgeCamilleSeychelles*

Galerie Kaz Zanana

Weithin bekannt ist auch der englische Maler **Michael Adams**. Er wurde 1937 in Malaysia geboren, lebt aber seit 1972 mit seiner Familie auf Mahé. Man bezeichnet ihn auch als den „Gauguin der Seychellen". Nur, dass er noch – im Gegensatz zu Gauguin – fast täglich in seiner Galerie zu finden ist. Adams sucht seine Inspiration in der unberührten Natur der Inseln, und die Ergebnisse sehen auch zurück in der Heimat an der Wand entzückend aus. **Infos**: *www.michaeladamsart.com*

Ein anderer ganz besonderer Künstler ist der Bildhauer **Tom Bowers**. Er wurde 1936 in London geboren und kam 1981 für einen Urlaub auf die Seychellen. Nur vier Tage, so sagt er, habe er gebraucht, um zu entscheiden, dass er für immer hierbleiben möchte. 1986 siedelte er samt Familie um. In der Werbebranche war er reich geworden, aber auch ausgebrannt. Auf den Spuren des Schauspielers Peter Sellers und des Beatles George Harrison, beide unterhielten hier damals Häuser, kam er nach Mahé und wurde Bildhauer. Statt Werbekampagnen machte er jetzt in Skulpturen und modellierte Figuren aus der Welt, die ihn und seine Familie auf den Seychellen umgab. Und da war so viel zu entdecken, dass er bis heute kein bisschen müde geworden ist. Erfolgreich ist er auch: Für seine Werke legen Kunden in London, den

Das Studio von Michael Adams, dem „Gauguin der Seychellen"

Vereinigten Arabischen Emiraten oder in Russland gerne sechsstellige Summen auf den Tisch. Kleinere Skulpturen, die man sich in seinem ausladenden Garten gemeinsam mit dem Künstler anschauen kann, kosten ab 2.000 €. Bowers' Arbeiten zeigen Mädchen am Strand, eine Ehrfurcht erweckende Schildkröte oder das im Wasser gespiegelte Antlitz eines Jungen. In seinem Garten formt er die Skulpturen, die dann in Südafrika oder London in Bronze gegossen werden. 2014 gestaltete Bowers im Auftrag der Regierung der Seychellen das Freiheitsdenkmal, das heute das ursprüngliche „Zonm Libb Monument" in Victoria ersetzt. Ein Besuch bei Bowers, man muss nur an der Eingangstür klingeln, ist auch eine kleine Zeitreise. Denn er plaudert gerne über seine Anfänge und die Jahre auf den Seychellen, über Politik, die Menschen und die Zukunft. **Infos**: s. S. 142.

Besuch beim Künstler

Film

Kulisse für Werbefilme

Dass die Seychellen aufgrund ihrer Schönheit einen guten Hintergrund für Werbe-, Fernseh- und Kinofilme abgeben, versteht sich von selbst. So wurden hier einige Streifen gefilmt, von denen heute noch gesprochen wird. Neben François Leterrier („Goodbye Emmanuelle", 1977) drehte Roman Polanski hier („Piraten", 1986), und natürlich hat auch „Das Traumschiff" hier bereits angelegt. Zahlreiche bekannte Marken nutzten die tropische Kulisse, um ihre Produkte in Werbefilmen in Szene zu setzen, darunter Raffaello und Piz Buin.

Essen und Trinken

Die Küche der Seychellen

Currys, Katkat, Fischsuppe, Stew

Die **Küche der Seychellen** ist eine gelungene Verschmelzung von afrikanischer, europäischer und asiatischer Kochkunst sowie ein Eldorado für Fischesser. Sowohl die verschiedenen Kolonialmächte als auch Sklaven und Händler auf den Seychellen hatten immer ihre Landesküche im Gepäck. Damit trugen sie, in Verbindung mit den durch das Klima bestimmten Zutaten, zu der ganz speziellen kreolischen Mischung bei. So verdanken die Seychellen zum Beispiel den indischen Wurzeln ihre köstlichen Currys und Chutneys, Katkat (grüne Bananen in Kokosmilch gekocht) den Afrikanern, die herrlichen Fischsuppen (Bouillons) den Franzosen und den Engländern die leckeren Stews. Dank des Fischreichtums rund um die Inseln ist **fangfrischer Fisch** der Hauptbestandteil der regionalen Küche, meist begleitet von Reis und roten Linsen. Auch Schwein, Huhn, Lamm, Ziege und Rind werden in vielen Gerichten verwendet. So kommen auch Urlauber, die nicht gerne oder gar keinen Fisch essen, auf ihre Kosten. Die vielen vegetarischen Currys, Gemüse, Reis und Chutneys ermöglichen es Vegetariern, sich auf leckere Art und ganz nach Wunsch zu ernähren. Außerdem gibt es mittlerweile viele Restaurants, die auf die Besucher der Inseln eingestellt sind und internationale Küche wie Pasta, Pizza, Burger etc. anbieten.

In den **kreolischen Rezepten** werden als Gewürze hauptsächlich Zimt, Kardamom, Muskat, Ingwer, Kumin, Koriander, Nelken, Chili, Knoblauch und Zwiebeln verwendet. Die gekonnt harmonische Abstimmung dieser Gewürze untereinander macht die Besonderheit der seychellischen Küche aus. Die Köche hier wissen genau, welche Gewürze den Geschmack des einen Fisches unterstützen und welche man besser sparsamer verwendet – während der andere Fisch oder das Huhn genau davon eine Prise mehr brauchen, um nicht nur gut, sondern einzigartig zu schmecken. Die mehr würzigen als scharfen Gerichte werden wunderbar von den verschiedenen Chutneys, „Chatini“ genannt, begleitet. Sie entsprechen nicht ganz dem, was man allgemein als Chutney kennt, sondern sind dem heißen Klima angepasst. Sie gleichen eher einem Salat und sind sehr leicht und erfrischend. Aus roher, geraspelter Mango, grüner Papaya, goldenem Apfel oder Karotten, mit feinst geschnittenen Zwiebeln, nur mit etwas Zitronensaft, Ingwer und Pfeffer angemacht, passen sie mit ihrer Kühle hervorragend zu den leicht feurigen Saucen. Reis und rote Linsen (als eine Art Brei, mindestens mit Zwiebel und Knoblauch gewürzt) sind feine Sättigungsbeilagen.

Klassische kreolische Küche gibt es beispielsweise im Restaurant des Jardin du Roi auf Mahé: gegrillten goldenen Snapper, grünen Papayasalat, Kürbissalat, Hühnercurry, Gemüsecurry, Mangosalat, Reis, Ladob banan und Linsen (im Uhrzeigersinn). In der Mitte Golden-Apple-Salat

Für den, der es gerne schärfer mag, gibt es immer Chilisauce dazu. Aber Vorsicht: Diese aus gehackten Chilis, Öl und Essig bestehende Sauce hat nichts mit dem uns bekannten Chili-Öl zu tun und sollte äußerst sparsam verwendet werden. Denn sie hat wirklich das Feuer von frischen Chilis in sich. Sprich: Weniger ist erstmal mehr.

Dann gibt es da noch die berühmte **Sauce Kreol**. Sie besteht aus frischen Tomaten, Zwiebeln, Knoblauch, Chili und Zitronensaft und schmeckt besonders köstlich zu Gegrilltem aller Art. Auch hier gibt es unzählige Varianten und Familienrezepte. Alle haben eins gemeinsam: Sie sind alle auf ihre Art köstlich.

Etwas gewöhnungsbedürftig für uns Europäer ist es, dass in vielen Fleisch-Currys noch die Knochen drin sind. Das ganze Tier wird einfach zerhackt und gekocht. Man muss also teilweise das Fleisch von den Knochen abnagen. Die Einheimischen lieben dies und sagen, dass nur so ein Curry richtig schmecke. Je günstiger das Curry, umso größer die Wahrscheinlichkeit, dass Knochen mit verwendet wurden. Auch wer gegrillten Fisch (*pwason griye*) bestellt, bekommt meist nicht das gewohnte Filet (*filet pwason*), sondern den ganzen Fisch mit Kopf und Schwanz. In Restaurants, in denen viele Urlauber verkehren, und in den Hotels hat man sich aber inzwischen den Gästen angepasst. *Fleisch-Curry*

Frischer geht's nicht

Was man auf den Seychellen unbedingt essen muss, ist **Oktopus**. Egal ob als Curry, Salat oder gegrillt: Er ist einfach nur delikat und zart. Ob das an dem hier immer sehr frischen Oktopus liegt oder an der Art der Zubereitung, wer weiß. Wahrscheinlich spielt Beides eine Rolle. Und wenn man den Wunsch hat, wieder auf die Seychellen zurückzukommen, muss man dort mindestens einmal Brotfrucht gegessen haben. Dann, so sagt man, komme man wieder.

Leider ist es mittlerweile nicht mehr so einfach, auf den Seychellen authentische kreolische Küche zu finden. Die modernen Zeiten, in denen fast jeder Seychellois zwei Jobs hat, lassen kaum Gelegenheit für das aufwendige traditionelle Kochen. **Fastfood** ist angesagt, und die Kinder und Jugendlichen wollen lieber die aus Fernsehen und Internet bekannten Pasta, Burger und Pizza als Omas Curry. Früher gab es unter der Woche eigentlich nur Fisch mit Reis und Chatinis, in verschiedenen Varianten. Am katholischen Freitag aß man Currys aus gesalzenem Schildkrötenfleisch, Kokosnussmilch und Auberginen. Die nun streng geschützten Schildkröten galten damals nicht als Fleisch und werden heute durch gesalzenes Rindfleisch ersetzt. Nur am Sonntag gab es teures Huhn oder Schwein. Heute haben die Einheimischen genügend Geld, um sich auch unter der Woche Fleischgerichte und teure Importwaren leisten zu können. Die im Vergleich zu früher ungesündere Ernährung, fordert leider ihren Tribut: Diabetes und andere Zivilisationskrankheiten sind deutlich auf dem Vormarsch.

Ungesunde Ernährung

Wo also hin, wenn man kreolisch essen möchte? Zum Glück gibt es noch ein paar Möglichkeiten: zum Ersten die unten erwähnten **Takeaways**, lecker, authentisch und preiswert. Sollte man unbedingt testen. Dann gibt es noch einige wenige Restaurants, die sich auf kreolische Speisen spezialisiert haben und eine große Bandbreite an authentischen Gerichten anbieten. Ein gutes Beispiel ist das Restaurant Marie-Antoinette in Victoria (s. S. 149). Außerdem veranstalten viele der größeren Hotels und Resorts sogenannte „Kreol Nights" mit kreolischem Buffet und Segatanzdarbietung. Auch Nicht-Hotelgäste können nach Voranmeldung, und natürlich gegen Bezahlung, daran teilnehmen. Das ist eine gute Gelegenheit, die Vielfalt der seychellischen Küche zu probieren und die Gerichte und Desserts auszuwählen, die einen besonders ansprechen.

Kreolisch essen

Noch bessere Möglichkeiten, die kreolische Küche kennenzulernen, hat man, wenn man in einer kleineren Pension untergebracht ist. Dann fragt man einfach die Betreiber, ob sie nicht mal für die Gäste kochen. Wenn die Hausherrin nicht selbst zum Löffel greift, gibt es fast immer eine Oma, Mutter oder Schwester, die dies gerne macht und dabei spezielle Rezeptwünsche erfüllt. Wer ganz neugierig ist, fragt, ob er beim Kochen zusehen oder sogar helfen darf. Das ist immer ein tolles Erlebnis mit viel Spaß, bei dem man die Menschen und ihre Küche von einer ganz anderen Seite kennenlernen kann. Auf jeden Fall zu empfehlen.

Frühstück, Lunch und Dinner

Frühstück

Das Frühstück fällt auf den Seychellen traditionell eher spärlich oder ganz aus. Ein schneller Kaffee oder Tee und eventuell etwas Obst zu Hause und dann geht es gleich zur Arbeit. In den Hotels und Pensionen sieht es für den Urlauber zum Glück etwas üppiger aus. Je nach Preisklasse gibt es ein kleines kontinentales Frühstück mit Toast, Eiern, verschiedenen Omeletts, etwas frischem Obst, Kaffee oder Tee. Oder ein umfassendes Buffet mit zusätzlich Müsli, Pfannkuchen, Speck und Baked Beans, Wurst, Käse, Cappuccino und allem, was das Urlauberherz sonst noch begehrt. Außerhalb der Hotels und Gästehäuser ist es schwierig, ein Frühstück zu finden, das europäischen Vorstellungen entspricht. Daher empfiehlt es sich auch, das Frühstück in der Unterkunft, sofern es angeboten wird, gleich mit zu buchen.

Zum Anfassen, Schnuppern und Probieren: Tisch mit Obst und Gemüse, das in der kreolischen Küche verwendet wird (La Digue Island Lodge)

Mittagessen

Das Mittagessen ist die erste richtige Mahlzeit des Tages für die Seychellois und deshalb reichhaltiger. Dennoch wird wegen der Hitze nicht in riesigen Mengen gegessen. Das könnte entweder ein gegrillter Fisch (*pwason griye*) mit etwas Reis (*diri*) und einer leckeren Sauce Kreol (*lasos kreol*) sein. Oder eines der Sandwiches, die in jüngerer Zeit immer beliebter werden – oder eines der köstlichen Currys von einem der Takeaways, die in fast jedem Dorf zu finden sind. Diese kleinen Imbissbuden oder Foodtrucks kann man an der mittäglichen Schlange von Einheimischen erkennen, die sich dort in ihrer Mittagspause zwischen 12 und 14 Uhr ihr Essen holen. Was immer gut funktioniert, um ein Takeaway zu finden: Einfach einen mit der typischen Papierbox beladenen Seychellois fragen, wo er denn gerade sein Essen geholt habe. Man bekommt sicher eine freundliche Antwort und die Wegbeschreibung zum „besten" Takeaway gleich mit.

Beliebte Takeaways

info

Essen am Takeaway

Das oft täglich wechselnde Menü ist meist auf Kreolisch und Englisch auf einer Tafel angeschrieben, sodass sich auch der hungrige Reisende leicht zurechtfindet. Sonst einfach die freundliche Köchin fragen, die einem gerne Auskunft gibt und in die Töpfe schauen lässt. Neben der gewählten Hauptspeise gibt es immer gekochten Reis, Linsen, verschiedene Chutneys und Chilisauce dazu. Alles für nur ca. 4 € pro Person, praktisch in einer Papierbox mit Löffel verpackt. Jetzt muss man sich nur noch ein schattiges Plätzchen mit herrlicher Aussicht suchen, was einem auf den Seychellen nicht sonderlich schwerfallen sollte, und schon genießt man ein typisches seychellisches Mittagessen. Diese Art der Verpflegung ist nicht nur preiswert und lecker, sondern bietet auch die Gelegenheit, die authentische kreolische Küche kennenzulernen. Denn hier gibt es so ziemlich alles, was diese zu bieten hat: von verschiedenen Currys und Stews mit Fisch, Huhn, Schwein, Lamm und seltener Rind über gebratenen, gegrillten, gekochten oder frittierten Fisch bis zum Oktopussalat.

Mobiles Takeaway in Beau Vallon

Abendessen

Die Seychellois essen eher früh zu Abend, gegen 18.30 Uhr. Das kommt zum einen aus früheren Zeiten, als man kochen musste, solange es noch Tageslicht gab. Zum anderen ist das Abendessen das Event des Tages, auf das man nicht zu lange warten möchte. Tatsächlich öffnen viele Restaurants, die nicht direkt am Strand liegen, erst abends, wenn die Seychellois ihre Hauptmahlzeit zu sich nehmen. Spätestens ab 19 Uhr ist dann fast jeder Tisch belegt, und die ganze Familie sitzt zusammen und schmaust. Zur Auswahl stehen italienische, indische, chinesische und europäische Restaurants. Aber besonders am Wochenende geht die gesamte Familie meist mit Freunden an einen Strand und grillt. Jeder bringt etwas mit – und so gibt es gegrillten frischen Fisch und Fleisch genauso wie Currys, Samosas und Salate.

Desserts

Früchte gibt es in Hülle und Fülle. Von Papaya, Mango, Kokosnuss, Litschi und Ananas über Banane und Passionsfrucht bis hin zu Avocado und Wassermelone. Alles ist frisch und hat ein unvergleichliches Aroma. Daraus werden vor Ort leckere Sorbets und Eis gemacht. Nicht verpassen sollte man „Ladob banan", eine vorzügliche Nachspeise aus Bananen, die mit Vanille und Zucker in Kokosmilch gekocht werden. Oder zuckersüße, karamellisierte Kokosraspeln, die unter dem Namen „Nouga koko" oft auf dem Dessertbuffet zu finden sind. Wer allerdings auf seine Linie achten will oder muss, sollte einen Obstsalat bevorzugen. *Ladob banan*

Tipp

Was man auf den Seychellen **unbedingt probieren** sollte:
Kari koko zourit/*Oktopus-Curry*: zergeht auf der Zunge, mit Zimt und Kokosmilch, unvergleichlich im Geschmack
Salad zourit/*Oktopussalat*: saftig frisch mit Limone
Kari koko poul/*Hühner-Curry*: mit Kokosmilch, lecker und mild
Chatini Mang/*Mangosalat*: erfrischend fruchtig
Chatini papay/*Salat aus grüner Papaya*: erfrischend säuerlich
Chatini zironmon/*Kürbissalat*: erdig gehaltvoll
Chatini fisiter/*Salat aus goldenem Apfel*: fruchtig leicht
Lenty kreol/*Linsen*: fein cremiges Mus aus roten Linsen mit Zwiebeln, Ingwer und Knoblauch
Marlin fimen/*Geräucherter Marlin*: schlägt geräucherten Lachs um Längen
Pwason griye ek lasos kreol/*Gegrillter Fisch mit kreolischer Sauce*: verschiedenster Fisch, meist mit Knoblauch, Ingwer, Zwiebeln und Chili mariniert und mit einer fruchtig pikanten, tomatenbasierten Sauce serviert
Kari sousouri/*Flughund-Curry*: nicht überall zu bekommen, lecker, geht in Richtung Wild, muss leider von den vielen Knöchelchen genagt werden
Styou bef/*Rinder-Stew*: deftig würzig, mit Tomaten und Süßkartoffeln
Gato piman/*Chili cakes*: feurig würziger Snack aus Linsenmus und Chili, der in Öl knusprig ausgebacken wird
Salad milyonner/*Millionärssalat*: knackiger Salat aus dem Herzen der Palmiste-Palme, die heute streng geschützt ist. Daher muss man warten, bis eine Palme altershalber umfällt oder vom Sturm geknickt wird. So viel Zeit und Geld hat nur ein Millionär – daher der Name. Heute wird er hauptsächlich aus dem Herzen der weit verbreiteten Kokospalme zubereitet und ist auch für Nicht-Millionäre erschwinglich.
Ladob banan/*Bananen in Kokosmilch gekocht*: süße Verführung mit Vanille und Kokosmilch

info

Calou – Palmwein für Einheimische

Wer die Seychellois am Wochenende am Strand erlebt, bekommt schnell mit, dass es sich um ein feierfreudiges Volk handelt. Es wird reichlich geflachst, gelacht, gegessen und getrunken. Und vielleicht steht irgendwo in der Ecke eine Flasche ohne Etikett, aus der gegen Abend regelmäßig eingegossen wird. Je mehr davon genossen wird, desto mehr legt die Stimmung zu. Gut möglich, dass es sich bei dem ungenannten Getränk um selbst gemachten Palmwein handelt, den Calou.

Calou, auch „Toddy" genannt, entsteht durch die Fermentierung des Safts der Kokosnusspalme. Um den Saft zu gewinnen, werden die ungeöffneten und jungen Blütenkolben oben in den Palmen angeritzt. Aus diesen Ritzen läuft der Saft hinunter durch eine aus Kokosnussblättern gefertigte Leitung und wird in Flaschen gesammelt. Die Blütenkolben müssen regelmäßig neu geritzt werden, damit der Saft gut abfließen kann. So kommen gut und gerne ein paar Liter am Tag zusammen – aus nur einer Palme. Der gewonnene Calou gärt schnell und sollte innerhalb von ein paar Tagen getrunken werden. Schon nach ein paar Stunden in der Flasche liegt der Alkoholgehalt bei rund 4 %, nach 72 Std. sind es 12 %. Danach und mit dem weiteren Ansteigen des Alkoholgehalts wird der Calou dunkler, kippt irgendwann und ist dann ungenießbar.

Da die Gewinnung des Calou sehr kostengünstig ist, wird er von den Seychellois gerne als Ersatz für teure Spirituosen getrunken. In den Läden der Inseln kann man ihn nicht kaufen. Wer also einen Schluck probieren möchte, muss sich vertrauensvoll an die Einheimischen wenden. Vielleicht gibt es einen Freund in der Nähe, der gerade Calou im Ausschank hat. Allerdings sollte man darauf achten, dass das Getränk frisch hergestellt wurde und die verwendete Flasche einen sauberen Eindruck macht. Calou wirkt stark und hat abführende Wirkung. Als im Verzehr ungeübter Urlauber sollte man also vorsichtig sein und nicht zu viel auf einmal genießen.

Getränke

Hauptgetränk ist **Wasser**, das man in den Restaurants meist automatisch als Leitungswasser zum Essen bekommt. Dieses kann man auf allen Inseln ohne Probleme trinken, es hat aber leider manchmal einen leicht chlorigen Geschmack. Wen das stört, der kann ein auf den Seychellen abgefülltes Quellwasser kaufen, das köstlich schmeckt. Es muss ja nicht immer das teuer importierte Evian aus Frankreich sein. Die Umwelt dankt es.

Drei **Biere** werden auf den Seychellen gebraut: SeyBrew, Eku und Guinness. Alle drei entsprechen in ihrer Zusammensetzung dem deutschen Reinheitsgebot und schmecken hervorragend. SeyBrew, das beliebteste, ist ein helles erfrischendes Pils. Eku ist etwas kräftiger und herber, Guinness ist ein dunkles Starkbier. Eiskalt genossen sind sie ein krönender Abschluss eines perfekten Tages im Paradies.

Wein wird auf den Seychellen nicht angebaut und muss importiert werden. Die Preise sind entsprechend hoch und die Auswahl eher begrenzt. In den feineren Hotels und gut sortierten Feinkost- bzw. Importläden lässt sich aber das ein oder andere gute Tröpfchen finden.

Rumverkostung in der Trois Frères Distillery

Seit 2002 gibt es auch **lokalen Rum** von der Trois Frères Distillery der Familie D'Offay (S. 137). In acht verschiedenen Sorten wird er unter dem Namen Takamaka vertrieben. Die Palette reicht von einem extra hochprozentigen weißen Rum mit 69 % Alkohol über dunklen, gelagerten dunklen sowie extra dunklen bis hin zu Ananas-, Kokos-, und Mango/Passionsfrucht-Rum. Aus diesen lassen sich in Verbindung mit frischen Fruchtsäften wundervolle Cocktails zaubern, zum Beispiel der „Red Sea Cocktail" aus weißem Rum oder Kokosrum, frischem Passionsfruchtsaft, einem Spritzer Grenadine für die Farbe und Mineralwasser – einfach himmlisch. Aber da sind der Fantasie keine Grenzen gesetzt und jeder Barkeeper hat, neben den üblichen international bekannten Cocktails, sein Spezialrezept. Neuerdings gibt es auch Takamaka Wodka.

Mango, Ananas, Wassermelone, Passionsfrucht oder was sonst gerade Saison hat – **Fruchtsäfte** gibt es auf den Seychellen in Hülle und Fülle. Auch an den Stränden werden in etlichen Hütten frisch gepresste Säfte für wenige Rupien angeboten. Immer wieder verblüffend lecker und wunderbar erfrischend ist ein einfacher Zitronensaft, verfeinert mit etwas Salz und Zucker. Den sollte man unbedingt probieren. Und dann gibt es natürlich den Inbegriff des tropischen Getränks: die grüne Kokosnuss, „Koko tann", zum Trinken. Gekühlt und fachmännisch von einem der Strand-Barkeeper geöffnet und mit einem Strohhalm versehen schmeckt sie einfach unvergleichlich erfrischend.

Zitronensaft und grüne Kokosnuss

Des Weiteren gibt es natürlich **Tee und Kaffee**. Letzterer ist meist aus Instantpulver und daher kein absoluter Gaumengenuss. Aber manche Hotels und Restaurants haben mittlerweile Profimaschinen, die einen wunderbaren Kaffee machen. Wer Wert auf guten Kaffee legt, fragt am besten vorher nach der Art der Zubereitung. Tee wird direkt auf Mahé angebaut und verarbeitet. SeyTé gibt es hauptsächlich als Schwarztee und Vanilletee, teilweise auch mit Fruchtaromen. Die Qualität ist sehr gut, und er eignet sich hervorragend als Mitbringsel. Etwas exotischer, aber kalt wie warm ein Genuss ist Zitronengras-Tee. Zitronengras (lemongrass) wird in kleinen Feldern an den Hängen der Berge angebaut. Der Tee ist erfrischend und verdauungsfördernd.

Schwarz- und Vanilletee

Softdrinks aller Art gibt es von den internationalen Konzernen und lokalen Abfüllern. Die importierten Waren sind deutlich teurer. Also warum nicht mal neue leckere Sorten ausprobieren und dabei noch den Geldbeutel und die Umwelt schonen?

info

Kreolische Rezepte zum Selberkochen zu Hause

Sauce Kreol

Rezept von **Chefkoch Sumeda Yapa**, Island Lodge, La Digue

Zutaten für vier Portionen:
20 g Knoblauch, gehackt
100 g frische Tomaten, gewürfelt
20 g Ingwer, gehackt
50 ml Tomatenketchup
50 g Tomatenmark
10 g Thymian
50 g Zwiebeln, gewürfelt
25 g Sellerie, gewürfelt
25 g frische Chili, grob gehackt
50 ml Zitronensaft
50 ml Speiseöl
Salz und Pfeffer nach Belieben

Zubereitung

Das Öl in einem großen Topf bei mittlerer Stufe erhitzen. Zwiebeln, Sellerie und Chili zugeben und unter gelegentlichem Rühren ca. 3–5 Min. anbraten, bis alles beginnt weich zu werden. Den Knoblauch und den Ingwer unterrühren und alles ungefähr 30 Sek. weiter schmoren, bis sich die Aromen entfalten. Dann die restlichen Bestandteile zugeben und bei reduzierter Hitze und gelegentlichem Umrühren etwa 20 Min. köcheln, bis die Sauce leicht eindickt. Mit Salz und Pfeffer nach Belieben abschmecken.

Diese köstliche Sauce passt hervorragend zu allem Gegrillten, besonders zu Fisch und Huhn. Als **Beilage** bietet sich Reis an.

Schweine-Curry

Zutaten für vier Personen
600 g Schweineschulter, pariert und klein gewürfelt
100 g Zwiebeln, in Scheiben geschnitten
10 ml Speiseöl
50 g Curry-Pulver
20 g Kurkuma
20 g Knoblauch, gehackt
10 g Ingwer, gehackt
25 g Tomatenmark
15 g Tamarinde, in warmem Wasser eingeweicht (gibt es im Asia-Laden)
Salz, Pfeffer, Thymian, Anissamen, Koriandersamen und Curryblätter (Carry pilé, ein lokales Gewürz, gibt es im Asialaden) nach Belieben.

Zubereitung

Den Anis- und Koriandersamen mit den Curryblättern in einer Pfanne vorsichtig anrösten, bis sich die Aromen entfalten und dann in einem Mörser zerstoßen. Das Öl in einer Pfanne erhitzen, die gesalzenen und gepfefferten Fleischwürfel darin braun anrösten, aus der Pfanne nehmen und beiseitestellen. In einer weiteren Pfanne die Zwiebeln, Currypulver und Kurkuma mit etwas Öl anbraten. Das Fleisch und die zerstoßenen Gewürze zugeben und mischen. Anschließend den Tamarindensaft, Tomatenmark und ein wenig Wasser hinzugeben. Zuletzt Knoblauch, Ingwer und Thymian zufügen und mit Salz und Pfeffer abschmecken. Alles 30–40 Min. sanft köcheln lassen, bis das Fleisch zart ist. Zum Schluss nochmal abschmecken.

Beilagen: gekochter Reis, rote Linsen und ein Mango-Chutney

La Daub

Zutaten für sechs Personen:
1 kg Süßkartoffeln oder Bananen
1200 ml Kokosmilch
300 g Zucker
1 Vanilleschote, der Länge nach angeritzt
1 Zimtstange
1 g Muskatpulver
1 Prise Salz

Zubereitung
Die Süßkartoffeln oder Bananen schälen und in 4 cm auf 2 cm große Scheiben schneiden. In eine Pfanne geben und mit Koksmilch übergießen, bis sie bedeckt sind. Die Gewürze und den Zucker zugeben und bei kleiner Flamme köcheln, bis die Stücke beginnen weich zu werden. Den Herd ausschalten und alles abkühlen lassen. Das Dessert wird kalt serviert.

Guten Appetit!

Sous-Chef Jimmy Gabriel von der La Digue Island Lodge verrät unserer Autorin ein paar seiner Küchengeheimnisse

2. DIE SEYCHELLEN ALS REISEZIEL

Allgemeine Reisetipps von A–Z

Hinweis

In den Allgemeinen Reisetipps von A–Z finden Sie reisepraktische Hinweise für die Vorbereitung Ihrer Reise und für Ihren Aufenthalt auf den Seychellen. Auf den anschließenden Grünen Seiten (ab S. 92) werden Preisbeispiele für Ihren Seychellenaufenthalt gegeben. In den folgenden Reisekapiteln (ab S. 96) erhalten Sie bei den jeweiligen Inseln detailliert Auskunft über Infostellen, Sehenswürdigkeiten, Unterkünfte, Restaurants, Verkehrsmittel, Wassersportmöglichkeiten und andere Aktivitäten. Alle Angaben über Preise, Telefonnummern, Öffnungszeiten etc. waren zum Zeitpunkt der Drucklegung gültig, sind aber konstant Änderungen unterworfen.

Alkohol

Alkohol können Besucher natürlich in den jeweiligen Hotels genießen. Beim Einkauf im nahen Supermarkt gibt es allerdings ein paar Einschränkungen. Offiziell ist der Verkauf beschränkt auf Mo–Do 11.30–21, Fr 11.30–23.30, Sa 8.30–23, So und feiertags 8.30–21 Uhr. Mindestalter: 18 Jahre. Am Wahltag kann kein Alkohol bezogen werden.

Angeln/Fischen

Es gibt Urlauber, die einzig zum Angeln auf die Seychellen kommen. Hier gibt es noch reichlich Fisch mit klingenden Namen wie Wahoo, Marlin und Barrakuda, Schwert- und Speerfisch, Hai und Bonito. In der Zeit von Juni bis Oktober sind die Hochseefischer unterwegs, Fliegenfischen ist immer möglich. Angeln und Fischen darf hier jeder und jede: Man braucht – außer in den Meeresnationalparks – keine Lizenz. Profis und Anfänger sind gleichermaßen willkommen. Und ganz sicher kennt der Charterboot-Vermieter des Vertrauens bei einem Angelausflug den besten Spot für den gewünschten Fang. Das Equipment wird normalerweise von den Veranstaltern gestellt, Harpunen dürfen allerdings nicht verwendet werden.

Neben den Hochseefischern sind im Flachwasser der südlichen Inseln der Seychellen auch Salzwasserfliegenfischer unterwegs. Hier kommen unter anderem Silbergrätenfische, Riesenstachelmakrelen, Drückerfische, Milchfische und Fächerfische vor.

Auf den Seychellen gibt es einen eigenen Angelclub mit rund 3.400 Mitgliedern, den Seychelles Sports Fishing Club (SSFC). Über die Website des Clubs kann man sich einen guten Überblick über die lokale Angelszene sowie Angelwettbewerbe verschaffen: www.facebook.com/groups/seychellesfishing und www.ssfc.sc.

Seit 2011 gibt es auf den Inseln eine halbjährlich erscheinende Zeitschrift über das Leben unter Wasser. Hier wird ebenfalls ein guter Überblick über die Angelszene angeboten: „SEALife Seychelles: A guide to sea-based activities in the Seychelles". Auch hier gibt es eine Facebook-Seite: www.facebook.com/sealifesey.

An- und Abreise

Mit dem Flugzeug

Seychelles International Airport oder Aéroport International de Seychelles (SEZ) heißt der einzige internationale Flughafen der Seychellen. Er wurde am 20. März 1972 von Queen Elizabeth II. eröffnet und liegt auf der **Hauptinsel Mahé**, etwa 11 km südlich der Hauptstadt Victoria. Ab hier gibt es regelmäßige Verbindungen nach Afrika, Asien, Europa und in den Mittleren Osten.

Der Seychelles International Airport wird heute von einigen Airlines angeflogen. Für Urlauber interessant sind vor allem die Direktflüge aus Deutschland, die ab Frankfurt von **Condor** angeboten werden. Condor fliegt im Winter 2018/19 Dienstag und Freitag ab Frankfurt (FRA) nonstop auf die Seychellen (SEZ), im Sommer 2019 freitags. Im Mai, September und Oktober gibt es zusätzliche Nonstop-Flüge jeweils dienstags. Ab Wien fliegt **Austrian Airlines** einmal die Woche direkt nach Mahé. **British Airways** fliegt zweimal die Woche direkt von London Heathrow. Seit September 2018 fliegt **Edelweiss** an ausgewählten Tagen direkt von Zürich nach Mahé. Mit Zwischenstopp erreichen beispielsweise **Etihad Airways/Air Seychelles** (über Abu Dhabi), **Emirates** (über Dubai), **Ethiopian Airlines** (über Addis Abeba), **Turkish Airlines** (über Istanbul) sowie **Qatar Airways** (über Doha) ihr Ziel.

Kontakt internationale Fluggesellschaften

- **Austrian Airlines**: Sales, Information and Ticketing Germany, ☏ +49-69-50600598, www.austrian.com. Reservierung und Information Österreich, ☏ +43-5-17661000.
- **British Airways**: Postfach 71 01 65, 60491 Frankfurt am Main, ☏ +49-421-5575758, www.britishairways.com. Seychellen: Global Connections Ltd., Kingsgate House, P.O. Box 292, Victoria, Mahé, ☏ +248-224910/-225307.
- **Condor**: Condor Platz, 60549 Frankfurt, Service-Center, ☏ +49-180-6767767, www.condor.de.
- **Edelweiss**: Flughafen Kloten, CH-8058 Zürich, ☏ +41-848-333593, www.flyedelweiss.com.
- **Emirates**: Frankfurt Airport, Terminal 2, Departure Hall E, 60549 Frankfurt Airport, ☏ +49-69-945192000, www.emirates.com. Seychellen: Emirates Town Office, Francis Rachel St., Victoria, Mahé, ☏ +248-4297676.
- **Etihad Airways**: Palais am Jakobsplatz, Oberanger 34-36, 80331 München, ☏ +49-89-44238888, www.etihad.com. Seychellen: Independent House (Büro von Air Seychelles), Victoria, Mahé, ☏ +248-43910 000.
- **Ethiopian Airlines**: Im Hauptbahnhof – Passage B-Ebene, 60329 Frankfurt am Main, ☏ +49-69-21933783, www.ethiopianairlines.com. Seychellen: Mason's Travel (Pty.) Ltd, Revolution Ave., Michel Building, Victoria, Mahé, ☏ +248-4288907.
- **Qatar Airways**: Call Center Deutschland, ☏ +49-69-2609 04400, www.qatarairways.com. Seychellen: Room 103, 1st Floor, Capital City, Independence Ave., Victoria, ☏ +248-4303550-600.
- **Turkish Airlines**: Frankfurt Airport, Terminal 1/B, ☏ +49-69-86799849, www.turkishairlines.com. Seychellen: Airport Sales Office Mauritius (zuständig für die Seychellen): 10 Remy Ollier St., Abdullah Plaza Joonus Building, Port Louis, Mauritius, ☏ +230-2125555.

Am Flughafen von Mahé

info

Klimabewusst auf die Seychellen

„Emissionen einer Person auf einem Hin- und Rückflug Frankfurt/Main Int'l nach Mahé/Seychelles Int'l, Economy: Klimawirkung 3.504 kg CO_2", berichtet der **Online-Emissionsrechner** bei www.atmosfair.de. 3.504 kg CO_2 sind nicht zu verachten. Denn ein Kühlschrank verursacht jährlich z. B. nur rund 100 kg CO_2, Autofahren 2.000 kg, und ein Mensch in Indien kommt auf 1.600 kg CO_2 im Jahr. Dabei macht das Fliegen rund 10 % der globalen Klimaerwärmung aus. Das sogenannte „Klimaverträgliche Jahresbudget eines Menschen" liegt bei 2.300 kg CO_2 im Jahr. Wer also auf die Seychellen fliegt, hat für gut 1½ Jahre sein Budget aufgebraucht – für vielleicht drei Wochen Urlaub.

Urlauber, die die Folgen ihres Tuns oder vielmehr Fliegens durch gute Taten ausgleichen wollen, können ihr Jahresbudget bei verschiedenen gemeinnützigen oder profitorientierten Organisationen ausgleichen. Für jede Tonne CO_2 errechnen diese Klimaschutzagenturen eine freiwillige Abgabe zwischen 9 und 60 €. Dieses Geld wird gesammelt und in Klimaschutzprojekte investiert, die so möglichst die gleiche Menge Kohlendioxid einsparen sollen. Atmosfair ist eine der bekanntesten Agenturen. Wer eine der verschiedenen Klimaschutzagenturen unterstützen möchte, sollte sich vorher gut über das Programm informieren. Es gibt leider kein Prüfzertifikat, aber auf den jeweiligen Websites können sich Interessierte recht schnell einen Überblick verschaffen.

Einige **Adressen** von Klimaschutzagenturen mit Emissionsrechnern: www.atmosfair.de, www.climatefriendly.com sowie www.myclimate.de.

Reiseveranstalter in Deutschland

- **Arkadia Segelreisen**, ☏ +49-2401-8968822, www.arkadia-segelreisen.de, bietet gut organisierte Segeltörns auf Jachten zum Mitsegeln an.
- **Trauminsel Reisen**, ☏ +49-8152-93190, www.trauminselreisen.de, ist einer der ältesten und bekanntesten Seychellenanbieter in Deutschland.

Tipp

SeyVillas GmbH, Werner-Bock-Straße 40, 33602 Bielefeld, ☏ +49-521-44818610, www.seyvillas.com, ist nicht ohne Grund einer der anerkanntesten und besten Seychellen-Spezialisten. Besonders gut nachgefragt wird das SeyVillas-Angebot, ein komplettes Inselhopping-Erlebnis zusammenzustellen als maßgeschneiderte Rundreise inklusive aller Transfers. Auch Jacht- und Hochzeitsreisen gehören zu den Spezialitäten des Hauses. Wer sich im Vorfeld über die Seychellen als mögliches Urlaubsziel informieren will, findet auf der Website viele interessante Infos, Texte und Fotos (s. auch S. 74).

Inlandsflüge

Der Domestic Terminal des Internationalen Flughafens auf Mahé dient als Inlandsflughafen und ist die Drehscheibe für alle Flüge innerhalb der Seychellen. **Air Seychelles** verbindet Mahé mit Praslin. Charterflüge nach Bird Island, Denis Island, D'Arros Island und Frégate Island können über die Website von Air Seychelles gebucht werden. Nach Assumption, Farquhar, Desroches, Alphonse, Remire, Platte und Coëtivy fliegt die **Island Development Company** (IDC).

Air Seychelles verbindet die Inseln miteinander

Die Tickets für die Inlandsflüge kann man direkt am Inter Island Terminal oder online (auch als Paket) kaufen. Es empfiehlt sich, im Voraus zu buchen und die jeweilige Freigepäckmenge zu beachten. Das Preisniveau für Inlandsflüge liegt zwischen 100 und 250 € für Hin- und Rückflug.

Kontakt nationale Fluglinien
- **Air Seychelles Ltd**, International Airport, P.O. Box 386, Victoria, Mahé, ☏ +248-4391000, www.airseychelles.com.
- **Island Development Company Ltd**, P.O. Box 638, New Port, Latanier Rd., Victoria, Mahé, ☏ +248-4384640, www.idcseychelles.com.

Mit dem Hubschrauber

Zil Air fliegt ab Mahé etliche Inseln der Seychellen an. Flugzeiten und -preise kann man über die Website www.zilair.com anfragen.

Mit dem Schiff

Seit Februar 2018 befährt das Kreuzfahrtschiff AIDAblue die Route Mauritius, Seychellen und Madagaskar. In 14 Tagen geht es beispielsweise mit dem Start- und Zielhafen Mahé nach Madagaskar, Mauritius und La Réunion. Landausflüge und Übernachtungen sind auf den Inseln möglich, ebenso wie Reiseverlängerungen mit Strandurlaub. Infos unter: www.aida.de. Einen guten Überblick über die ein- und auslaufenden Kreuzfahrtschiffe am New Port in Mahé bietet die Website www.cruisetimetables.com/cruises-to-mahe-seychelles.html.

Island Hopping

info

Es gibt etliche gut funktionierende und tägliche Fähr- bzw. Katamaranverbindungen zwischen den drei Hauptinseln Mahé, Praslin und La Digue. Somit kann man auf den Seychellen locker ein wenig „Island Hopping" betreiben. Auch wenn die Überfahrt mit den Schnellfähren „Cat Rose" und „Cat Cocos" stürmisch ausfallen kann, gibt es immer einiges zu sehen und zu erleben. Es empfiehlt sich, sich im offenen Oberdeck niederzulassen, um den Ozean sowie die hübschen Inselansichten an sich vorbeigleiten zu sehen. Andere Inseln wie beispielsweise Cerf werden mit kleineren Fähren beziehungsweise Booten angefahren. Diese verkehren entweder regelmäßig oder können gechartert werden.

info

Island Hopping: mit der Schnellfähre kein Problem

Infos zur Verbindung Mahé–Praslin–La Digue: www.catcocos.com, zur Verbindung Praslin–La Digue: www.seychelles.net/iif.

Wer ein bisschen Zeit mitbringt, kann sich auch einem der Frachtschiffe und Lastensegler anvertrauen, die täglich die Inseln anfahren und die Dinge des Lebens transportieren. Die Schiffe fahren normalerweise am Ende des Piers der Katamarane ab, sobald sie vollgeladen sind. Wer mit will, fragt einfach den Kapitän.

Am Flughafen

Die meisten Urlauber, die am Internationalen Flughafen ankommen, werden vom jeweiligen Hotel oder Fahrdienst abgeholt. Wer nicht in den Genuss dieses Service kommt, der vertraut sich einem Taxi an. Der Preis richtet sich nach der Länge der zu fahrenden Strecke. In die Hauptstadt Victoria sollte ein Taxi um die 450 SR kosten. Wer sich das Taxi sparen will, der verlässt den Flughafen an der Autoausfahrt zu Fuß, quert die Hauptstraße (Linksverkehr!) und geht zur Bushaltestelle, die sich neben der Tankstelle befindet. Ab hier fährt jeder Bus nach Victoria und zum dortigen zentralen Busbahnhof. Das Fahrziel ist an der Vorderseite des Busses angeschrieben. Am sehr gut organisierten und übersichtlichen Busbahnhof kann man beispielsweise Richtung Beau Vallon umsteigen. Jeder Trip während des Tages kostet 7 SR, für die eiskalte Klimaanlagenversion werden 15 SR fällig.

Apotheken

Apotheken *(Pharmacies)* gibt es auf Mahé, Praslin und La Digue. Die Resorts und Hotels auf den Äußeren Inseln halten normalerweise eine Notfallapotheke bereit. Spezielle Medikamente sollte man unbedingt in ausreichender Menge mitbringen.

Ärzte

s. *auch unter „Gesundheit/Notfälle“, „Impfungen“*

Die professionelle medizinische Versorgung auf den Seychellen beschränkt sich auf die Hauptinseln. Auf den Äußeren Inseln gibt es im Idealfall eine kleine Klinik für die Nahversorgung. Ansonsten hält das jeweilige Hotel immer ein Pflaster oder ein Medikament bereit. Die Ärzte auf den Seychellen haben normalerweise eine gute Ausbildung in Europa oder Afrika genossen. Auf Mahé, Praslin und La Digue gibt es jeweils ein Krankenhaus, in dem täglich zumindest ein Arzt oder eine Ärztin zu finden ist.

Mahé: Seychelles Hospital mit Zahnklinik, Mont Fleuri Rd., Victoria, ☏ +248-4388000, www.health.gov.sc
Anse Royale, ☏ +248-4-371222; English River, ☏ +248-4388595
Praslin: Praslin Hospital, Baie Ste. Anne, ☏ +248-232323; Grand Anse, ☏ +248-4243414
La Digue: Logan Hospital, La Passe, ☏ +248-4234255
Seychellenweite **Notfallnummer**: ☏ -151

Weitere Informationen, Adressen und Telefonnummern für Urlauber hält das Gesundheitsministerium der Seychellen online bereit unter: wwwnc.cdc.gov/travel/destinations/traveler/none/seychelles.

Tipp

Erkundigen Sie sich für alle Fälle vor Reiseantritt bei Ihrer Krankenkasse nach den für die Seychellen geltenden **Auslandsversicherungsbedingungen** und bei Ihrem Reisebüro nach entsprechenden **Zusatzversicherungen**. Mit den gesetzlichen Krankenkassen besteht kein Abkommen zum Krankenversicherungsschutz. Vor allem beim Krankenrücktransport, bei der Bezahlung von Medikamenten und einem Krankenhausaufenthalt können hohe Kosten anfallen. Es ist zu empfehlen, eine **Auslandsreisekrankenversicherung** abzuschließen, die einen Rücktransport für den Notfall einschließt.

Autofahren und Verkehrsregeln

s. auch „Führerschein“

Wer sich auf Mahé oder Praslin nicht den öffentlichen Bussen oder Taxis anvertrauen will – was schade wäre –, der kann sich einen Mietwagen nehmen. Auf La Digue und den anderen Inseln allerdings ist das (bisher) nicht möglich. Die Straßenverhältnisse auf Mahé und Praslin können als „ordentlich“ bezeichnet werden. Es wird links gefahren, Schotterstraßen gibt es nicht mehr viele, die Inseln können normalweise auf geteerten Straßen umrundet werden. Zu beachten ist allerdings, dass die Seychellois den Ruf haben, gerne zu rasen, und sich durchaus auch alkoholisiert in das Verkehrsgetümmel werfen, vor allem am Monatsanfang, freitag- oder samstagabends. Auch die Busfahrer sind auf den schmalen Straßen gerne rasend schnell unterwegs und nutzen den Mittelstreifen lediglich als Orientierungshilfe. Offiziell gilt innerorts ein Tempolimit von 40 km/h, außerorts 65 km/h. Auf einer gut ausgebauten Teilstrecke zwischen dem Flughafen und Victoria dürfen 80 km/h gefahren werden. Auf Praslin beträgt die Höchstgeschwindigkeit 40 km/h.

Stilvolles Gefährt auf La Digue

Autostopp

Wer sich mit dem Rucksack bepackt an den Straßenrand stellt und den Daumen ausstreckt oder winkt, gehört zu einer Minderheit der Urlauber auf den Seychellen. Denn mit Taxis, privatem Transport oder dem öffentlichen Nahverkehr ist man gut unterwegs. Auf der anderen Seite wird man – egal, ob bepackt oder unbepackt – nie lange am Straßenrand stehen bleiben: Die Einheimischen nehmen gerne Freunde, Bekannte und Unbekannte mit auf ein Schwätzchen, genauso wie die auf den Seychellen lebenden Expats. Die Mitfahrt auf den Pritschen der Pick-ups ist sogar erlaubt und wird gerne wahrgenommen. Beim Autostopp kann man sich manchen Tipp holen. Auch wer in einem schönen Restaurant oder in einer Bar „versackt" ist und den letzten Bus verpasst hat, kann einfach herumfragen. Es wird sicher ein freundlicher Mensch in der Nähe sein, der demnächst in die richtige Richtung fährt. Natürlich gilt beim Autostopp auf den Seychellen dasselbe wie überall auf der Welt: Hundertprozentige Sicherheit gibt es nicht, und selbstverständlich sollte man nicht zu offensichtlich betrunkenen Zeitgenossen ins Fahrzeug steigen. Um es mit den Worten des netten Taxifahrers Marlon zu sagen: „Seychellois nehmen dich sicher mit, keine Frage." Und man sollte es unbedingt einmal ausprobieren. So fing schon so manche wunderbare Freundschaft an ...

Autovermietung

Wer sich für einen Mietwagen entschieden hat, kann diesen von zu Hause aus buchen oder vor Ort mieten. Zahlreiche Hotelbetreiber vermieten auch Fahrzeuge oder kennen jemanden, der gerade ein Auto zur Verfügung hat. Voraussetzung für das Mieten ist die Vorlage eines EU- oder internationalen Führerscheins. Da die Konkurrenz auf Mahé und Praslin recht groß ist, lohnt sich ein kleiner Preisvergleich. Ein brauchbarer Kleinwagen sollte auf Mahé problemlos für 35–40 € am Tag zu haben sein, Praslin ist etwas teurer. Je länger die Mietdauer, desto günstiger.

Banken

s. auch *„Geld"*

Banken sind normalerweise Mo–Fr 8.30–14 Uhr geöffnet, am Samstag bis 12 Uhr. Die Banken wechseln Bargeld, am besten Euro, in die einheimische Währung. Auch Hotels und Restaurants bieten einen Wechselservice. Hier allerdings ist der Wechselkurs nicht so gut wie der offizielle. Es lohnt sich, die jeweiligen Wechselkurse auch von Bank zu Bank zu vergleichen.

Einfacher ist es, sich an Geldautomaten mit der eigenen Kreditkarte das nötige Kapital zu besorgen. Weithin akzeptiert werden VISA und Mastercard. EC-Karten funktionieren i. d. R. ebenfalls, die Gebühren erfragt man bei seiner Hausbank. Karten, die lediglich das V-Pay-Logo tragen, sind außerhalb von Europa und also auch auf den Seychellen nicht nutzbar. Die Geldautomaten, „ATM" genannt, gibt es auf den größeren Inseln. Für einen Besuch auf den Äußeren Inseln sollte man reichlich Bargeld einpacken. Euros in cash sind gerne gesehen. Auf den Hauptinseln kann man in größeren Restaurants, Hotels und Geschäften häufig auch mit Kreditkarte zahlen.

Menschen mit Behinderungen auf Reisen

Während große Hotels und Strandresorts mit Rampen und ähnlichem Equipment für Barrierefreiheit innerhalb der eigenen Wände sorgen, sieht das bei Pensionen und Guesthouses anders aus. Öffentliche Verkehrsmittel und andere Einrichtungen sind leider kaum auf Menschen mit Behinderungen jeglicher Art eingestellt. Auch ist das Wege- und Straßennetz auf den Inseln der Seychellen nicht rollstuhlgeeignet, der Zugang zu den Stränden ist mit einem Rollstuhl nicht möglich.

Busverbindungen

Bushaltestelle in Beau Vallon

Wer nicht mit einem öffentlichen Bus Mahé oder Praslin kennenlernt, der verpasst so einiges. Es gibt kaum einen einfacheren Weg, mit Einheimischen und anderen Fahrgästen in Kontakt zu kommen und dabei die Inseln intensiv kennenzulernen. Da die Busse den ganzen Tag unterwegs sind – auf Mahé 5.30–20.30, auf Praslin 5.50–18.20 Uhr – kann man den Strand- oder Besichtigungsausflug in andere Teile der Inseln locker mit dem öffentlichen Nahverkehr planen. Die einfache Fahrt, egal wie lang sie dauert, kostet 7 SR, klimatisiert 15 SR. Die halbstündlich bis stündlich (stündlich auf Praslin) verkehrenden Busse sollten am besten per Handzeichen herangewunken werden. Den aktuellen Fahrplan gibt es online bei der Seychelles Public Transport Corporation (SPTC): www.sptc.sc.

Mahé: mit dem Bus um die Insel

info

Der Busverkehr auf Mahé ist sehr gut organisiert. Es ist auch für Urlauber kaum möglich, irgendwo auf der Insel verloren zu gehen. Zumindest während des Tages und Mo–Fr kommt normalerweise regelmäßig ein Bus vorbei, der meist in der Hauptstadt Victoria am Busterminal endet. Und mit ein bisschen Geduld ist es problemlos möglich, die Insel an einem oder zwei Tagen per Bus zu umrunden. Höchstens 3 € kostet der Spaß, den man sich nicht entgehen lassen sollte. Denn wo sonst kommt man den Einheimischen so nahe wie in einem Bus, der dieselqualmend einen Pass hochkriecht, während es draußen in Strömen regnet, die Scheiben beschlagen und der Fahrer vor lauter Fensterwischen kaum mehr zum Lenken kommt? Aber ernsthaft: Auf Regen folgt immer Sonnenschein. Regnet es in den Bergen, dann scheint am nahen Strand wieder die Sonne und die Welt ist in Ordnung. Hier ein paar Vorschläge für Ausflüge zu Stränden, Dörfern und Pässen. Wenn möglich, sollte man Mo–Fr unterwegs sein und im Busterminal in Victoria einsteigen, um sich gleich gute Plätze am besten weit vorne zu sichern. Aber Platz gibt es immer – auch bei anderen Zustiegsmöglichkeiten. Gut ist es, sich im Vorfeld zu überlegen,

Buslinienplan Mahé
N
0
5 km
© graphic
Anse Machabée
Machabée
Anse Nord-d'Est
Vista do Mar
St. Antoine
La Retraite
Glacis
La Gogue Village
Anse Etoile
La Gogue Res.
De Quincy Village
La Batie
Pointe Conan
Baie Beau Vallon
Beau Vallon
Victoria
Bel Ombre
Anse Major
Bel Air
Morne Seychellois National Park
Sans Souci
Sans Souci Rd.
Port Launay
Le Passe Ternay
Port Glaud
Fairview
La Misere Road
La Misere
Grand Anse
Grand Anse Farm
Barbarons Beach
Dans Galets
L'Abendance
Anse Polite
Montagne Posée Rd.
Anse Boileau
Anse Louis
La Salette
L'Esperance
Anse à la Mouche
Les Canelles Road
Les Canelles
Anse Soleil
Anse La Liberté
Petite Anse
Baie Lazare Village
Val Mer
Val d'Endor
Baie Lazare
Anse Gaulettes
Anse Takamaka
Takamaka
Quatre Bornes
La Réduit
Anse Intendance
Anse Corail
Police Bay
Anse Marie Louise
Anse Forbans
Anse Bougainville
Anse Royale
Pointe Au Sel
Anse aux Courbes
La Plaine St. André
St. Joseph
Bon Espoir
Longue Mare
Anse aux Pins
Capucins
Anse Déjeuner
Cascade
Seychelles International Airport (SEZ)
Petit Paris
Brillant
Eden Island
Cerf Passage
Île au Cerf (Cerf Island)
Sainte Anne
Sainte Anne Marine Nat. Park
Praslin
INDIAN OCEAN
22↑ 20↓
20↑ 22↓
24
22↑ 20↓ 24
20, 22, 24, 24a
21, 103
20, 21, 21a, 22, 24, 24a, 103
14, 35
3, 6, 9
9, 13, 14
14
11, 11a-c, 13
9, 13
1, 3, 4, 5, 5a-b, 6, 6b, 9, 9b, 101
9, 11, 11a-c,
4
5, 5a-b, 6, 6b, 9, 9b
9, 9b, 11, 11b,
6, 6b, 11, 11b,
6b
6, 6b, 9, 9b
5, 11b
5, 5a-b
5a
Bus Terminal
1 / 101 Anse aux Pins
1C Airport
3 Providence
4 Anse Boileau via Mt. Posee
5 Baie Lazare via Takamaka
5A Intendance via Bougainville
5B Takamaka Beach
6 Baie Lazare via Les Canelles
6B Anse Soleil via Les Canelles
9 Port Launay via Les Canelles
9B Anse Boileau - Les Canelles
11 Baie Lazare via La Misere
11A / C Anse Boileau via La Misere
11B Takamaka via La Misere
13 Port Launay via La Misere
14 Port Launay via Sans Souci
20 Victoria - Glacis - Victoria ↺
21 / 103 Bel Ombre
21A Beau-Bel
22 Victoria - Glacis - Victoria ↻
24 Glacis - La Gogue via Beau Vallon
24A La Batie via Beau Vallon
35 Sans Souci

auf welcher Seite man wegen der Aussicht sitzen sollte. Strandliebhaber bevorzugen bei einer Tour in den Süden entlang der Ostküste und der anschließenden Strecke die Westküste hinauf einen Platz auf der linken Seite – glänzende Ausblicke inklusive.

Durch den Süden:
Victoria – Port Launay – Victoria mit der Nr. 9
Die einfachste Verbindung, die mehr oder weniger die gesamte Insel umfährt – und das für 7 SR, inklusive Rückfahrt RS 14. Die 9 startet am Busterminal in Victoria, und man kann bis Port Launay auf der anderen Seite Mahés sitzen bleiben. Hier lohnt sich ein Besuch der Bucht von Port Launay, die zu den schönsten der Insel gehört und allein schon eine Reise wert ist. Die Bushaltestelle in Port Launay wurde 2015 eröffnet, es gibt eine Toilette (3 SR) und immer ein paar Einheimische, die für einen Schwatz zu haben sind. Ab der Endhaltestelle kann man mit der 9 denselben Weg zurückfahren oder sich die Nr. 14 schnappen, die über die sehens- und erlebenswerte Sans Souci Rd. zurück nach Victoria fährt. Ein kleiner Nachteil dieser Verbindung ist, dass die Nr. 9 über Les Canelles fährt und somit den letzten Schlenker im tiefen Süden der Insel über Quatre Borne und den berühmten Strand der Anse Takamaka auslässt. Wer die Ecke auch noch mitnehmen will, der muss ein wenig mehr planen.

Victoria – Anse Takamaka – Port Launay – Victoria
Diese Tour führt in so gut wie alle befahrbaren Ecken von Mahé. Natürlich kann man jederzeit aus- und wieder zusteigen oder die Tour abbrechen. Es gibt immer Busse, die nach Victoria zurückfahren. Los geht's mit der Nr. 5 ab dem Busterminal in Victoria. Die 5 fährt die gesamte Ostküste hinunter bis Anse Marie Louise. Ab hier geht es Richtung Inland über Quatre Borne und vorbei an der Anse Takamaka. Endstation ist das Bergdorf Baie Lazare. Hier dreht der Bus um, Mitfahrer werden an der Straße rausgelassen. Der nächste Bus ist die Nr. 11 Richtung Norden, die hoffentlich bald an der Bushaltestelle vorbeikommt. Diese nimmt man bis Grand Anse, denn ab hier fährt der Bus über La Misere und über die Berge wieder nach Victoria. Also heißt es umsteigen in die Nr. 13, die bis Port Launay fährt. Wer am Strand von Anse Takamaka kein Picknick eingelegt hat, für den wird es jetzt höchste Zeit. Zurück geht's, wie oben, mit der 14 bis Victoria. Vier Buslinien hat man gebraucht, viermal 7 SR, also gut 1,70 € für 4–6 Std. Abenteuer – je nach Picknicklänge.

Sind noch ein paar Stunden Zeit, was bei einem frühen Start durchaus möglich ist, dann bietet sich die anschließende Umrundung des Nordens von Mahé an. Diese Tour ist wegen der schönen Strände, die passiert werden, auch einen eigenen Halbtagestrip wert.

Victoria – Beau Vallon – Victoria
Nach Beau Vallon fahren etliche Busse ab dem Busterminal wie beispielsweise die Nr. 21, die 22 oder die 24. Interessant sind die Linien 20 und 22, beide umrunden die Nordspitze Mahés – die 20 gegen und die 22 im Uhrzeigersinn. Dabei genießt man wunderbare Ausblicke auf meist menschenleere Strände. In Beau Vallon lohnt immer eine Pause – vielleicht auf ein Kaltgetränk an der Open-Air-Bar des Boat House? Wer Bel Ombre mitnehmen will, z. B. um zur Anse Major zu wandern, der fährt noch ein Stück mit der 21 weiter, ansonsten nimmt man eine der anderen Linien, um nach Victoria zurückzufahren.

info

Fahrpläne lesen
An den Bushaltestellen im Busterminal in Victoria hängen Fahrpläne aus. Diese werden normalerweise auch eingehalten, sind aber nicht ganz einfach zu lesen. Vor allem die erste Spalte mit den Zahlen 5, 6, 7, 8 ohne weitere erklärende Informationen macht auf den ersten Blick Schwierigkeiten. Die Lösung: Steht eine 5 in der ersten Spalte, so fährt der Bus Mo–Fr. Bei einer 6 Mo–Sa, die 7 steht für jeden Wochentag und die 8 für Busverkehr nur sonn- und feiertags. Und wer gar nicht weiterkommt, der fragt das ungemein freundliche Personal, das sich normalerweise in großer Zahl im Pavillon in der Mitte des Busterminals tummelt. Neben dem Pavillon befindet sich eine übermannsgroße Karte von Mahé, auf der alle Buslinien und ihre Strecken eingezeichnet sind. Mithilfe der Karte kann man hervorragend Pläne schmieden.

Devisen

s. *„Geld"*

Diplomatische Vertretungen

Deutschland und die Schweiz sind auf den Seychellen jeweils durch einen Honorarkonsul vertreten. Botschaften gibt es auf den Inseln keine, die zuständigen – auch für Österreich – befinden sich in Kenia oder auf Madagaskar. Wer also in Schwierigkeiten gerät, weil beispielsweise der Pass oder sämtliche Barmittel verloren gegangen sind, der wendet sich an den jeweiligen Honorarkonsul.

In Kenia/Madagaskar – für die Seychellen

Botschaft der Bundesrepublik Deutschland, 113 Riverside Dr., P.O. Box 30180, 00100 Nairobi, ☏ +254-727667474.
Botschaft der Republik Österreich, Limuru Rd. 536, Muthaiga (gegenüber Muthaiga Mini Market), Nairobi, ☏ +254-204060022, www.bmeia.gv.at/oeb-nairobi.
Botschaft Schweiz, Antananarivo, Immeuble „ARO" – zweite Etage, Làlana Solombavambahoaka Frantsay 77, Antsahavola, 101 Antananarivo, Madagaskar, ☏ +41-584621961, www.eda.admin.ch/antananarivo.

Auf den Seychellen

Deutschland: Honorarkonsul Seychellen, Kerstin Henri, The Centre for Environment and Education, Nature Seychelles, Roch Caiman, P.O. Box 1310, Victoria, Mahé, ☏ +248-4601100.
Schweiz: Consulate of Switzerland, MG Building, Ave. Diolinda, Providence Estate, Victoria, Mahé, ☏ +248-4374278.

Europavertretung Seychellen

Botschaft der Republik Seychellen in Europa, Botschafter Selby T. Pillay, 1st F, 28 Boulevard Saint Michel, Box 23, 1040 Brüssel, Belgien, ☏ +32-2-7336055.

In Deutschland

Honorargeneralkonsul Max Hunzinger, Hanauer Landstraße 293, 60314 Frankfurt am Main, ☏ +49-69-91700591, http://konsulat-seychellen.de. Amts-/Konsularbezirke: Hessen, Bayern, Baden-Württemberg, Sachsen, Sachsen-Anhalt und Thüringen.

Honorarkonsul Professor Dr. Nikolaus Fuchs, Das Seychellenhaus, Friederikenhofer Straße, 214979 Großbeeren, OT Heinersdorf, ☏ +49-30-8859560. Amts-/Konsularbezirke: Berlin und Brandenburg.

Honorarkonsul Dirk P. Lindenau, Knooper Landstraße 6 k-l, 24161 Kiel-Altenholz, ☏ +49-431-3890470. Amts-/Konsulatbezirke: Schleswig-Holstein, Mecklenburg-Vorpommern.

Honorarkonsul Dr. Farhad Vladi, Ballindamm 26, 20095 Hamburg, ☏ +49-40-330000, www.honorarkonsul-seychellen.de. Amts-/Konsularbezirke: Hamburg, Bremen, Niedersachsen.

Honorarkonsul Dr. Rolf Herpens, Begonienstraße 2c, 40474 Düsseldorf, ☏ +49-211-4746003. Amts-/Konsulatbezirke: Nordrhein-Westfalen, Rheinland-Pfalz, Saarland.

In Österreich

Honorargeneralkonsulat der Republik Seychellen, Argentinierstraße 1/Eingang Gußhausstraße 12, 1040 Wien, ☏ +43-1-5053215.

In der Schweiz

Konsulat der Seychellen in Zürich, General Guisan-Quai 22, 8002 Zürich, ☏ +41-1-2857929.

Drogen

Mögen die Seychellen als Paradies gelten, so hat selbiges doch ein paar Schattenseiten. Dazu gehört der Drogenkonsum, der in den letzten Jahren massiv gestiegen ist. In früheren Zeiten war es der kiffende Rastamann, der mit seinem qualmenden Spliff für Aufregung sorgte. Heute gelten die Seychellen mit ihren einsamen Inseln als Zwischenstation des weltweiten Drogenhandels – und einige Drogen bleiben gleich im Land. Zielgruppe sind meist junge Seychellois, die durch den Verlust von sozialem Zusammenhalt und die voranschreitende Globalisierung mit all ihren Gefahren den Glauben an die Zukunft verloren haben. Waren die Menschen früher in die Großfamilie eingebunden, kann heute häufig eine Zersplitterung der Familie festgestellt werden. Was sicher auch daran liegt, dass der Tourismus Haupteinnahmequelle des Staates ist und Familien auseinanderreißt, da sie an anderen Orten arbeiten. Ein Auswuchs des Drogengebrauchs sind die Flaschen sammelnden Menschen, die man am Straßenrand sieht. Sie sind meist harmlos und verschaffen sich so nötiges Kleingeld. Doch es gibt auch echte Kriminalität, von der man als Urlauber aber normalerweise nichts mitbekommt. Trotzdem werden Besitz und Konsum von Drogen jeglicher Art hart bestraft, was auch für Urlauber gilt. Am besten ist es, sich von jeglichen Verlockungen fernzuhalten. Einige Touristen sind wegen einer Partylaune in Schwierigkeiten geraten, denn auf Drogendelikte stehen mindestens drei Jahre Gefängnis.

Einkaufen

Die Hauptstadt Victoria verfügt über einige Shopping-Möglichkeiten, und auf der vorgelagerten Insel Eden Island – hier haben sich hauptsächlich reiche Ausländer angesiedelt – gibt

Typischer kleiner Laden beim Busbahnhof von Victoria

es eine schicke Einkaufsmall mit einem SPAR-Supermarkt. Sonst sollte man in puncto Supermärkte seine Erwartungen etwas zurückschrauben: Wer auf das Prinzip „Selbstversorgung" setzt, der muss dahin gehen, wo auch die Einheimischen einkaufen, nämlich in die kleinen Läden. Hier gibt es die Dinge des täglichen Lebens, sicher ein gutes Gespräch und so manches Gerücht, das man mit nach Hause nehmen kann. Neben diesen Shops, die in 95 % der Fälle von Indern betrieben werden, gibt es auch die ISPC-Supermärkte. Hier findet man die Dinge des täglichen Lebens für die Menschen aus dem Westen, die sich auf den Seychellen niedergelassen haben: französisches Bier, amerikanische Konserven und Kaffee-Kapseln für die heimische Nespresso-Maschine. Wer also Sehnsucht nach den Küchenverhältnissen zu Hause hat, ist hier richtig.

Lokale Märkte

Gemüse, Obst und Fisch kann man an Verkaufsständen entlang der Straßen kaufen. Diese, auch und vor allem die Fischstände, werden täglich neu beliefert und sollten mit ihrer Qualität für das nötige Geschmackserlebnis sorgen. Zum Pflichtprogramm aller Urlauber gehört auf **Mahé** der Sir Selwyn Selwyn-Clarke Market in Victoria (s. S. 115). Mo–Sa kann man hier frische Lebensmittel und Souvenirs einkaufen. Hier gibt es reichlich Gewürze, Tuch und Schmuck, Nippes und Tand. Auch so manch buntes Fotomotiv wird nicht nur Profifotografen erfreuen. Auf **Praslin** gibt es zwei Märkte: Einer befindet sich in Grand Anse, der andere in Baie Ste. Anne. Auf **La Digue** wird der lokale Fischmarkt in La Passe gerade wieder aufgebaut, bis dahin kann man sich den Obst- und Fischverkäufern am Straßenrand anvertrauen.

Einreisebestimmungen

Deutsche, Österreicher und Schweizer können problemlos in die Seychellen einreisen. Einzig ein gültiges Reisedokument in Form eines Reisepasses/Kinderreisepasses wird verlangt. Die Reisedokumente müssen bei der Einreise noch mindestens bis zum Ende des Aufenthalts gültig sein und über wenigstens zwei freie Seiten verfügen. Ein Visum wird nicht benötigt, die Aufenthaltserlaubnis für die Reisedauer (bis zu 30 Tage) wird bei Ankunft am Flughafen oder Hafen ausgestellt. Sie kann für weitere drei Monate bis zu einem Jahr verlängert werden. Für die Einreise werden Reisepass, Rückflugticket, Hotelbuchung und genügend finanzielle Mittel benötigt (ca. 150 US-Dollar pro Tag).

Kontrollen bei der Einreise sind möglich. Die finanziellen Mittel kann man in bar, in Form von Reiseschecks oder als Kreditkarten mitführen. Die Vorlage eines Rückflugnachweises ist auch dann notwendig, wenn Reisende auf die Seychellen fliegen und von dort mit einem Segelcharter die Inseln verlassen wollen und nicht dorthin zurückkehren. Beim Anflug auf die Seychellen wird im Flugzeug ein Formular verteilt, das Urlauber ausfüllen und bei der Einreise abgeben müssen.

Elektrizität

Das britische Kolonialerbe hat auch in Sachen Steckdosen seine Spuren hinterlassen. Um an die 220 bis 240 V und 50 Hz Wechselstrom zu gelangen, braucht es einen britischen Stecker (Typ G), der mit drei rechteckigen Kontaktstiften kommt. Wer keinen Adapter dabei hat, kann sich vor Ort einen kaufen. Da Steckdosen vor allem in günstigeren Unterkünften nicht allzu häufig vorzufinden sind, lohnt es sich, eine Mehrfachsteckdose mitzubringen. So kann man Smartphone und Tablet gleichzeitig aufladen.

Fahrradfahren

Das Fahrrad – auch E-Bikes wurden schon gesehen – gehört bei Urlaubern mit zum beliebtesten Fortbewegungsmittel. Mahé ist deutlich hügeliger und der Verkehr ist dichter als auf La Digue oder Praslin. Trotzdem lohnt es sich auch hier, mit dem Bike den nächsten Strand zu erobern. Zu beachten ist vor allem für untrainierte Radler, dass es auf den Seychellen heiß, sonnig und feucht ist – Hügel hin oder her. Man wird also mit Sicherheit mehr schwitzen als in heimischen Gefilden und sollte sich dagegen wappnen. Eine Kappe ist eine gute Idee, reichlich Sonnenmilch sowieso, und eine Flasche Wasser sollte man immer dabeihaben. Bitte nicht vergessen, dass Linksverkehr herrscht.

Hochburgen für Radler sind La Digue und Praslin. Denn hier gibt es wenig oder gar keinen Verkehr, die Wege sind entlang der Küstenlinie recht eben und im lauen Fahrtwind kann man viel sehen und erleben. Wer den Strand seiner Träume gefunden hat, lehnt das Bike an den nächsten Baum, schnappt sich das Handtuch aus dem Fahrradkorb und auf geht's. Leihen kann man die Räder tages- oder gleich wochenweise. Je länger, desto günstiger. Hat der Unterkunftsbetreiber nicht selbst ein Fahrrad zur Hand, so ist es bis zum nächsten Fahrradverleih sicher nicht weit. Und bei gut 10 € am Tag sind die Kosten durchaus überschaubar. Wer mit Kindern reist, kann normalerweise auch einen Kindersitz dazumieten.

Vor allem Praslin und La Digue eignen sich zum Radfahren

Man sollte sein Bike vor dem Gebrauch checken. Meist sind es einfache Räder, die schon ein wenig in die Jahre gekommen oder von den Vorgängern ziemlich gequält worden sind. Folgende Fragen sollte man klären: Sind die Reifen gut aufgepumpt? Gehen die Bremsen? Macht die Schaltung das, was man von einer Schaltung verlangen kann? Lichter am Rad sind Mangelware, denn „im Dunkeln fährt bei uns eh keiner Rad", wie der freundliche Fahrradverleiher auf La Digue versichert. Das ist auch besser so, denn die Straßen sind nicht beleuchtet. Wer also absolut darauf besteht, nach Sonnenuntergang mit dem Bike unterwegs zu sein, der sollte eine Stirnlampe im Gepäck haben.

Feiertage

1. Januar	Neujahr (New Year)
März/April	Karfreitag und Ostermontag (Good Friday und Easter Day)
1. Mai	Tag der Arbeit (Labour Day)
Juni	Fronleichnam (Corpus Christi)
5. Juni	Tag der Befreiung (Liberation Day)
18. Juni	Tag der Verfassung (Constitution Day)
29. Juni	Nationalfeiertag (National Day)
15. August	Mariä Himmelfahrt (Assumption Day)
1. November	Allerheiligen (All Saints' Day)
8. Dezember	Mariä Empfängnis (Immaculate Conception)
25. Dezember	Weihnachten (Christmas Day)

Fotografieren

Jeder kennt die Postkartenmotive mit den berühmten und wunderschönen Stränden auf den Seychellen. Folglich gelten die Seychellen als Paradies für Hobby-, Amateur- und Profifotografen. Auch wenn man sich irgendwann an den immer schönen Stränden fast schon sattgesehen hat, gibt es reichlich und problemlos neue Motive bei Wanderungen, in der Natur und direkt am Straßenrand. Natürlich ist es immer besser, Einheimische als Motiv des möglichen Bildes vor dem Schnappschuss um Erlaubnis zu fragen und anzubieten, später per Mail einen digitalen Abzug an den Fotografierten zu schicken. Kinder finden es ganz besonders spannend, wenn man ihnen das geschossene Bild auf dem Display der Kamera zeigt.

Dank der tropischen Lichtverhältnisse kann man meist mit recht niedrigen ISO-Zahlen knipsen. Somit sind auch Smartphone- oder Tabletfotos problemlos möglich. Und wer nach einer Wanderung auf einem Hügel steht oder gerade den absoluten, menschenleeren Strand entdeckt hat, sollte sich an ein Panorama wagen. Nur wer sich unter Wasser begibt oder in Innenräumen fotografiert, braucht mehr als 100 oder 200 ASA. UV-Filter und Sonnenblende sind für Außenaufnahmen eine gute Sache, bei der anschließenden Bildbearbeitung beispielsweise mit Photoshop längst keine Notwendigkeit mehr. Lichtreflexe auf dem Wasser lassen

An der Anse Source d'Argent kann man mit etwas Glück eine Traumhochzeit beobachten. Gute Fotos gehören dazu

sich durch Polarisationsfilter abschwächen. Die besten „Fotografier-Zeiten" sind immer dann, wenn die Sonne schräg steht und Schatten wirft, also der frühe Morgen und der späte Nachmittag. Hier gelingen auch die besten Strandbilder.

Für Unterwasseraufnahmen können bei den vielen Tauchausrüstern Kameras unterschiedlicher Qualität gemietet werden. Unterwasserfotografie ist bei der vorherrschenden (Weit-)Sicht, für die die Gewässer der Seychellen berühmt sind, problemlos möglich. Allerdings sind die Seychellen leider kein Paradies (mehr) für Unterwasserfotografen, da man die grauen Flächen, die die Korallenbleiche verursacht hat, stets vor Augen hat. Wer tiefer tauchen will als die üblichen maximalen 20 m, um dort zu fotografieren, wird um ein Blitzlicht nicht herumkommen. Gleiches gilt auch für Nachtaufnahmen, etwa beim abendlichen Buffet, der Sega-Show oder dem Barbecue am Strand.

Wer vom Boot aus fotografiert, beispielsweise von den Katamaranen aus, die Mahé mit Praslin und La Digue verbinden, sollte standfest sein und die Kamera fest im Griff haben. Aufgrund der zeitweise rauen Gewässer schwanken die Katamarane gewaltig. Bei kleineren Booten oder Jachten ist ein Spritzschutz oder zumindest ein spritzwassergeschütztes Kameragehäuse eine feine Sache.

Am besten bringt man das eigene Equipment samt reichlich Speicherkarten und Akkus mit – auf den Seychellen ist es deutlich teurer.

Übrigens: Die Regierung der Seychellen warnt ausländische Profi- und Hobbyfotografen ausdrücklich davor, ihre Dienste als Hochzeitsfotografen und Ähnliches anzubieten, ohne die erforderliche Arbeitserlaubnis zu haben. Wer die nötigen Dokumente bei einer Kontrolle nicht vorweisen kann, macht sich strafbar.

Tipp

Wer die Möglichkeit hat, die Seychellen mit dem Kleinflugzeug zu überfliegen, der sollte auch die Fotochance nutzen. Damit man von einem guten Sitzplatz aus viel sehen und schnell fotografieren kann, fragt man gleich beim Check-in nach einem Fensterplatz. Dann sollte man bedenken, dass Tragfläche oder Propeller eigentlich immer im Weg sind beim Blick auf das beeindruckende Panorama. Daher am besten einen Fensterplatz ganz hinten oder ganz vorne wählen. Nicht vergessen: Sehr kurze Belichtungszeit wählen, damit das Bild nicht verwackelt.

Frauen reisen

Frauen, auch alleinreisend, können sich normalerweise problemlos auf den Inseln der Seychellen bewegen. Manche fühlen sich zu den „Beach Boys" hingezogen, die sich und ihre Leistungen beispielsweise am Strand von Beau Vallon anbieten. Wer aber keine Lust auf ein solches Abenteuer hat, der oder besser die schlägt einfach etwaige Angebote der manchmal Deutsch sprechenden Beach Boys aus. Ansonsten gelten die Regeln, die leider überall auf der Welt Bestand haben: Vorsicht vor betrunkenen Männern an einsamen Stränden und nicht jeder Einladung folgen.

Fremdenverkehrsämter

Für Deutschland, Österreich, Schweiz
Seychelles Tourist Office, Berner Straße 50, 60437 Frankfurt, ☏ +49-69-29720789, www.seychelles.travel

Auf den Seychellen
Seychelles Tourism Board (STB), P.O. Box 1262, Botanical House, Mont Fleuri, Mahé, ☏ +248-4671300, www.seychelles.travel

Die Adressen und Telefonnummern für die lokalen Fremdenverkehrsämter auf den jeweiligen Inseln sind in den Reisekapiteln bei den Reisepraktischen Informationen aufgeführt.

Führerschein

Ein europäischer Führerschein reicht für Urlauber, um ein Auto zu mieten. Wer auf Nummer sicher gehen oder lange bleiben will, sollte einen internationalen Führerschein einpacken.

Geld

s. auch „Banken"

Die einheimische Währung ist die Seychellen-Rupie (SR, SCR) die sich aus 100 Cents zusammensetzt. 1 € entspricht ungefähr 16 Rupien, 1 Rupie etwa 6 Eurocent. Münzen gibt es im Wert von 5, 10 und 25 Cents sowie 1, 5 und 10 Rupien. Banknoten gibt es in 25, 50, 100 und 500 Rupien. Euro in kleineren Scheinen sind eine gute Währung, denn die Preise für zahlreiche touristische Attraktionen und Angebote wie Unterkünfte oder Exkursionen werden häufig in Euro angegeben, und die Leistungen können dementsprechend bezahlt werden. In Takeaways und Restaurants wird mit Rupien bezahlt. Wer also einen guten Mix in der Tasche hat, sollte keine finanziellen Probleme bekommen.

Gesundheit/Notfälle

s. auch unter „Ärzte", „Impfungen"

Eine Liste der Notfallnummern – in der Hoffnung, dass man sie nie braucht:

Polizei	
Notfall	999
Hotline	133
Polizeidurchwahlen Mahé	
Victoria	4288000
Beau Vallon	4288095
Anse Royale	4288113
Polizeidurchwahlen Praslin	
Baie Ste. Anne	4232332
Grande Anse	4303515
Polizeidurchwahl La Digue	4288128
Hospital	
Notfall	151
Seychelles Hospital	4388000
Praslin Hospital	4232333
La Digue Logan Hospital	4234255
Seychelles Fire and Rescue Services	
Notfall	999
Hotline	4323242
Feueralarm und -rettung	4289950
(Bei Anruf von außerhalb der Seychellen +248 als Vorwahl)	

Reiseapotheke

Eine eigene Reiseapotheke mitzuführen, ist immer eine feine Sache. Hinein gehören die Medikamente, die man auch in der Heimat regelmäßig braucht sowie ein kleines Sortiment gegen Mückenstiche, Allergien, Durchfall und Schmerzen sowie ein Desinfektionsmittel und eventuell etwas für einen verstimmten Magen. Auch eine Erkältung sollte man mit einplanen. Denn schnell verkühlt man sich unter den laufenden Klimaanlagen. Reichlich Sonnenschutz sollte dabei sein, genauso wie Pflaster, das möglichst wasserfest ist. Vor der Reise fragt man am besten den örtlichen Apotheker oder die Apothekerin, was in die Reiseapotheke gehört. Falls man etwas vergessen hat, helfen die Apotheken (Pharmacies) vor Ort natürlich auch gerne weiter.

Aktuelle Gesundheitsempfehlungen hält das Auswärtige Amt online bereit unter www.auswaertiges-amt.de.

Heiraten

Das Hochzeitspaar kann kommen ...

Eine Traumhochzeit am Traumstrand, vielleicht in einem netten Pavillon, überschattet von Palmen, das Meer rauscht, die Musik spielt und am Himmel steht die Sonne. Heiraten im Paradies ist seit Jahren ein echter Markt, den zahlreiche Anbieter bedienen. Hochzeitsplaner kümmern sich um die komplette Feier: Von den nötigen Papieren über den einen, wirklich perfekten Strand, Brautstrauß und Musiker bis hin zum Stylisten, der die vom Wind zerzauste Frisur wieder ins Lot bringt und sich um die Schweißtropfen auf dem Jackett kümmert.

Die Hochzeit als solche, mit Pfarrer und Traumkulisse, ist bereits ab 1.000 € zu haben. Die tatsächlichen Kosten hängen natürlich von den jeweiligen Bedürfnissen des verliebten Paares ab. Dazu kommen noch Flug und Unterkunft. Da passt es gut, dass die Seychellen auch ein hervorragender Ort für Flitterwochen sind. Längst haben sich die Strandresorts darauf eingestellt und bieten Jungvermählten besondere Konditionen. Vorsicht geboten ist beim Fotografieren von Hochzeiten mit (semi-)professionellem Equipment (s. S. 69).

info

Heiraten auf den Seychellen

Eine Hochzeit auf den Seychellen muss ein paar offiziellen Regeln folgen. Diese klingen recht strikt:

- Eine kirchliche Trauung ohne vorherige Trauung auf dem Standesamt wird nicht anerkannt.
- Wer auf den Seychellen heiraten will, muss für die standesamtliche Trauung das Seychelles Civil Status Office benachrichtigen und sich selbst einen kirchlichen Träger suchen.
- Anträge sollten mindestens zwei Monate vor dem geplanten Termin eingereicht werden. Das Brautpaar muss drei Tage vor der Trauung bereits auf den Seychellen sein.

info

- Die standesamtliche und kostenpflichtige Trauung sollte mindestens elf Tage vor dem geplanten Termin beim Seychelles Civil Status Office angemeldet werden. Für Eilige gibt es eine spezielle Lizenz (zum Heiraten).
- Standesamtlich getraut wird im Seychelles Civil Status Office Mo und Do 9–11 Uhr. Zwei Zeugen müssen anwesend sein. Das Paar kann sich auch auf dem Hotelgelände durch einen Beamten trauen lassen.
- Wer sich wochentags nach 17 Uhr oder am Samstag das Ja-Wort geben will, muss Zusatzkosten in Kauf nehmen. Sonntags gibt es keine standesamtlichen Trauungen.

Wer der Planerei aus dem Weg gehen will, vertraut sich für die Trauung Profis an. So nimmt einem beispielsweise der Seychellen-Veranstalter SeyVillas reichlich Arbeit ab, wie man bei einem Blick auf die entsprechende Website sieht. Dort steht u. a, welche Dokumente benötigt werden. Diese sollten mindestens 30 Tage vor dem Tag der Hochzeit vorliegen.

Infos: www.seyvillas.com/html/weddings.
Embassy Of France, Civil Service, Rue Saint-Georges 14, Port Louis, Mauritius, ☏ +230-2020150.

Impfungen

s. auch „Gesundheit/Notfälle“

Bei der direkten Einreise aus Deutschland, Österreich und der Schweiz sind keine Pflichtimpfungen vorgesehen. Eine gültige Impfung gegen Gelbfieber wird für alle Reisenden, die älter als zwölf Monate sind, bei Einreise aus einem Gelbfiebergebiet gefordert. Das Auswärtige Amt empfiehlt, die Standardimpfungen für Kinder und Erwachsene rechtzeitig vor der Reise zu überprüfen und zu vervollständigen. Dazu gehören für Erwachsene die Impfungen gegen Tetanus, Diphtherie, Pertussis (Keuchhusten), ggf. Polio, Mumps, Masern, Röteln (MMR), Pneumokokken und jährlich gegen Influenza. Als Reiseimpfung empfiehlt das Auswärtige Amt Hepatitis A, bei Langzeitaufenthalt oder besonderer Exposition auch die Impfungen gegen Hepatitis B, Typhus, Tollwut sowie Meningokokken-Krankheit (ACWY). Auf den Seychellen treten keine tropischen Krankheiten auf, daher sind diesbezügliche Impfungen oder Präventionen nicht nötig.

Internet

Die letzten Stunden der Internetcafés sind auch auf den Seychellen angebrochen. Zwar gibt es noch ein paar, beispielsweise in der Hauptstadt Victoria, aber die meisten Resorts, Hotels und Gästehäuser bieten mittlerweile WiFi (WLAN) an – in der Regel kostenfrei. Wer sich nicht von den WiFi-Angeboten abhängig machen will, kann sich bei einem der lokalen Kommunikationsunternehmen wie Airtel oder Cable Wireless einen Stick oder eine SIM-Karte mit reichlich Datenvolumen besorgen. Teuer kann es werden, wenn man über den heimischen Netzbetreiber surfen geht. Hier sollte man sich vorher unbedingt über die Kosten informieren und im Zweifelsfall die Roaming-Option des Smartphones oder Tablets abschalten.

Online-Informationen zu den Seychellen

Websites

www.seychelles.travel ist die offizielle Website des Fremdenverkehrsbüros der Seychellen. Viersprachig zeigt sie, was die Seychellen für Besucher alles bieten. Interaktive Karten gestalten das Gelesene plastisch, Karten zeigen, wo man Urlaub machen könnte und reichlich Fakten erklären, wann die beste Zeit für einen Seychellen-Trip ist und was Besucher beachten sollten.

www.seychellesdiary.com (nur Englisch) wird ebenfalls vom Seychelles Tourist Board (STB) gepflegt und kommt mit kleinen Geschichten und Neuigkeiten rund um die Inseln. Schön ist die „Food"-Abteilung, bei der man schön eintauchen kann in die Küche der Seychellen und so manches Rezept zum Nachkochen anregt.

www.seyvillas.com ist die Website eines deutschen Seychellen-Anbieters (s. Tipp S. 56). Sie glänzt mit der Möglichkeit, sich unter „Mein Inselhopping" eine eigene Rundreise zusammenzustellen und die Zahl der besuchten Inseln selbst zu bestimmen. Sehr schön und nützlich sind auch die Sparten „Reiseführer" sowie „Strände". Und wer nachlesen will, wie es Urlaubern auf den Seychellen bisher so ergangen ist, der ist richtig bei „Reiseberichte".

Auf **www.auswaertiges-amt.de/de/aussenpolitik/laender/seychellen-node** klärt das Auswärtige Amt der Bundesrepublik Deutschland darüber auf, ob es zur Zeit Probleme auf den Seychellen gibt, wie die aktuellen Einreise- und Zollformalitäten lauten und welche Impfungen angebracht sind. Auch ein Ausflug in Geschichte und Politik der Seychellen wird angeboten. Vergleichbare Inhalte bieten die Websites des Bundesministeriums der Republik Österreich unter **www.bmeia.gv.at/reise-aufenthalt/reiseinformation/land/seychellen** sowie die Schweiz unter **www.eda.admin.ch/eda/de/home/laender-reise-information/seychellen/reisehinweise-seychellen.html**

www.seychellen-infos.de ist eine private Website, die vor allem mit ihrem Seychellen-Forum einiges an Mehrwert für zukünftige Besucher sowie Seychellen-Profis bietet. Recht aktuell sind auch immer die „News", die vor allem mit Neuigkeiten in Sachen Anreise glänzen.

Blogs

https://wolkenweit.de ist der Blog der Deutschen Simone Schwerdtner, die seit Mai 2016 auf den Seychellen lebt und von ihrem täglichen Leben erzählt – wobei auch die touristischen Aspekte nicht zu kurz kommen. „Auf WOLKENWEIT kombiniere ich meine drei Leidenschaften, nämlich Reisen, Fotografie & die Online-Welt – und erzähle von all' meinen Erlebnissen", schreibt sie über ihren eigenen Anspruch.

Ähnlich gelagert ist **http://seychellen-inselglueck.de**, der Blog der Deutschen Heike Mallad. Sie hat im Eigenverlag zwei Bücher über die Seychellen verfasst, die sie „Literarische Reiseführer" nennt. Seit 1998 ist sie gemeinsam mit ihrem Mann auf den Seychellen unterwegs und hat auf Mahé ein Haus. Ihre Infos kommen also aus erster Hand.

Englischsprachige Websites

http://aroundseychelles.com/en nennt sich „Freizeit-Führer der Seychellen" und kommt mit reichlich Angeboten, wie Besucher diese Zeit verbringen könnten: von Restaurants über Spaß und Shopping bis hin zu „Nützlichen Informationen".

www.nation.sc ist die ein wenig unübersichtliche Website der ersten Tageszeitung auf den Seychellen. Es ist nicht ganz einfach, sich hier zurechtzufinden. Aber mit ein bisschen Geduld findet man manchen auch für Urlauber interessanten Bericht. Mitbewerber ist **www.todayinseychelles.com** als die „einzige unabhängige und farbig gedruckte

Tageszeitung" der Seychellen. Mit dem zahlungspflichtigen Ableger „eToday" kann man sich auch auf dem Tablet über Neuigkeiten auf dem Laufenden halten.
www.seychellesfromtheair.com bietet, wie der Name erwarten lässt, ganz neue Sichtweisen auf die Inseln. Denn die Bilder und Filme wurden mit der Drohne aufgenommen und sind sehenswert.
www.seychellesladigue.com nennt sich die „offizielle Website" von La Digue und berichtet dementsprechend von der Insel. Hier kann man sich über Unterkünfte informieren, die Möglichkeiten zu heiraten und über tägliche Ausflüge.
www.sif.sc ist die reichhaltige Website der Seychelles Islands Foundation (SIF), die sich in Sachen Ökologie und Nachhaltigkeit im Staatsauftrag seit 1979 der Natur der Seychellen annimmt. Hier gibt es zahlreiche Artikel in Sachen Umweltschutz und einen großen Mitmachbereich. Wer sich besonders für das Naturschutzgebiet des Aldabra-Atolls interessiert, das seit 1982 zum UNESCO Weltnaturerbe gehört, kann sich reichlich Infos holen unter **www.aldabra.org**.

Apps

Seychelles Official Travel Guide (Android/iOS) ist der offizielle App-Reiseführer der Seychellen und glänzt mit großen Bildern, langer Ladezeit und soll auch offline funktionieren. Die App ist eigentlich kostenlos. Wer aber richtig einsteigen und sich konkrete Infos besorgen will, muss 3,49 € ausgeben.
Deutlich besser ist der **The Seychelles Islands Travel Guide**, ebenfalls gratis und voller praktischer Informationen. Die wichtigen Inseln werden bunt und lebendig vorgestellt, ebenso Aktivitäten, Events und Attraktionen.
Und wer in verschiedene Radiosender der Seychellen hineinhören will, vielleicht als Vorbereitung auf das kreolische Lebensgefühl, der kann sich **Seychelles Radio** gratis downloaden.

Auch wenn die Seychellen als sicheres Reiseland gelten – auch für alleinreisende Frauen – lohnt sich der Blick auf eine der Travel-Apps, die aktualisierte Sicherheitsinformationen bieten. Interessant ist **Geosure** (Android/iOS), in deren aktuellen Datenbestand Infos von App-Nutzern einfließen. So lernt die App beständig dazu. Die Hauptstadt der Seychellen, Victoria, kommt hier mit „niedrigem Risiko" und „sehr sicheren Bedingungen" für weibliche Reisende weg. Auch das Auswärtige Amt der Bundesrepublik Deutschland beobachtet aktuelle Entwicklungen weltweit, und man kann sich per App für das jeweilige Land auf dem Laufenden halten lassen: **Sicher Reisen** heißt die ebenfalls kostenlos App (Android/iOS), in die tagesaktuelle Warnungen des Außenministeriums einfließen.

Kartenmaterial

Alle Karten in diesem Buch lassen sich per QR-Code als PDF-Datei auf Smartphone oder Tablet laden. Für den Alltagsgebrauch bieten sich daneben Google Maps oder Open Street Maps (www.openstreetmap.org) an. Ansonsten ist gutes Kartenmaterial rar. Die Touristeninformationen bieten einige Übersichtskarten an, darunter die **Map of Seychelles**, auf der immerhin die drei Hauptinseln brauchbar abgebildet sind. Ganz nett, da angelegt wie eine handgemalte Karte, ist die „**Free Copy Map**", die es im handlichen Taschenformat und mittlerweile in der 14. Auflage gibt. Auf La Digue kann es passieren, dass einem beim Check-in in der Unterkunft eine kopierte Karte der Insel in die Hand gedrückt wird. Hier sind auch gleich die Attraktionen eingezeichnet.

Als brauchbare App bietet sich **Seychelles Jollymaps** an. Sind die Karten einmal auf Smartphone oder Tablet geladen, braucht es keine Online-Verbindung mehr, um sie abzurufen. Dazu gibt es noch einen übersichtlichen Reiseführer „Seychelles for you".

Mit Kindern unterwegs

Die Seychellois gelten als ungemein kinder- und familienfreundlich. Hier geht wirklich keines verloren und „weiße" Kinder werden gerne geherzt und geknuddelt. Die Kids sind in Hotelpools oder an den Stränden normalerweise gut für den ganzen Tag beschäftigt und werden in vielen Hotels extra betreut. Es gibt Nanny- und Babysitting-Angebote sowie Aktionen für Kinder und Jugendliche. Für alle Altersgruppen bieten die Inseln viele Erlebnisse. Sei es eine spannende Bootstour mit Schnorchelabenteuer, eine kleine Wanderung in die Wildnis oder ein Ausflug zu den Riesenschildkröten. Wer für sein Kind spezielle Nahrung benötigt, sollte diese allerdings aus der Heimat mitbringen.

Kirchen/Religion

Spielende Kinder vor der Kirche von Baie Lazare

Die Kirche spielt im Leben der Seychellois eine große Rolle. Bei einer Tour über die Inseln fällt auf, dass es viele Kirchen gibt und am Sonntag fast jeder Seychellois festlich gekleidet zum Gottesdienst geht. Immerhin sind gut 95 % der Bevölkerung Christen, die meisten davon Katholiken.

Auch wer zu Hause nie in die Kirche geht, sollte einmal einen **Gottesdienst** besuchen, um einen besseren Eindruck vom christlichen Leben auf den Seychellen zu gewinnen. Und vor allem sich daran zu erfreuen, wie festlich sich die Menschen für den Kirchenbesuch hergerichtet haben.

Neben Christentum, Hinduismus und Islam wird auf den Seychellen auch schwarze Magie praktiziert. Schamanen, die „bonom di bwa", aus dem Französischen „bonhomme de bois" (Mann aus dem Wald), üben ihre Magie beispielsweise per „Grisgris" aus, einer Art Voodoo-Amulett, um Menschen vor allen möglichen Arten von Schlamassel und den Problemen des Alltags zu schützen. Aus Afrika verschleppte Sklaven hatten die schwarze Magie mitgebracht, bis heute wird sie angewendet.

Kleidung

Wer kennt das nicht beim Packen in der Heimat: Ruckzuck ist der Koffer voll und es bleibt kaum Platz für Souvenirs. Dabei gilt für die Seychellen, dass weniger mehr ist. Denn man

Souvenir und Sonnenschutz

braucht keine dicke Jacke, die Abende sind mild – und zwar das ganze Jahr über. Eine lange, leichte Hose hilft Mann und Frau in der Abenddämmerung gegen Mückenstiche, ebenso ein langärmliges Hemd oder Shirt. Ein Kriterium für die Kleidungsauswahl kann allerdings die Sternekategorie der gewählten Unterkunft sein. Denn oft – genauso wie in zahlreichen Restaurants – sind lange Hosen angesagt, zu denen im Idealfall ein kurzärmliges Hemd oder ein Poloshirt passt. Wer Hochzeiten und sonstigen Festen beiwohnt, sollte sich noch ein wenig schicker einkleiden. Für Frauen ist dann ein Abendkleid oder das kleine Schwarze eine gute Wahl, ansonsten immer gut ist ein Sommerkleid. Tagsüber ist es heiß und dämpfig. Leichte, luftige und schnell trocknende Kleidung ist eine gute Wahl und leichte Baumwoll- oder Funktionskleidung aus schweißabsorbierender Kunstfaser eine gute Idee.

Am Strand reicht die Badebekleidung. „Oben ohne" ist für Frauen keine gute Option, wird nicht gerne gesehen und ist eigentlich verboten. Natürlich gibt es immer Urlauberinnen, die sich darüber hinwegsetzen. Aber dem muss frau ja nicht folgen. Urlauber werden mit Sicherheit keine Einheimische entblößt am Strand erleben. Wer sich dem Schnorcheln hingeben will, sollte unbedingt ein leichtes T-Shirt anziehen, im Idealfall ein langärmliges mit UV-Schutz. Taucher und Surfer kennen so ein Teil längst als „Rashguard" und werden darauf nicht mehr verzichten. Strandschuhe oder Neopren-Füßlinge schützen die Füße vor den Stacheln der Seeigel oder den scharfen Kanten der Korallen – auf denen man allerdings nicht herumstolzieren sollte.

Wer mit dem Rad oder einem Moped die Inseln erkunden will, sollte auf jeden Fall lange Ärmel tragen. Auch leichte Handschuhe sind eine Überlegung wert. Wegen des Fahrtwinds spürt man nicht, wie der Handrücken durch die starke Sonneneinstrahlung langsam verbrennt. Gegen Sonne und Wind hilft ein Halstuch.

Wer tagsüber kurzärmlig unterwegs ist, sollte die unbedeckten Stellen des Körpers immer mit Sonnenmilch mit hohem Lichtschutzfaktor eincremen. Und auf den Kopf gehört, zumindest in den ersten Tagen, eine Kappe oder ein Hut. Wer keinen mitgebracht hat, kann sich an den Stränden auf den Seychellen für wenig Geld einen Strohhut zulegen – was auch ein nettes Souvenir ist. Sandalen am Strand gehen immer, auch für den kurzen Spaziergang. Wer längere Touren oder Wanderungen in die Wildnis plant, sollte auf solides Schuhwerk achten. Da es auf den Seychellen durchaus und unverhofft regnen kann, sollte eine leichte Regenjacke oder ein kleiner Schirm im Rucksack nicht fehlen. Der Schirm hilft übrigens auch gegen die Sonnenstrahlen und schafft einen netten Schatten.

Kriminalität und Gefahren

Die Seychellen gelten dank einer sehr niedrigen Kriminalitätsrate als vergleichsweise sicher. Aber auch hier im Paradies sollte man die üblichen Sicherheitsregeln beachten, die weltweit gelten: Besonders Frauen sollten zu später Stunde nicht unbegleitet an einsamen Stränden spazieren gehen oder schwimmen. Bargeld, Papiere oder Wertgegenstände gehören in den Safe des Hotels. Wer mit dem Mietwagen unterwegs ist, sollte im Auto keine Wertsachen liegen lassen. Bei einer Taxifahrt sollte vor der Abfahrt der Fahrpreis abgestimmt werden, um Überraschungen hinterher zu vermeiden.

Warnschild an der Grand Anse auf La Digue: Von den Strömungen geht vielerorts mehr Gefahr aus als von Gaunern

Viel gefährlicher als Diebe sind allerdings die Strömungen in den Gewässern vor den schönsten Stränden der Welt. Hier sollten Urlauber unbedingt den Warnhinweisen folgen, denn eine „gefährliche Brandung“ ist im wahrsten Sinne des Worts gefährlich. Jedes Jahr kommt es zu Unfällen, oft mit tragischem Ausgang. So starb im April 2017 ein 58-jähriger Russe beim Schwimmen vor Curieuse Island, 2015 kamen ein 26-jähriger Madagasse und ein 42-jähriger Deutscher beim Schnorcheln um. Die Monsunwinde sind nicht nur für die beeindruckenden Wellen verantwortlich, sondern eben auch für die gefährlichen Unterströmungen. Diese sind für das Touristenauge nicht erkennbar, Vorsicht ist also immer angesagt, und man sollte den Hinweisen unbedingt folgen. Wer einen Bootsausflug plant, sollte sich die Lizenz des Bootsführers oder seiner Firma zeigen lassen. Falls er keine hat, besteht kein Versicherungsschutz. Am besten vertraut man sich etablierten Unternehmen an, die von verschiedenen Seiten, beispielsweise der Hotelrezeption oder dem örtlichen Tourismusbüro empfohlen wurden.

Medien

Auf der „Rangliste der Pressefreiheit“, die die Organisation „Reporter ohne Grenzen“ Ende April 2018 veröffentlichte, belegen die Seychellen Platz 85 von 180. Deutschland liegt auf dem 15. Platz, angeführt wird die Liste seit Jahren von Norwegen und Schweden. Die Seychellen tummeln sich also im Mittelfeld, umrahmt von Benin (84) und Togo (86). Das heißt, dass es in Sachen Pressefreiheit und Berichterstattung hier noch reichlich Luft nach oben gibt.

Zeitungen

Das gedruckte Verlautbarungsorgan des Staates ist „Seychelles Nation“ (www.nation.sc), eine englischsprachige Tageszeitung, die von der Regierung kontrolliert wird. Die andere

Tageszeitung ist „Today in Seychelles“ (www.todayinseychelles.com), ebenfalls englischsprachig. Sie bezeichnet sich selbst als unabhängig und frei. Als nicht unbedingt staatstragend gibt sich die Wochenzeitung „Seychelles Weekly“ (www.seyweekly.com), die von Organen der politischen Opposition herausgegeben wird. Themen sind beispielsweise der Kampf gegen Korruption und für Menschenrechte. Daneben gibt es die Wochenblätter „The People“ und „Le Seychellois Hebdo“.

Wer Nachrichten aus der Heimat oder zumindest dem Rest der Welt sucht, findet mit ein bisschen Glück fast aktuelle Ausgaben der großen europäischen Medien an der Hotelrezeption.

Radio

Die „Seychelles Broadcasting Operation“ (www.sbc.sc) betreibt mit „Paradise FM” und „Radyo Sesel“ die beiden wohl bekanntesten Sender der Inseln. Gerne gehört wird online auch Radio Sesel (www.radiosesel.com). Der Sender ist „100 % Creole“ und Ziel ist es, „den Sound des Paradieses unter die globale Gemeinschaft der Seychellois zu bringen”.

Fernsehen

Die Sender der „Seychelles Broadcasting Operation“ berichten in Englisch, Französisch und Kreolisch. Neben Nachrichten gibt es reichlich Serien aus der ganzen Welt. Die SBC produziert auch eigene Serien, die Kultur, Tradition und das Alltagsleben der Seychellois im Mittelpunkt haben. Daneben können per Satellit CNN, BBC, Russia Today, France 24 und einige deutsche Programme empfangen werden.

Online

Online ist die Seychelles News Agency zweisprachig vertreten, auf Französisch und Englisch. Hier gibt es nationale und auch internationale Nachrichten: www.seychellesnewsagency.com.

Nationalparks und Schutzgebiete

Seit 1979 ist die „Seychelles National Parks Authority“ (SNPA) (www.snpa.gov.sc) verantwortlich für die Nationalparks unter und über Wasser (Marine and Terrestrial National Parks). Als Marine National Parks geschützt sind Ste. Anne und die umliegenden Inseln sowie Silhouette, Port Launay, Baie Ternay, Île Cocos und Curieuse mit Saint Pierre. Die Terrestrial Parks sind der Morne Seychellois National Park, der Praslin National Park und das Veuve Reserve auf La Digue.

Blick von Cerf auf Round, Moyenne und Long Island im Sainte Anne Marine National Park

Öffnungszeiten

Die Öffnungszeiten sind auf den Inseln der Seychellen recht variabel. Die meisten **Geschäfte** sind sonn- und feiertags geschlossen, Mo–Fr sind sie 8–17 Uhr geöffnet, Sa bis 12 Uhr. **Restaurants** öffnen rechtzeitig zum Lunch: 11–14 Uhr, und zum Dinner: 18–21 Uhr. Danach wird es ruhig auf den Inseln.
Banken haben in der Regel folgende Öffnungszeiten: Mo–Fr 8.30–16 Uhr, Sa bis 12 Uhr, **Verwaltungsgebäude**: Mo–Fr 8–16 Uhr. Die Post ist geöffnet Mo–Fr 8–15.45 Uhr, Sa bis 11.45 Uhr.
Tankstellen öffnen normalerweise um 6 Uhr und schließen zu unterschiedlichen Zeiten zwischen 19 und 23 Uhr (in Victoria). Am Wochenende ist kürzer geöffnet.

Post

Die Hauptpost befindet sich in Victoria auf Mahé an der Independence Avenue gleich beim Glockenturm, dem berühmten Clock Tower. Geöffnet ist Mo–Fr 8.30–15.45 Uhr, Sa 8.30–11.45 Uhr. Weitere Postämter (Sub Post Offices) gibt es auf Praslin und La Digue. Man kann die bunte Postkarte in die Heimat aber normalerweise auch an der Hotelrezeption abgeben. Die Post bietet etliche schicke Briefmarken für Sammler an. Das Porto für eine Postkarte bis 20 g in alle Länder der Welt beträgt 6 SR, Briefe kosten 8 SR – bis 100 g 16 SR und 21 SR. Infos: www.seychelles-post.com.

Reisezeit

Die Seychellen können das ganze Jahr über bereist werden (s. hierzu „Klima", S. 21).

Restaurants

Takeaway beim Bazar Labrin in Beau Vallon

Wer sich nur im Hotel oder Strandresort verpflegt, der versäumt wahrscheinlich einiges. Denn diese haben sich oft auf den Geschmack eingestellt, den die Gäste von zu Hause mitbringen. Doch man sollte sich die Gaumengenüsse auf den Inseln auch außerhalb der Hotelmauern nicht entgehen lassen, denn die gastronomische Vielfalt ist riesig. Hier wird kreolisch gekocht, in kleinen Imbissbuden, den auch bei Einheimischen beliebten Takeaways, gibt es köstliche Currys, in Strandrestaurants kommt frischer Fisch auf den

Grill und auf der anderen Straßenseite wartet vielleicht ein indisches Restaurant auf Gäste. Gleichzeitig haben auch die Kolonialmächte, insbesondere die Franzosen, in der Küche ihre Spuren hinterlassen. Auch die auf den Seychellen lebenden Chinesen und Inder haben natürlich ihre eigene Küche mitgebracht und locken mit allerlei Genüssen.

Wer sich ein Restaurant ausgesucht hat, sollte vor einem Besuch unbedingt die Öffnungszeiten checken und im Idealfall einen Tisch reservieren. Takeaways kann man einfach so besuchen. Bei etlichen gibt es ein paar Tische und Bänke, an denen man die Speisen gleich verzehren kann. Diese kommen in Pappschachteln, die man nach dem Verzehr in die Mülltonnen wirft und die anschließend hoffentlich dem Recyclingzyklus zugeführt werden. Beachten sollte man auch bei den Takeaways die Öffnungszeiten. Die meisten sind sonntags geschlossen, öffnen unter der Woche teils nur über die Mittagszeit oder erst ab 18 Uhr. Am Sonntag hält der Shop nebenan eventuell ein paar Teigtaschen für den größten Hunger bereit.

Ab der Mittelklasse sollte man die Shorts und Badeschlappen im Hotel lassen und sich ein wenig feiner anziehen. Beachten sollte man auch, ob Steuern und Trinkgeld bereits im Preis enthalten sind. Besonders bei den teureren Restaurants steht unten auf der Speisekarte des Öfteren: „Exclusive of 10 % service charge and 15 % GSt". Damit werden weitere 25 % auf den Preis für Mahlzeiten und Getränke fällig.

Detaillierte Informationen, die Ihnen die Auswahl der Restaurants etwas erleichtern sollen, finden Sie unter den Reisepraktischen Informationen bei den jeweiligen Inseln und Orten.

Schwule und Lesben

Auf den Seychellen gibt es bisher keine aktive LGBT-Szene (Lesben, Schwule, Bisexuelle und Transgender). Auf der anderen Seite gibt es keine Hinweise, dass schwules Leben verfolgt wird. Allerdings sollte man nicht vergessen, dass die Seychellen ein sehr katholisches Land sind und der Glaube als nicht unbedingt aufgeschlossen gegenüber LGBT gilt. Wer also Aufmerksamkeit vermeiden will, sollte gleichgeschlechtliche Zärtlichkeiten im öffentlichen Raum vermeiden.

Souvenirs

Auf den Seychellen gibt es etliche Kunsthandwerkermärkte, auf denen man Geschenke für die Lieben daheim oder als Wohnzimmerzierde einkaufen kann. Dazu gehören beispielsweise Strohhüte, Modellbauschiffe, T-Shirts und reichlich Objekte aus verschiedenen Materialien, von den örtlichen Künstlern schön in Szene gesetzt. Eine Coco de Mer ist sicher ein schönes Souvenir. Allerdings wird der Verkauf vom Staat geregelt und man muss ein Erlaubniszertifikat miterwerben. Eine Coco de Mer ist ab ca. 100 € zu haben – je nach Größe und Schönheit der Nuss.

Beliebt als Souvenir, aber nichts fürs Handgepäck: Coco de Mer

Sport

Golf & Tennis
Mögen die Inseln der Seychellen noch so klein und überschaubar sein, es gibt immer noch Platz für gleich zwei Golfplätze. Auf Mahé kann man im Seychelles Golf Club (SGC) an der Anse aux Pins an der Südostküste neun Löcher auf 4.500 m Länge spielen (9 Löcher Par 34, 18 Par 68). Auch Gastspieler sind willkommen. Diese können während ihres Aufenthalts eine vorübergehende Mitgliedschaft im Club erwerben. Infos: www.sgc.sc

Schicker und anspruchsvoller geht es auf Praslin zu. Hier glänzt der 18-Loch-Meisterschaftsplatz des Constance Lémuria Resort mit einer spektakulären Lage und ebensolchen Ausblicken. Angelegt wurde der 5.580 m lange Platz (Par 70) an einem der schönsten Strände der Seychellen, der Anse Georgette. Auch Nicht-Hotelgäste können hier Eisen und Holz schwingen. Infos: www.constancehotels.com/de/erlebnisse/golf/lemuria.

Einige der großen Resorts haben einen eigenen Tennisplatz. Dazu gehört beispielsweise das Berjaya Beau Vallon Bay auf Mahé. Hier können gegen eine Gebühr auch Nicht-Hotelgäste spielen. Infos: www.berjayahotel.com/mahe

Reiten
Auf Mahé kann man mit Turquoise Horse Trails das Glück der Erde auf dem Rücken der Pferde erleben. 90 € kostet der Spaß. Infos: www.turquoisehorsetrails.com

Segeln
Die Seychellen sind als Segeldestination berühmt. Zahlreiche Besucher aus der ganzen Welt kommen her, um die Gewässer rund um die 115 Inseln zu befahren. Der Grund für die Anziehungskraft liegt in einer guten Mischung aus überschaubaren Entfernungen, sicheren Ankerplätzen und gemäßigten Bedingungen. Dies geht Hand in Hand mit einer großen Auswahl an Leihschiffen – mit oder ohne Besatzung, mit Motor oder unter Segeln.

Eine gute Möglichkeit, sich ohne große Segel- oder Bootskenntnisse einen guten Überblick über die Wasserwelt zu verschaffen, bieten die zahlreichen Kreuzfahrten, die von darauf spezialisierten Agenturen angeboten werden. Beim Mitfahren und Mitarbeiten an Bord lernt man einige Inseln kennen, hat reichlich Abwechslung und Entspannung und wohnt über die Reisezeit in derselben Unterkunft. So ein Törn kann unter Umständen günstiger sein als ein Aufenthalt auf einer der Inseln mit Tagesausflügen zu den Attraktionen. Daneben kann man reichlich schnorcheln und planschen. Zu den in Deutschland tätigen Anbietern mit gutem Ruf gehören beispielsweise Arkadia Segelreisen (www.arkadia-segelreisen.de/reisen/15) und SeyVillas (www.seyvillas.com/list/yacht-type).

Wer sich auf eigene Faust aufmacht, kann ein Boot chartern und die Crew gleich mitbuchen. Der Vorteil ist, dass man die Route selbst festlegen kann und sich der Skipper normalerweise hervorragend in seinen heimischen Gewässern auskennt. Damit steht einem Abstecher zur schönsten Bucht in der Nähe nichts im Wege. Vielen Seychellenbesuchern gilt diese Urlaubsart als die schönste.

Rund um die und zwischen den Inneren Inseln gilt das Segeln als recht ungefährlich. Törns um die Äußeren Inseln sind eher etwas für erfahrene Segler. Für die Amiranten und Aldabra benötigt man eine gesonderte Lizenz.

Bekannte und erfahrene Veranstalter für Bootsausflüge und Charter vor Ort sind Creole Travel Services (www.creoletravelservices.com), Mason's Travel (http://masonstravel.com) und Dream Yacht Charter (www.dreamyachtcharter.com).

Ein paar Tipps in Sachen Segeln und Kreuzfahrten

info

Das Team von Seychelles Travel hat ein paar Tipps zum Thema zusammengestellt, die bereits bei der Planung eines Törns hilfreich sind:

- Ein Charter-Boot können Sie sich als schwimmendes Hotel mit allem, was nötig ist, vorstellen. Suchen Sie sich Ihren Standort sorgfältig aus.
- An Bord benötigen Sie überraschend wenig, und die meisten Menschen bringen viel mehr mit, als sie wirklich brauchen. Vergessen sollten Sie aber auf keinen Fall viel Trinkwasser und Flaschen sowie wasserdichte Taschen für teure Kameras, dazu Sonnenschutzmittel („Blocker"), Insektenschutzmittel, T-Shirts zum Schnorcheln und gegebenenfalls Medikamente gegen Seekrankheit.
- Denken Sie daran, dass sich weiches Gepäck leichter an Bord verstauen lässt als Hartschalenkoffer.
- An Bord ist es besser, barfuß zu laufen als mit Deckschuhen.
- Sand und Salz sollte man nach Möglichkeit nicht mit an Bord bringen, denn es ist äußerst unbequem, in einer versandeten Koje zu schlafen. Kaufen Sie sich ein Duschgel, das speziell dafür konzipiert wurde, Salzwasser abzuwaschen.
- Fixieren Sie sich nicht auf eine bestimmte Route – Wind und Wellen sind flexibel, und Sie sollten es auch sein, um auf wechselnde Bedingungen eingehen und einfach den Augenblick genießen zu können.

Tauchen & Schnorcheln

Die Seychellen gehören auch nach Meinung von Tauchcenter-Besitzern auf den Inseln nicht zu den besten Tauchdestinationen der Welt. Gegen Indonesien oder das Rote Meer kommen die Seychellen nicht an. Was sicher auch an der Korallenbleiche von 2016 liegt, die mindestens 90 % der Korallen rund um die Inneren Inseln ausgeblichen hinter sich gelassen hat. Hier gibt es also nicht viel zu sehen, vielmehr ist der Anblick ziemlich traurig. Dafür bietet das Tauchen auf den Seychellen einige Vorteile, die auch Tauchanfängern zugutekommen:

- Sie sind für Taucher ein Ganzjahresreiseziel mit berechenbaren Wasserbedingungen und Temperaturen zwischen 24 und 30 °C.
- Die maximale Wassertiefe rund um die Inneren Inseln liegt bei 40–45 m. 80 % der Tauchgänge finden in Tiefen bis maximal 20 m statt.

Tauchkurs vor Beau Vallon

- Strömungen sind kaum vorhanden.
- Es gibt keine Sprungschichten, bei denen die Wassertemperatur auf einen Schlag deutlich abfällt.
- Die Granitformationen sind nicht nur über Wasser, sondern auch unter Wasser schwer beeindruckend.
- Trotz Korallenbleiche gibt es einen ungemein großen Fischreichtum. Dazu gehören Soldaten- und Glasfische, Tintenfische und Langusten, Napoleon-Lippfische und Riesenzackenbarsche, Riffhaie und Blaupunktrochen. Mit ein bisschen Glück schaut zwischen August und Oktober ein Walhai vorbei.
- Die Anfahrtswege zu den Tauchspots sind sehr kurz. Normalerweise ist das Boot 10–15 Min. unterwegs, zu weiter entfernten Spots wie beispielsweise „Dragon Teeth“ vor Mahé dauert die Fahrt je nach Wetterbedingungen 30–40 Min.
- Die Sicht liegt normalerweise zwischen 20 und 30 m, in der schlechten Saison immer noch bei 15 m.
- Es gibt etliche Tauchcenter, die sich kleine Gruppen und gute Betreuung auf die Fahnen geschrieben haben – und das in den meisten Sprachen der Urlauber.
- Mit Tauchbooten mit Übernachtungsmöglichkeiten, den sogenannten „Liveaboards“ oder Tauchsafaris, können auch entlegenere Reviere besucht werden.
- Mit zwei Dekompressionskammern – auf Silhouette und in Victoria – stehen die Seychellen in Sachen Erste Hilfe für Taucher ganz gut da.

Auch wenn die Seychellen als Ganzjahresziel für Taucher gelten, sollte man bei der Planung ein paar Dinge beachten, Klimaveränderung hin oder her:

- Die besten Tauchbedingungen für die Inneren und die Äußeren Inseln herrschen in den windarmen Übergangszeiten April/Mai sowie Oktober/November. Jetzt liegen die Wassertemperaturen zuverlässig bei 30 °C und die Sicht bei 30 m.
- Dezember und Januar sind die Monate des Nordwestmonsuns. Die Wassertemperatur ist ähnlich wie in den Übergangszeiten, allerdings kann es an der Wasseroberfläche ein wenig rauer zugehen. Dazu können heftige Regenfälle niedergehen, worunter auch die Sichtweite leidet.
- Mai–September wehen die Passatwinde von Südosten, und man sollte Tauchspots an den Nord- und Westseiten der Inseln anpeilen.
- Im August fallen die Temperaturen und auch die Sichtweite nimmt ab.
- Die Äußeren Inseln glänzen mit einer intakteren Korallenwelt und zahlreichen Drop-Offs. Hier kann man weiter in die Tiefe tauchen, sollte sein Equipment aber auch dementsprechend anpassen (mehr Millimeter auf der Haut).

Die meisten Tauchcenter sind Mitglied von PADI (Professional Association of Diving Instructors) und bilden nach einheitlichen Standards aus. Mit den sogenannten „Brevets“, den Zertifikaten für den bestandenen Tauchlehrgang, kann man überall auf der Welt tauchen. Viele Tauchcenter sind Hotels und Resorts angegliedert, sodass Urlauber sozusagen gar nicht aus dem Haus gehen müssen, um tauchen zu lernen. Neben dem Betrachten des Fischreichtums sind Wrack- und Nachttauchgänge weitere Attraktionen des Tauchens auf den Seychellen.

Adressen von Tauchcentern und kurze Beschreibungen der Tauchspots sind bei den jeweiligen Inseln aufgeführt.

Wandern

Hier beginnt ein Wanderweg durch die Mangroven

Natürlich kann man sich in den zwei Wochen auf den Seychellen nur auf die faule Haut legen, sonnenbaden, ein wenig planschen und das kreolische Flair genießen. Was aber schade wäre, denn ein Highlight sind die Wandermöglichkeiten. Die bei den jeweiligen Inseln beschriebenen Wanderungen sind zwischen 30 Min. und 7 Std. lang und normalerweise gut gekennzeichnet. Auf La Digue allerdings sind schon Wandersleute verloren gegangen. Damit das nicht passiert, sollte man sich im Zweifelsfall zuverlässigen und geschulten Guides anvertrauen. Diese sorgen meist auch gleich für einen Snack oder ein Barbecue am Strand sowie ausreichende Wasservorräte. Auch kennen sie sich aus mit der lokalen Flora und Fauna. In den Beschreibungen der Wanderwege wird darauf hingewiesen, ob ein Guide erforderlich oder angeraten ist. Infos zu den Wanderwegen hält auch die örtliche Tourist Information bereit. Auch in den Hotels weiß sicher jemand Bescheid, ob und wie welcher Weg gerade begangen werden kann.

Am besten wandert man zwischen Mai und Oktober. Jetzt herrscht die geringste Luftfeuchtigkeit – allerdings muss man immer mit einem Regenschauer rechnen. Dementsprechend sollte man die mitgeführte Ausrüstung anpassen. Ein Hut oder eine Kappe gehört auf den Kopf oder wenigstens in den Rucksack, reichlich Sonnencreme auf die Haut und bequeme Schuhe an die Füße. Diese sollten eine solide Sohle haben, die auch auf rutschigem Gelände greift. Denn nach einem heftigen Regenschauer werden die Waldwege schnell rutschig und mit Flipflops tut man sich dann erfahrungsgemäß schwer. Ein paar Liter Wasser pro Kopf sollten ebenso Platz im Rucksack finden wie ausreichend Verpflegung. Nicht unterschätzen sollte man die Mücken, die gerne in den Wäldern und Mangroven unterwegs sind und auf Frischfleisch warten. Man sollte also reichlich Insektenschutz auftragen, bevor es losgeht. Nicht nur Vogelfreunde sollten ein Fernglas einpacken, denn es gibt viel zu sehen. Um das festzuhalten, gehört auch eine Kamera in die Tasche.

Ein früher Start ist immer ein guter Anfang. Erstens ist es noch nicht so heiß, zweitens ballen sich die Regenwolken meist erst ab der Mittagszeit um die Gipfel – später regnen sie sich ab. Auch leidet natürlich der Ausblick vom erreichten Gipfel darunter, wenn er durch eine geschlossene Wolkendecke verhindert wird. Bei der Planung einer Wanderung sollte man beachten, dass man vor Einbruch der Dunkelheit wieder aus dem Wald heraus sein sollte. Denn dunkel heißt auf den Seychellen wirklich dunkel. Selbst mit einer Taschenlampe wird man sich beim Abstieg vom Gipfel dann nur unzureichend zurechtfinden.

Sprache

Die drei Landessprachen der Seychellen sind Englisch, Französisch und Kreolisch. Die Alltagssprache der Einheimischen ist Kreolisch, das Seselwa. Sie sprechen fast alle recht gut Englisch, und eine Verständigung ist problemlos möglich.

Strände

Die Anse Patates auf La Digue

Auf den Seychellen gibt es wunderschöne Strände – dafür sind die Inseln bekannt. Zu den beliebtesten gehören die Anse Source d'Argent auf La Digue, die Anse Lazio und die Anse Georgette auf Praslin sowie die Anse Takamaka auf Mahé. Zwei Dinge sind wichtig und gut zu wissen: Jeder Strand auf den Seychellen ist ein öffentlicher Strand. Auch solche, die anscheinend zu Luxusresorts gehören, müssen öffentlich zugänglich sein – zumindest bis zur Flutlinie. Das mag zwar zu solchen Auswüchsen wie an der Anse Georgette führen – hier muss man sich beim Pförtner des Constance Lémuria Resort in der Hochsaison einen Termin geben lassen –, aber man kann hier immer Zeit verbringen. Und zweitens: Nicht an jedem Strand, der schön aussieht, kann man schwimmen oder schnorcheln. So liegt direkt vor dem vermeintlich schönsten Strand der Welt, der Anse Source d'Argent auf La Digue, ein Korallenriff. Hier kann man lediglich in kleinen Tümpeln das warme Nass genießen. An der Grand Anse wiederum, dem vermeintlichen Geheimtipp auf der anderen Seite der Insel, sind die Strömungen so gewaltig, dass man nicht schwimmen sollte. Wer hier mit dem Wasser hinausgezogen wird, hat Pech: Das nächste Festland ist ein paar Tausend Kilometer entfernt. Man sollte also unbedingt die Warnschilder beachten und vor allem auf die Tipps und Hinweise der Einheimischen hören.

Weitere Infos zu Stränden und möglichen Strandaktivitäten sind bei den jeweiligen Inseln aufgeführt.

Taxis

Nur auf Mahé, Praslin und auf La Digue gibt es Taxis. Vorteil einer Taxifahrt ist immer, dass man den Taxifahrer gut „ausquetschen" kann über die örtlichen Gegebenheiten. Denn die Jungs kennen sich normalerweise hervorragend aus, was gerade wo geht, Geheimtipps und Neuigkeiten inklusive. Einige sprechen sogar Deutsch, und wer sich frühzeitig als Deutscher zu erkennen gibt, wird einen Freund gewinnen. Die Deutschen sind die beliebteste Urlaubergruppe auf den Seychellen, und Taxifahrer lassen einen das sofort spüren. Allein auf Mahé gibt es rund 400 Taxifahrer, die normalerweise in touristischen Belangen gut geschult sind und sich hervorragend auskennen. Außerdem und ganz nebenbei plaudern sie gerne.

Einen Taxifahrer mitsamt Fahrzeug kann man sich auch mieten. Was den Vorteil hat, dass der Fahrer überall auf einen wartet – auch bis zum Ende des Strandspaziergangs – und sicher gleich ein nettes Restaurant in der Nähe kennt. Auch braucht man sich nicht den häufig ungeregelten Verkehrsströmen der Seychellen als Selbstfahrer anschließen und kann vielleicht ein eiskaltes Bierchen mehr trinken. Was beim guten SeyBrew schon mal passieren kann. Kostet eine 20-minütige Taxifahrt etwa 30 €, so werden für den halben Tag 120–150 € fällig – pro Fahrzeug, inklusive Sprit. Die Miete lohnt sich also recht schnell. Ein ganzer Tag liegt bei 200–300 €.

Auch wenn die Taxis einen Taxameter haben, wird dieser kaum genutzt. Denn seine Preise sind mit niedrigen Spirtkosten von 15 SR geeicht, während die Preise heute für den Liter bei fast 20 SR liegen. Also weigern sich die Taxifahrer, die Taxameter zu benutzen. Man muss den Fahrpreis im Voraus ausmachen.

Telefonieren

Wichtige Telefonnummern

Vorwahl	
Vorwahl für die Seychellen	00248 (+248)
Internationale Vorwahl	
nach Deutschland	0049 (+49)
nach Österreich	0043 (+43)
in die Schweiz	0041 (+41)

Hinweis

Die Telefonnummern in diesem Buch sind stets mit der Landesvorwahl angegeben. Wer sich auf den Seychellen befindet, lässt die +248 einfach weg. Anders als in anderen Ländern ist keine Null vorzuwählen.

Festnetz

Das Kommunikationssystem der Seychellen ist gut ausgebaut. Münz- und Kartentelefone findet man in allen Ortschaften.

Mobil

Bislang gibt es zwischen der EU und den Seychellen kein Roaming-Abkommen. Wer mit dem eigenen Handy telefonieren will, sollte sich also vor der Reise bei seinem Anbieter über die Kosten informieren. Meistens dürfte es preiswerter sein, sich eine seychellische Prepaid-Karte zu besorgen. Starterpakete von Airtel oder Cable Wireless kosten inkl. Gesprächsguthaben ca. 20 €. Die App „WhatsApp" ist sehr beliebt und weit verbreitet auf den Seychellen. Da die meisten Unterkünfte und Restaurants WiFi (WLAN) haben, kann man so kostenfrei kommunizieren. Dasselbe gilt für Skype und Facetime.

Toiletten

Auf den Seychellen gibt es einige öffentliche Toiletten, meist an öffentlichen Einrichtungen. An vielen Stränden stehen Toilettenhäuschen, genauso wie beispielsweise am Botanischen Garten auf Mahé, dem Valleé de Mai auf Praslin und den Fähr- und Flughäfen der Inseln.

Trinkgeld

Trinkgelder werden nicht erwartet, sind natürlich aber immer willkommen. Bei gutem Service sind 5–10 % drin. Gleichzeitig wird bei etlichen Dienstleistungen wie beispielsweise Restaurants, Cafés oder Bars häufig eine Servicepauschale von 5–10 % aufgeschlagen. Man sollte sich vorher vergewissern, ob der Service im Endpreis mitberechnet wird. Auf den Speisekarten wird auf die jeweilige Lage und den möglichen Aufschlag in Sachen Mehrwertsteuer und Service hingewiesen.

Trinkwasser

Das Leitungswasser auf den Seychellen entspricht auf allen Inseln den Bestimmungen der Weltgesundheitsorganisation (WHO) und kann normalerweise problemlos getrunken werden. Falls dem nicht so ist, weisen Schilder darauf hin. Auch in Zeiten heftiger Regenfälle oder bei Überschwemmungen kann es angebracht sein, auf gekaufte Wasserflaschen auszuweichen.

Unterkünfte

„Teuer“ und „Luxus“ sind zwei Schlagworte, die einem bei der Frage nach der passenden Unterkunft auf den Inseln der Seychellen wahrscheinlich gleich in den Sinn kommen. Das stimmt heute aber nur noch teilweise. Natürlich gibt es nach wie vor die sogenannte „Private Island Resorts“, in denen man für viel Geld ein wenig Robinson Crusoe spielen kann – allerdings umsorgt von einer ganzen Heerschar dienstbarer Geister. Aber diese Resorts sind wirklich nur etwas für Hollywood-Stars, Mitglieder des Hochadels, russische Oligarchen oder arabische Öl-Milliardäre. Auf der anderen Seite hat die Luxusstrategie, die die Seychellen über Jahrzehnte verfolgt haben, dazu geführt, dass es eben keine Hotelbunker und Bettenburgen à la Mallorca gibt. Gleichzeitig darf kein Gebäude die Höhe der Palmen überragen, sodass das Landschaftsbild überall weitgehend erhalten geblieben ist. Vielmehr schmiegen sich die Strandresorts meist an kleine Buchten und Felsen, von Schatten spendenden Palmen überragt.

Gästehäuser und Apartments für Selbstversorger

Auch wenn der Geldbeutel nicht groß genug ist für ein Strandresort, sollte man die Seychellen nicht gleich aus den Urlaubsplänen streichen. Denn heute gibt es vor allem auf den drei Hauptinseln Mahé, Praslin und La Digue reichlich Pensionen und Unterkünfte, in denen man sich selbst versorgen kann. Und beinahe täglich kommen neue dazu. Denn die Seychellois haben längst entdeckt, dass man mit dem Angebot „Unterkunft mit Familienanschluss“ gutes Geld machen kann und schaffen Platz für Urlauber in einem Anoder Neubau – am besten im eigenen Garten. Da die Mutter des Hauses ohnehin für die

Gästehaus auf La Digue

Familie kocht, werden die Urlauber gleich mitbedacht und es wird entsprechend eingekauft. Hier bietet sich die Möglichkeit, per zubuchbarer Halbpension nicht nur in die heimischen Töpfe zu gucken, sondern dabei auch Spezialitäten kennenzulernen, die es nicht mehr so häufig auf den internationalisierten Speisekarten gibt. Wie wäre es also mit einem Oktopus-Curry, zubereitet von Muttern? Wer das gar nicht mag, der kauft sich die Dinge des täglichen Lebens im nahen Shop – es ist immer einer in der Nähe – und versorgt sich selbst. Häufig bieten die Vermieter ein Frühstück für ihre Gäste an. Die Übergänge vom eher klassischen Gästehaus zum Apartment für Selbstversorger sind fließend. Meist unterscheiden sie sich dadurch, dass das Apartment eine Küchenzeile hat, während ein Gästehauszimmer wahrscheinlich immerhin über einen Kühlschrank verfügt – oft sogar über einen praktischen Wasserkocher. Beiden gemeinsam ist, dass sie keine anonymen Unterkünfte sind wie ein Hotel, es ein eigenes Bad gibt und eine Klimaanlage. Auch wird täglich geputzt. Manche Apartments bieten noch den Vorteil, dass eine Couch als Bett genutzt werden kann und damit mehr Leute Platz finden. Die Preise für diese authentischste und günstigste Unterkunftsmöglichkeit beginnen bei 60 € und steigen je nach Ort, Angebot und Leistungen auf bis zu 200 € pro Nacht für ein Doppelzimmer.

Resorts & Hotels

Für Leute mit dem entsprechenden Kleingeld gibt es reichlich schicke Resorts und Hotels auf den Seychellen. Meist liegen sie an einem postkartenreifen Strand oder umrahmt von saftigem Grün in den Bergen. Sie gehören zu weltweit bekannten Ketten wie Raffles, Four Seasons, Hilton oder Kempinski und befinden sich vor den Augen von Neugierigen versteckt hinter Hängen und unter Palmen. Eine Alternative zu diesen teuren Resorts bilden kleinere Hotels, die noch in Privatbesitz sind und vielleicht nicht ganz so „posh“, dafür aber günstiger und persönlicher. Denn, mal ganz ehrlich, wer braucht schon einen privaten Pool? Wenn es der zentrale Pool mit seiner Bar auch tut und es eh nur wenige Schritte bis zum blütenweißen Sandstrand sind? Neben den großen und den Hotels in Privatbesitz gibt es etliche, teilweise sehr familiäre Hotels, die „Boutique Hotels“ genannt werden. Hier fühlen sich die Urlauber wohl, die es ein wenig feiner mögen, aber trotzdem familiär und überschaubar. Preislich gibt es nach oben keine Grenzen. So kostet das familiär geführte Boutique-Hotel direkt am Strand von La Passe auf La Digue vielleicht 200 €, während der Bungalow im Fünf-Sterne-Resort im Südwesten von Mahé ab 1.000 € die Nacht zu haben ist. Bei beiden ist das Frühstück inklusive. Die jeweiligen Websites der Resorts und Hotels bieten oft sogenannte „Internet Specials“, also Angebote, die deutlich unter dem Normalpreis für ein Zimmer liegen. Es lohnt sich, sich hier schlauzumachen.

Private Island Resorts

Hierher kommen die gestressten Menschen, die so gar keine Rücksicht auf die Bedürfnisse ihres Sparkontos nehmen müssen. Luxus pur ist das Motto, Exklusivität gepaart mit Exotik der gemeinsame Nenner. Oft kann man nur mit einem Privatflugzeug oder -hubschrauber an den ganz privaten Strand auf einer ganz privaten Insel reisen. Auf dieser gibt es dann kein anderes Resort. Man ist allein mit sich und der Natur – und einem ausgeklügelten Verpflegungs- und Unterhaltungssystem, das einen bei Laune hält. Bekannte Beispiele für Private Island Resorts sind die Inseln Alphonse, Bird, Desroches, Félicité, North, Frégate und Denis. Wer hier sein Haupt betten will, muss mit Übernachtungspreisen ab 800 € rechnen, nach oben offen. Meist wird Vollpension angeboten.

Jachten

Nicht vernachlässigen sollte man bei den Planungen für einen Seychellenurlaub, dass man das Paradies auch vom Wasser aus entdecken kann. Was natürlich die Art und Weise der Wahrnehmung gänzlich ändert, denn man schaut von außen auf die Inseln und kann sich die schönsten Orte zum Anlanden und Verweilen aussuchen. So gehört ein Urlaub auf einem Katamaran oder einer Jacht zu den schönsten Möglichkeiten, die Seychellen zu entdecken.

Wer sich vorab über die Zimmerauswahl, Ausstattung und aktuellen Preise der verschiedenen Hotels des Urlaubsziels informieren möchte, sollte sich rechtzeitig bei Reisebüros und Spezialveranstaltern beraten lassen. Dazu gehört beispielsweise der deutsche Anbieter SeyVillas (www.seyvillas.de) oder Seychelles Resa (www.seychelles-resa.com).

Ausgewählte Hotels mit Internetadresse und eine Beschreibung der einzelnen Unterkünfte sind unter den Reisepraktischen Informationen für die jeweilige Insel zu finden. Detaillierte Informationen zu Unterkünften finden sich unter www.seychelles.travel/de/plan-your-visit/accommodation

Auch die gängigen Internetplattformen wie www.airbnb.de, www.expedia.de, www.agoda.de oder www.booking.com bieten sich für die Suche nach einer Unterkunft an.

Übernachtungskategorien

$	bis 100 €
$$	100–200 €
$$$	ab 200 €

Preise pro Übernachtung im DZ

Da es die unterschiedlichsten Pakete mit variierenden Preisen gibt, wurden für die Kategorisierung in den Reisepraktischen Informationen die Standardpreise für ein Doppelzimmer zugrunde gelegt. Je nach Saison und Buchungsvariante können die tatsächlichen Preise darunter oder darüber liegen.

Verhalten im Alltag

Die Gewohnheiten und das Leben der Seychellois erinnern an das karibische Lebensgefühl. Das „Kreolsein" sorgt im Alltag für reichlich Gelassenheit und Entspannung. Wer hier Urlaub macht, wird das schnell spüren. Hektisch geht es auf den Seychellen selten zu. Es sei denn, der Katamaran fährt gleich ab, und das überreichliche Gepäck der Urlauber ist noch nicht verstaut. Der öffentliche Nahverkehr ist sehr pünktlich und zuverlässig. Vielleicht gibt es beim Einsteigen ein wenig Verzögerung. Aber normalerweise folgt auf kurze Hektik wieder viel Gelassenheit, und das Boot wird mit Sicherheit pünktlich in See stechen. Dagegen sind Ladenöffnungszeiten und Mittagspause nur Annäherungswerte.

Hier zeigt man sich flexibel – wozu sicher auch das Wetter beiträgt. Falls es heftig regnet in Victoria, kann es gut sein, dass ein Büro erst mit reichlich Verspätung besetzt wird. Denn während eines Schauers sucht man vernünftigerweise einen trockenen Ort auf und wartet auf das Ende des Regens. Erst dann geht es weiter. Die Mittagspause wird sehr ernstgenommen und ganze Bürohäuser verwaisen in dieser Zeit. Dafür ist um die nahen Imbissbuden und Takeaways reichlich Betrieb. Der offizielle Tag endet mit dem Sonnenuntergang. Ab jetzt fahren die Busse nur noch vereinzelt, es wird deutlich ruhiger. Ab spätestens 22 Uhr fallen die Seychellois in den verdienten Schlaf, um am nächsten Morgen bei Sonnenaufgang wieder fit zu sein.

Visum

Deutsche, Österreicher und Schweizer benötigen für die Einreise kein Visum, sondern lediglich einen Reisepass. Dieser muss mindestens bis zur Ausreise gültig sein und über zwei leere Seiten oder mehr verfügen. Kinder benötigen ein eigenes Ausweisdokument (Kinderreisepass).

Zeit

Die Zeitverschiebung zwischen Deutschland und den Seychellen beträgt im Winter plus 3 Std. und während der mitteleuropäischen Sommerzeit plus 2 Std. Auf den Seychellen scheint das ganze Jahr über durchschnittlich 12 Std. am Tag die Sonne. Sie geht um kurz nach 6 Uhr morgens auf und gegen 18 Uhr wieder unter.

Zoll

Zollfrei sind z. B. 200 Zigaretten oder 250 g Tabak sowie 2 l Hochprozentiges und 2 l Wein. 200 ml Parfüm sind ebenfalls okay, die Einfuhr von Waffen oder Harpunen nicht. Bei der Rückreise gelten die im Heimatland üblichen Zollbestimmungen.

Bei der Wiedereinreise nach **D** und **AT** bzw. in die **EU** sind zollfrei: Tabakwaren (Mindestalter des Reisenden 17 Jahre): 200 Zigaretten oder 100 Zigarillos oder 50 Zigarren oder 250 g Tabak; Alkohol (Mindestalter des Reisenden 17 Jahre): 1 l über 22 % oder 2 l bis 22 % sowie 4l Wein und 16 l Bier, andere Waren bis zu einem Wert von 430 €, allerdings dürfen diese nicht durch ein Artenschutzabkommen geschützt sein.

In die **Schweiz**: 5 l Alkohol bis 18 % und 1 l über 18 %, 250 Zigarren/Zigaretten oder 250 g Tabak, Waren im Wert von 300 CHF, wobei sie nicht von einem Artenschutzabkommen erfasst sein dürfen.

Informationen über die aktuellen Einfuhrbestimmungen:
- Seychellen: www.src.gov.sc
- D: www.zoll.de
- AT: www.bmf.gv.at
- CH: www.ezv.admin.ch

Das kostet Sie das Reisen auf den Seychellen

Stand: November 2018

Die Grünen Seiten wollen Ihnen Preisbeispiele für den Urlaub auf den Seychellen geben, damit Sie sich ein realistisches Bild über die Kosten einer Reise und eines Aufenthalts machen können. Natürlich sollte man die Preise nur als vage Richtschnur auffassen.

Wechselkurs

1 € = 15,10 SR, 1 SR = 0,06 €
1 CHF = 13,19 SR, 1 SR = 0,07 CHF

Tägliche Kosten

Dass die Seychellen kein wirklich günstiges Reiseland sind, das steht außer Frage. Auf der anderen Seite verfügen die Inseln natürlich über ein Angebot, das seinesgleichen sucht. Die Flüge hierher sind heutzutage auch nicht viel teurer als beispielsweise nach Südostasien, den Unterschied spürt man dann aber bei den täglichen Kosten. Hier ein paar Beispiele, jeweils für zwei Personen:

Unterwegs mit dem kleinen Geldbeutel: unter 150 €/Tag	
Doppelzimmer in einem Apartment mit Selbstversorgung	80 €
Einkauf im nahen Supermarkt	20 €
Mahlzeiten in Takeaways	20 €
Öffentlicher Nahverkehr/Katamaran	25 €
Wenn's ein bisschen mehr sein darf: 150–400 €/Tag	
Doppelzimmer in einem Gästehaus/Boutique-Hotel inkl. Frühstück	150 €
Mittag- und Abendessen in einem kreolischen Restaurant, inkl. Getränke	80 €
Taxi oder Leihwagen und Katamaran	80 €
Wenn Geld keine Rolle spielt: mehr als 400 €/Tag	
Doppelzimmer in einem Strandresort/Island Resort inkl. Frühstück	500 €
Mittag- und Abendessen im Resort, inkl. Getränke	200 €
Taxi, Leihwagen, Flüge	215 €

Wer bei zwei bis drei Wochen Aufenthalt zwei, drei oder gar vier Inseln besuchen will, sollte vor allem die Transportkosten bei der Kalkulation nicht vergessen. Die Katamaranfahrten zwischen Mahé, Praslin und La Digue liegen bei 50 € pro einfacher Fahrt oder 64 €, wenn man die gesamte Strecke von Mahé nach La Digue macht. Der einfache Air Seychelles-Flug von Mahé nach Praslin kostet ab 75 €. Sparen ist also möglich bei den Unterkünften und den Mahlzeiten. Realistisch gesehen kann man sich für 25 € pro Tag und Person gut ernähren. Dazu eine ordentliche Übernachtung, und die täglichen Kosten liegen bei 100–125 € pro Person. Kommen die verschiedenen Transporte wie Taxis von und zum Katamaran, ein Leihfahrrad auf La Digue, ein paar Eintrittsgelder wie beispielsweise fürs unbedingt sehenswerte Vallée de Mai auf Praslin dazu, dann liegt man bei 150 € pro Tag und Person. Den Flug sollte man nicht vergessen.

Bei den ersten Kostenplanungen lohnt es sich unbedingt, bei spezialisierten Reiseveranstaltern wie beispielsweise SeyVillas (www.seyvillas.de) ein entsprechendes Angebot einzuholen. Diese schnüren Gesamtpakete inklusive Anreise, Transporte vor Ort, Unterkünfte und eventuell gleich ein paar Ausflüge. Diese Pakete sind oft nicht teurer als die Kosten, die bei der Organisation vor Ort entstehen. Davon ganz abgesehen, dass man bei guter Vorbereitung mehr Zeit für den Urlaub auf den Seychellen hat.

Beförderungskosten

Flug

Die Flugpreise für eine Reise auf die Seychellen bewegen sich zwischen 800 und 1.200 €, je nach Saison und Verbindung. Der momentane Preisbrecher ist **Ethiopian Airlines** (www.ethiopianairlines.com) mit einem gut 3-stündigen Zwischenstopp in Addis Abeba. Die wohl schnellste und komfortabelste Anreise bietet momentan **Condor** (www.condor.de): Condor fliegt im Winter 2018/19 jeweils dienstags und freitags ab Frankfurt am Main (FRA) nonstop auf die Seychellen (SEZ). Im Sommer 2019 fliegt Condor jeweils freitags ab Frankfurt am Main (FRA) nonstop auf die Seychellen. Im Mai, September und Oktober werden darüber hinaus zusätzlich Nonstop-Flüge jeweils dienstags angeboten. Im Winter 2018/19 und Sommer 2019 kosten die One-Way-Flüge von Frankfurt nach Mahé in der Economy Class ab 349,99 €. Für die Anreise nach Frankfurt kann man Anschlussflüge ab vielen deutschen und europäischen Flughäfen ab 75 € pro Person und Strecke dazu buchen.

Wer von Mahé gleich weiterhüpfen will nach Praslin, der muss mit **Air Seychelles** (www.airseychelles.com) vom benachbarten Terminal abfliegen. Hier kostet der einfache Flug für „nicht Ansässige“ 75 €.

Mietwagen

Die Kosten bewegen sich zwischen 35 und 50 € pro Tag zuzüglich Benzinkosten. Für längere Vermietungsfristen können Rabatte ausgehandelt werden. In der Regel wird die Bezahlung mit Kreditkarte erwartet, damit umgeht man die Hinterlegung einer Kaution. So gut wie jeder Gästehaus- oder Hotelmanager kennt jemanden, der ein Auto vermietet – und das meist zu günstigen Preisen. Wer das umgehen will, der bucht gleich von zu Hause aus. Ein gutes Portal, auf dem man sich online einen Überblick verschaffen oder gleich buchen kann, ist www.billiger-mietwagen.de.

Schiff

Eine Überfahrt innerhalb der Seychellen von Mahé nach Praslin und weiter nach La Digue kostet einfach ab 50 €, für die gesamte Strecke ab 64 €. Wer auf das luftigere Oberdeck möchte, zahlt einen Aufschlag in Höhe von 5 €. Der Aufschlag lohnt sich. Die aktuellen Preise gibt es online unter www.catcocos.com und zur Verbindung Praslin–La Digue: www.seychelles.net/iif.

Taxi

Taxis verkehren auf Mahé, Praslin und ein paar wenige auf La Digue. Es gibt Taxameter, aber diese werden nicht genutzt. Eine Fahrt vom Flughafen nach Victoria sollte maximal 30 € (450 SR) kosten. Wer vorhat, einige Besichtigungsfahrten und Ausflüge mit dem Taxi zu unternehmen, der sollte sich mit einem sympathischen Taxifahrer anfreunden. Denn diese kann man mitsamt ihrer Fahrzeuge gleich für den halben und den ganzen Tag oder eine Woche buchen. Je länger, desto günstiger. Kostet eine 20-minütige Taxifahrt also ca. 30 €, so werden für den halben Tag 120–150 € fällig – und in ein Taxi passt die ganze Familie.

Öffentliche Verkehrsmittel

Der einheitliche Fahrpreis für die öffentlichen Busse beträgt 7 SR (0,42 €) pro Strecke, 15 SR (0,91 €) bei klimatisierten Bussen.

Fahrräder

Fahrräder kosten 5–15 € am Tag. Bei einigen Hotels sind sie gleich inklusive. Man sollte unbedingt den Zustand der Bikes checken, bevor man zu einer Tour aufbricht.

Aufenthaltskosten

Unterkunft

Auf den Seychellen gibt es eine große Auswahl an Unterkünften, die von Zimmern in Gästehäusern, Apartments mit Selbstversorgung bis hin zu Luxusresorts auf einer privaten Insel reichen. Einfache Zimmer sind für rund 80 € zu haben, Mittelklassehotels liegen bei 150–300 €, und richtig viel Luxus gibt es ab 500 €.

Freizeitaktivitäten

Tauchen: Ein Tauchgang kostet im Schnitt 40–50 €, Reiten: ca. 90 € für 1 Std.
Nationalpark: Ein Besuch im Vallée de Mai kostet 350 SR (21 €). Wer die Möglichkeit hat, sollte hier eine der beiden kostenlosen, täglich stattfindenden Touren mitmachen: tgl. 9 und 14 Uhr.

Briefmarken

Ein Luftpostbrief nach Deutschland, Österreich oder in die Schweiz kostet 8 SR, eine Postkarte 6 SR.

Benzin

Auf Mahé gibt es sechs Tankstellen, auf Praslin zwei und auf La Digue eine. Wer eine längere Tour mit dem Leihwagen auf Mahé oder Praslin plant, sollte auf die Öffnungszeiten der Tankstellen achten. Der Liter bleifreies Benzin kostet ca. 20 SR (1,17 €).

Essen und Trinken

Restaurants

Für ein Mittagessen an einem Takeaway sollte man mit 3–5 € pro Person rechnen. In einem einfachen, kreolischen Restaurant oder einer Pizzeria werden gut 15 € fällig. Soll es ein bisschen schicker sein, sind 25–40 € drin. Nach oben gibt es kaum Grenzen. Dazu kommen die Getränkekosten von ca. 2–5 € für alkoholfreie Getränke, rund 3 € für Tee/Kaffee, 5–10 € für einheimisches Bier. Eine Flasche importierten Wein bekommen Sie ab 30 €.

Lebensmittel

Die meisten Lebensmittel müssen importiert werden. Daher liegen die Preise in der Regel über dem Niveau in Deutschland. Durchschnittliche Lebensmittelpreise in einem lokalen Supermarkt:

1 l Wasser	1 €
1 Flasche Bier (285 ml)	2 €
1 Flasche Limonade	2 €
1 Toastbrot	1,50 €
100 g Käse (franz.)	3–4 €
1 Tube Zahnpasta	1 €
1 Bund Bananen	2 €
1 Sonnenschutzmittel (100 ml)	10 €
1 Pckg. Zigaretten (10 Stück)	4,50 €

3. REISEN AUF DEN SEYCHELLEN

Die Inselwelt der Seychellen im Überblick

Wer die Übersichtskarte der Seychellen betrachtet (s. vordere Umschlagklappe), wird feststellen, dass die 115 Inseln – oder vielmehr die verschiedenen Gruppen der Inseln – sehr weit voneinander entfernt im Indischen Ozean liegen. Jede Seychellen-Reise beginnt auf der **Hauptinsel Mahé**, auf der sich der einzige internationale Flughafen und die **Hauptstadt Victoria** befinden. Rund um Mahé herum sind, leicht erreichbar, die sogenannten Inneren Inseln. Dazu gehören die touristisch wichigsten Inseln. Neben Mahé sind das **Praslin** und **La Digue**. Hier halten sich sicher mehr als 95 % aller Besucher in ihren durchschnittlich zwei Wochen Urlaub auf den Seychellen auf. Um diese drei Inseln herum liegen einige Inselchen, die per Boot für einen Tagestrip mit Schnorcheln, Sonnenbaden und Picknick regelmäßig von örtlichen Tourveranstaltern angefahren werden. In diesem Buch stellen wir etliche dieser Inseln mit einem Kurzprofil vor – ohne Anspruch auf Vollständigkeit. Dazu gehören Cousin, Round Island, Aride, Curieuse, die Île St. Pierre, Félicité, Les Soeurs und die Île Cocos. Zu den Inneren Inseln gehört auch Silhouette, nordwestlich von Mahé am Horizont als Silhouette erkennbar. Sie ist die drittgrößte Insel der Seychellen, touristisch allerdings noch wenig erschlossen. Nur etwas für gut betuchte Urlauber sind die prächtig herausgeputzten Inneren Inseln Bird Island, Cousine, Denis Island, Frégate und North Island. Sie befinden sich in Privatbesitz und verfügen über genau ein Resort, meist mit nachhaltigem Ökokonzept. Wer das Glück und das Kleingeld hat, hier seinen gestressten oder vom Burn-out geplagten Körper betten zu können, der gehört normalerweise zu einer auserlesenen Gesellschaft. Denn hier nächtigen die Reichen und Schönen.

Internationaler Flughafen

Doch auf jeder Seychellen-Insel gibt es etwas Besonderes zu sehen und zu erleben. Sei es die Kolonie der Aldabra-Riesenschildkröten oder die einzigartige Coco de Mer. Sei es die älteste Schildkröte der Welt oder die Aldabra-Schnecke, die bis 2014 als ausgestorben galt. Sei es die Wright's Gardenia, die vielleicht schönste Pflanze der Seychellen, oder der Palmendieb, der größten Landkrebs, den man sich vorstellen kann. Man kann eine ehemalige Leprastation besichtigen oder die wohl schönsten Strände der Welt für sich entdecken oder einen – wenn auch

Blick auf die Anse Intendance auf Mahé

bereits gehobenen – Piratenschatz. Alles da, alles begeisternd schön und per Island Hopping mit dem Schiff erreichbar. Gibt es keine Fährverbindung, dann sollte man darüber nachdenken, die Seychellen mit einer Jacht zu erkunden – bei einer geführten Tour in einer Gruppe oder mit einem gemieteten Katamaran.

Die Inneren Inseln

Blick von oben auf die Anse Source d'Argent

43 Inseln werden zu den Inneren Inseln gezählt. Davon sind 41 aus Granit und zwei korallinen Ursprungs: Denis und Bird Island. Mittendrin befinden sich die **Hauptziele der Urlauber** aus aller Welt: Mahé, Praslin und ihre Nachbarin La Digue. Auf diesen drei Inseln leben mehr als 95 % der Bevölkerung.

Impulse in Sachen Kultur, Verwaltung und Politik gehen von Mahé aus. Hier befinden sich auch der Hafen und der internationale Flughafen. 45 Katamaranminuten entfernt glänzt Praslin mit dem Vallée de Mai und damit dem zweiten UNESCO-Weltnaturerbe der Seychellen neben dem Aldabra-Atoll. Hier ist die Heimat einer ganz besonderen Nuss: der Coco de Mer. Praslins kleine Schwester La Digue bietet das, was sich Urlauber unter dem Begriff „Seychellen" vorstellen: blütenweiße Strände, fröhliche Einheimische auf Fahrrädern und sattgrünes Hinterland. Wem das noch nicht reicht, der erobert eine der kleinen Nachbarinseln und wird dort bestimmt sein persönliches Paradies finden.

Die Äußeren Inseln

Verlässt man den Kreis der Inneren Inseln, erreicht man die Sphäre der Äußeren Inseln. Diese definieren sich über die **Entfernung von Mahé**, die mehr als 230 km beträgt, und darüber, dass sie nicht auf demselben Plateau liegen wie die Inneren Inseln. Südöstlich von Mahé geht es los mit den Südlichen Koralleninseln Île Platte und Coëtivy, der östlichsten Insel der Seychellen. Am weitesten entfernt ist die Aldabra-Gruppe im Südwesten, die hier die äußere Grenze der Seychellen markiert. Das Aldabra-Atoll mit seiner weltweit einzigartigen Flora und Fauna gehört zum UNESCO-Weltnaturerbe. Ein Besuch von Assumption, dem Cosmoledo-Atoll oder Astove wird aufgrund der Abgeschiedenheit dieser ganz besonderen Landschaft schnell zu einer Expedition. Die Gruppe der Amiranten, deutlich näher an Mahé, genießt speziell in Kreisen von Hochseeseglern und -fischern hohes Ansehen. Knapp über dem Wasserspiegel des Indischen Ozeans ragen African Banks, D'Arros und das St.-Joseph-Atoll mit seinen winzigen Inselchen nur ein paar Meter in die Höhe. Die dazugehörige Insel Desroches glänzt mit einem Luxusresort, während das Poivre-Atoll und Rémire eher ruhige Ecken der Seychellen sind. Ein Luxusresort kann auch Alphonse vorweisen, die Hauptinsel des gleichnamigen Atolls. Wer sich hierher begibt und die Nachbarinseln Saint François und Bijoutier besichtigt, der wird die Seychellen von ihrer feinsten Seite kennenlernen. Bleibt zu guter Letzt noch die Farquhar-Gruppe mit den beiden Atollen Farquhar und Providence. Hier kommt ein großer Teil des Fischexports der Seychellen her, der nach dem Tourismus immerhin die zweitwichtigste Einnahmequelle des Landes ist.

Weltnaturerbe

Segeln auf den Seychellen

Die Inneren Inseln sind auch für Segler die Seychellen-Inseln, die am einfachsten zu erreichen sind. Die Entfernungen sind nicht allzu groß und es gibt reichlich **sichere Häfen und Ankermöglichkeiten**. Bei der Planung eines Törns sollte man die Landegebühren nicht vergessen, die beim Besuch der Inseln fällig werden. Diese sollen dem Naturschutz auf den jeweiligen Inseln zugutekommen. Die jeweiligen Kosten werden bei den Reisepraktischen Hinweisen zu den einzelnen Inseln genannt.

Landegebühren

Wer die Inseln der Seychellen umsegelt, wird sicher unzählige wunderbare und spektakuläre Ausblicke genießen können. Das beginnt bereits auf der Hauptinsel Mahé. 70 Strände gibt es, darunter etliche menschenleere Spots und romantische Verstecke. Zu diesen besuchenswerten Stränden gehören Beau Vallon, Baie Ternay, Port Launay, Anse à la Mouche, Anse Soleil, Baie Lazare, Intendance und die Anse Royale. Zu den Plätzen, die fast noch als Geheimtipp gelten können, gehören Anse Major, Anse Jasmin, Anse Du Riz und Petite Anse. Nicht zu vergessen die schönen Inseln, die Mahé umringen: Die als Nationalpark geschützten Inseln Ste. Anne, Cerf, Moyenne, Round und Long Island liegen direkt vor Mahés Ostküste, an der Westküste Conception Island und Thérèse. Nordwestlich und immer noch gut erreichbar sind Silhouette und North Island.

Nur 23 Seemeilen entfernt Richtung Nordosten liegen Cousin und Cousine, darauf folgt Praslin. Die Küstenlinie bietet hier etliche Kilometer Strand und zahlreiche sichere Ankerplätze. Dazu gehört die berühmte Anse Lazio, wo es am Wochenende auch auf dem Wasser ein wenig voll werden kann. Weiter geht es zur Anse La Farine, Anse Petite Cour, Baie Chevalier, Anse Possession, Anse La Blague, Côte d'Or und Anse Marie Louise. Zu den besuchenswerten Inseln gehören Curieuse, St. Pierre, Île Cocos, Aride sowie Cousine und Cousin.

Etliche Kilometer Strand

Unter Segeln vor Praslin

Nur 4 Seemeilen von Praslin in südöstlicher Richtung liegt die Nachbarinsel La Digue mit der relaxten Ste. Anne Jetty. 9 Seemeilen spektakuläre Küstenlinie mit Stränden und grünen Wäldern warten auf Entdecker. Es gibt etliche Buchten, wie beispielsweise Réunion, Union und Patate und natürlich den wahrscheinlich am meisten fotografierten Strand der Welt: die Anse Source d'Argent. Die leicht und schnell erreichbaren Inseln um La Digue herum heißen Félicité, Marianne und Grand Soeur – überall kann man sicher vor Anker gehen.

Rund um die Äußeren Inseln

Hier sind die Entfernungen deutlich größer, damit steigt auch die sportliche Herausforderung. Der Vorteil ist, dass sich normalerweise nicht allzu viele Segler hierher wagen. Deshalb ist die Infrastruktur zwar deutlich spärlicher, der Ozean aber weiter und die Lagunen einsamer.

Maximalentfernung 4 Stunden

Ein gerne angesteuertes Ziel sind die **Amiranten**, 130 Seemeilen südwestlich von Mahé. Einmal hier angelangt, liegen die Inseln Marie Louise, Desroches, D'Arros mit seiner einzigartigen Lagune und Poivre maximal vier Segelstunden voneinander entfernt. Hier kann man sehr gut angeln und schnorcheln, auf Desroches gibt es das einzige Luxusresort weit und breit.

Spektakuläre Touren

50 Seemeilen weiter Richtung Südwesten liegt **Alphonse** mit seinen drei Inseln Alphonse, Saint-François und Bijoutier. Hier, so heißt es, seien mit die spektakulärsten Segeltouren auf den Seychellen möglich. Alphonse selbst glänzt wie Desroches mit einem Luxusresort sowie einer wunderschönen Lagune. Zu beach-

ten ist, dass die Inseln während der Flut nur teilweise befahrbar und die Durchfahrten zu den Lagunen schmal und somit nicht ganz einfach sind.

Wenn möglich, sollte man bei einem Segeltörn sowohl die Amiranten als auch Alphonse ansteuern. Wer das südliche Ende der Amiranten am späten Abend verlässt, sollte am frühen Morgen des nächsten Tages auf Alphonse ankommen und kann sich dort auf eine ganz eigene Expedition begeben.

Urgewalten

Die Farquhar-Gruppe liegt in einer anderen Ecke der Seychellen, zwischen 370 und 420 Seemeilen südwestlich von Mahé. Auf der Insel **Farquhar** ist man den Gewalten des Ozeans weit mehr ausgesetzt als beispielsweise auf Aldabra, denn die Insel liegt einigermaßen ungeschützt auf einer flachen Korallen- und Sandbank. Das Atoll kann nur im östlichen Teil befahren werden. Hier hinein- und herauszukommen ist nicht ganz einfach, dafür bieten die Lagunen im Inneren Schutz. Das massive Providence-Riff in der Nähe verfügt über je eine Insel am Anfang und Ende des Riffs. Im Norden ragt St. Pierre aus dem Ozean und es gibt zahlreiche unzerstörte Riffe, wo man tauchen und schnorcheln kann. Wer die weite Anfahrt ab Mahé vermeiden will, fliegt nach Farquhar und mietet sich hier ein Boot. Wer mit der eigenen Jacht kommt, kann Zwischenstation auf den Amiranten und Alphonse einlegen.

Weitgehend menschenleer

Das **Aldabra-Atoll**, seines Zeichens UNESCO-Weltnaturerbe, liegt 630 Seemeilen südwestlich von Mahé. Es besteht aus den drei Atollen Aldabra, Cosmoledo und Astove sowie der Insel Assumption. Den einzigen Flughafen gibt es auf Assumption, wo auch einige Menschen leben, auf Aldabra sind einige Wissenschaftler stationiert. Ansonsten ist das Atoll menschenleer. Die beste Segel- und Besuchszeit sind die Übergangsmonate zwischen den Richtungswechseln des Monsuns, also März/April und Oktober/November. Rund um diese wie aus der Zeit gefallenen Inseln zu segeln, ist sicher ein großes Abenteuer. Zu beachten ist aber, dass man für jegliche Unternehmungen auf und rund um Aldabra eine Genehmigung der Island Development Company (IDC, *www.idcseychelles.com*) benötigt.

Abschließende Hinweise

- Die meisten Inseln der Seychellen liegen außerhalb des „Cyclone Belts", daher sind die Gewässer normalerweise das ganze Jahr über recht ruhig.
- Alle Jachten, die die Äußeren Inseln ansteuern, müssen mindestens in der „Über-60-Meilen-Klasse" eingestuft sein sowie über einen Kapitän und eine Crew verfügen.
- Riffe und Untiefen sorgen dafür, dass das Befahren der Äußeren Inseln ein Fulltime-Job ist – ein erfahrener Skipper und eine Crew sind also unausweichlich.
- Generell ist die Zeit des Südwest-Monsuns eine gute und sichere Zeit zum Ankern. Das gilt auch für die Übergangsmonate März/April und Oktober/November. Natürlich gibt es um die einzelnen Inseln herum Ausnahmen von der Regel.
- Bevor man eine Insel ansteuert, sollte man checken, ob die nötigen Landegebühren bezahlt und Genehmigungen erteilt wurden.

4. MAHÉ

Überblick

Telegramm Mahé	
Name	Mahé
Größe	28x8 km, 157,3 km²
Einwohnerzahl	ca. 93.000
Hauptstadt	Victoria
Größte Siedlungen	Beau Vallon, Anse Royale, Anse Boileau
Höchste Erhebung	Morne Seychellois mit 905 m
Verkehrsmittel	Bus, Taxi, Leihwagen
Besonderheit	Verkehrsknotenpunkt für die Seychellen, Internationaler Flughafen und Überseehafen

Mahé ist mit rund 157 km² die größte Insel der Seychellen und nicht nur das logistische Zentrum des Landes, sondern auch das geistige und kulturelle. Hier befinden sich die **Hauptstadt Victoria** und der einzige internationale Flughafen, hier leben und arbeiten gut 90 % der Multikultibevölkerung der 115 Inseln. Besucher kommen normalerweise auf Mahé an und verlassen die Inselwelt wieder von hier – auch mit dem Kreuzfahrtschiff.

Redaktionstipps

- Erlebenswert: mit dem öffentlichen **Bus rund um die Insel** (s. S. 61)
- Wo der Pfeffer wächst: Besuch im **Jardin du Roi** (s. S. 138)
- Einen ersten Überblick gewinnen: **Taxi mieten**, sich die Highlights zeigen lassen und den Seychellois näherkommen.
- Kreolische Küche kennenlernen: verschiedene Spezialitäten im **Restaurant des Jardin du Roi** probieren (s. S. 139 u. 151)
- Einheimische Handwerker unterstützen: Souvenirs aus der **Domaine de Val des Prés** (s. S. 136)
- Einsame Buchten: sich wie Robinson Crusoe fühlen im **Südwesten Mahés** (s. S. 140)

Die Insel selbst gilt nicht nur bei Insidern und Naturliebhabern als (Öko-) Paradies. Dank langjähriger Isolation von den Geschehnissen der restlichen Welt konnte sich hier ein Ökosystem erhalten, das seinesgleichen sucht. Das Herz der Insel ist von einer **üppig-grünen Pflanzenpracht** überzogen, der man sich am besten auf einem der zahlreichen Wanderwege annähert. Auch ein unbedingt besuchenswerter Nationalpark befindet sich auf Mahé, der Morne Seychellois National Park. Im Botanischen Garten kann man Bekanntschaft machen mit der berühmten Coco de Mer, die neben dem Vallée de Mai auf der zweitgrößten Insel Praslin auch in Victoria und im Jardin du Roi eine Heimat gefunden hat.

Auf Mahé befindet sich mit Victoria mit seinen rund 26.000 Einwohnern eine der kleinsten Hauptstädte der Welt. Sie liegt zu Füßen von gleich zwei wetterbestimmenden Bergen: dem Morne Seychellois, der mit seinen stolzen 905 m Höhe der höchste Berg der Seychellen ist, und dem Trois Frères Peak. Einen Besuch von Victoria inklusive eines 2- bis 4-stündigen Rundgangs sollte man sich nicht entgehen lassen. Hier befinden sich alle wichtigen Verwaltungs- und Regierungsstellen, hier sind die Museen, der Markt und die sehenswerten Kirchen – und am einzigen hochseetauglichen Hafen der Seychellen, dem New Port, legen die Kreuzfahrtschiffe an.

Umrundung auf Küstenstraße

Wer die gesamte Insel erkunden will, kann das gut auf der Küstenstraße tun, die fast ganz Mahé umrundet. Fahrräder und Roller sieht man selten. Aber egal ob mit dem Leihwagen, einem Fahrer oder im öffentlichen Bus: Es geht ebenso an wunderschönen Stränden und an Luxushotels vorbei wie durch finstere, feuchte Wälder und einsame Bergdörfer. Wer unterwegs einen Stopp einlegen will, kann das jederzeit tun. Ein Handtuch ist schnell ausgebreitet und jeder Strand auf den Seychellen ist bis zur Flutlinie öffentlich – auch das picobello herausgeputzte Kalendermotiv zu Füßen des 1.000-€-pro-Nacht-Resorts, das so schön in die Landschaft eingebettet ist.

info

Ausgewählte Strände von A bis Z

Sicher ist: Wer auf Mahé loszieht, um ein eigenes Stückchen Strand zu finden, der wird fündig. Es gibt rund 70 Strände rund um die Insel, da muss einfach der richtige dabei sein. Einige können direkt mit dem Auto angesteuert werden, andere haben eigene Bushaltestellen und wieder andere müssen durch eine kleine Querfeldeinwanderung erobert werden. Man sollte aber immer die Warnschilder beachten und sich an die entsprechenden Regeln halten. So ist beispielsweise an der Grand Anse, der Police Bay und der Petite Police das Schwimmen sehr gefährlich. Dafür ist es hier meist menschenleer. Ein paar Vorschläge für den nächsten Ausflug:

Anse aux Pins: Der lange Sandstrand unterhalb des internationalen Flughafens liegt direkt an der Hauptstraße und ist somit gut geeignet, um sich mindestens bei einem Zwischenstopp ein wenig die Füße zu vertreten.

Anse Boileau: Um zu diesem Strand im Westen von Mahé zu kommen, überquert man den Inselrücken über den Ort Bon Espoir. Schon bei der Abfahrt durch die dichten Wälder blitzen Strand und kristallklares Wasser einladend durch das satte Grün, das einen umgibt.

Anse Forbans: Weit im Süden Mahés, bevor die Hauptstraße Richtung Quarte Bornes ins Inland abbiegt, liegt dieses schöne Stück blitzeblanken Sandstrands. Der Spot ist bei Windsurfern beliebt, logisch, dass es bis zum beliebten Surfers Beach Restaurant auch nicht weit ist.

Anse Intendance: Einer der schönsten und längsten Strände im Südosten. Allerdings sind die Bademöglichkeiten eingeschränkt.

Anse La Liberté: Auch Petite Anse genannt, also „kleine Bucht". Der Spaziergang hierher ist nicht ganz einfach und ein wenig Schweiß wird fließen. Dafür kann man hier eine tolle Szenerie genießen und im kristallklaren Wasser hemmungslos schwimmen und schnorcheln.

Anse à la Mouche: Schön lang ist der Strand, prima geeignet für Spaziergänge und Wattwanderungen. Das Wasser fällt flach ab, Schwimmen ist möglich.

Anse Royale: Der königliche Strand liegt direkt an der Hauptstraße, Parkmöglichkeiten und Bushaltestellen gibt es reichlich. Also einfach den passenden Spot aussuchen und dann aufs Meer schauen. Aufpassen sollte man allerdings auf die Strömungen, die das Schwimmen nicht ganz unproblematisch machen.

Anse Soleil: Ähnlich wie bei der nahen Anse La Liberté muss man sich zu Fuß ein wenig plagen, um hierher zu kommen. Aber der Weg lohnt sich für ein kühles Bad im kristallklaren Nass.

Anse Souillac: Hier führt keine Straße hin oder vorbei, dafür kann man am Ende der Wanderung eine normalerweise menschenleere Bucht genießen.

Anse Takamaka: Einer der bekanntesten Strände im Südosten von Mahé: schön lang gezogen, anmutig geschwungen, umsäumt von Schatten spendenden Takamakabäumen und kristallklarem Wasser. Hier können auch die Kleinen problemlos planschen.

Baie Lazare: Hier sind Klein und Groß ebenfalls gut aufgehoben. Es gibt keine Strömungen, die Straße führt direkt am Strand entlang, Schwimmen ist problemlos möglich, Sonnenbaden natürlich auch.

Beau Vallon: Das längste Stück Strand im Norden von Mahé, hier fasste der Tourismus auf den Seychellen Fuß. Trotzdem wird es eigentlich nie richtig voll, man findet immer ein Plätzchen für das Handtuch, und der nächste Verkäufer von eisgekühlten Getränken oder die nächste Strandbar sind sicher nicht weit. Von den gelegentlich vorbeizischenden Jetskis sollte man sich nicht beeindrucken lassen. Ansonsten: Schwimmen gut, beim Schnorcheln gibt es weniger zu sehen.

Port Launay: Auch wenn das Riesenresort Constance Ephelia die gesamte Halbinsel beim Örtchen Port Launay einnimmt, lohnt sich der Ausflug. Der zum Resort gehörende Strand ist, wie immer auf den Seychellen, für die Öffentlichkeit zugänglich und ein Traum von einer Bucht. Zudem ist er hervorragend mit dem Bus erreichbar.

Die Anse Takamaka im Südosten von Mahé

Geschichte

Franzosen und Briten

1609 sichtete die britische Sharpeigh-Expedition die Inseln Silhouette, North und Mahé. Damit waren die Briten mehr als eineinhalb Jahrhunderte vor der ersten französischen Expedition vor Ort – ohne allerdings diesen vermeintlichen Vorteil zu nutzen. Der französische Seefahrer Lazare Picault nahm schließlich 1742 offiziell die Inseln für Frankreich in Anspruch. Das heutige Mahé nannte er „Île d'Abondance", was sich sehr verlockend anhört. Denn auf einer „Insel des Überflusses", da gab es sicher für eine Kolonialmacht einiges zu tun und mindestens genauso viel auszubeuten. 1756 wurde die Île d'Abondance umbenannt in „Mahé". Namensgeber war Bertrand François Mahé de La Bourdonnais, Generalgouverneur der „Île de France", dem heutigen Mauritius. Bis 1814 gaben die französischen Kolonialherren den Ton an. Mahé wurde besiedelt, Kokosnuss- und Vanilleplantagen entstanden, der Botanische Garten und die spätere Hauptstadt Victoria wurden erbaut. Ab 1814 und bis zur Unabhängigkeit 1976 waren die Briten an der Reihe und drückten Mahé beispielsweise mit der Umbenennung der Hauptstadt in Victoria ihren Stempel auf. Immerhin schafften sie im 19. Jahrhundert die Sklaverei ab, die unter der französischen Herrschaft mit zum Reichtum der Inseln oder vielmehr der Eliten beigetragen hatte. Die ehemaligen Sklaven blieben als freie Menschen, meist als Lohnarbeiter, auf der Insel. Ihre Nachfahren, die Kreolen, prägen bis heute das (Straßen-)Bild der Insel.

Mahé heute

Mahé ist wahrscheinlich der beste Ort, um das **Alltagsleben** der Seychellois kennenzulernen. 90 % aller Einwohner des Inselstaats leben hier, mal unter besseren, mal unter schlechteren Bedingungen. Wer sich das Alltagsleben ein wenig genauer anschauen will, braucht bloß das Gelände des Strandresorts zu verlassen, in den nächsten Bus springen und schon ist man mittendrin. In jedem Dorf, in jeder Ansiedlung und in jedem Bus kommt man unweigerlich mit den freundlichen und interessierten Seychellois in Kontakt und kann sich erzählen lassen, wie das Leben im Paradies wirklich ist. Auch Taxifahrer sind eine Quelle des Wissens. 400 soll es auf Mahé geben, alle haben große Familien und viele Freunde und freuen sich über jedes Gespräch mit den Urlaubern aus Deutschland. Denn die, da sind sich die Taxifahrer einig, seien die freundlichste und aufgeschlossenste Touristengruppe. Auf Mahé befinden sich die meisten Unterkünfte, die meisten Restaurants und die meisten öffentlichen Einrichtungen, die Urlauber brauchen könnten. Dazu gehören Ämter, Banken und Museen genauso wie Bushaltestellen und öffentliche Toiletten. Ab Mahé kann man mit dem Katamaran, dem Flugzeug oder dem Hubschrauber die Inselwelt der Seychellen erobern oder sich mit dem Kreuzfahrtschiff durch den Indischen Ozean schippern lassen.

Freundliche Seychellois

Mit Möglichkeiten für Freizeitaktivitäten ist die Insel reichlich gesegnet. Dazu gehören Bilderbuchstrände genauso wie ein Besuch in einer Teeplantage oder in einem Gewürzgarten, Tauch- und Schnorchelmöglichkeiten ebenso wie ein wenig Nachtleben und die größte Shoppingmall der Seychellen auf Eden Island.

Die **Entfernungen** zwischen den verschiedenen Attraktionen sind denkbar kurz, und man kann bei einem spannendem Tagestrip die gesamte Insel mit öffentlichen Verkehrsmitteln umrunden. Kurz: Wer nur wenig Zeit für einen Besuch der Seychellen hat, der wird Mahé normalerweise glücklich verlassen. Denn hier findet man 115 Inseln zusammengefasst in einer Nussschale. Apropos Nuss: Auch die berühmte Coco de Mer, eigentlich heimisch auf der zweitgrößten Insel, Praslin, hat längst ihren Weg nach Mahé gefunden.

Kurze Wege

Wem es eher ums Entdecken und Erfahren und weniger ums Strandleben geht, der begibt sich auf einen der **Wanderwege**. Die neun absoluten Klassikern führen durch das Gebiet des Morne Seychellois National Park: Mission Lodge, Glacis Trois Frères, Dans Gallas, Mare aux Cochons, Anse Major, Morne Blanc, Copolia, Cassedent und Salazie (s. Karte S. 132). Die Wege sind normalerweise gut ausgeschildert und man braucht – im Gegensatz zu La Digue – keinen einheimischen Guide. Hier kann man in den Bergen durch Nebelwälder hiken, in denen endemische Pflanzen zu finden sind. Dazu gehören beispielsweise der Quallenbaum (*Medusagyne oppositifolia*), die fleischfressende seychellische Kannenpflanze oder die seychellische Gewürzvanille. Von oben zwitschern die Vögel, manchmal fällt ein wenig Regen, aber der wird sich sicher schnell wieder verziehen.

Interessante Wanderungen

Wanderungen von A bis Z

info

Anse Major (Morne Seychellois National Park)

Hinkommen	Bus Nr. 21 Richtung Danzil
Start	Südliches Ende von Bel Ombre
Länge	2 km (hin und zurück ca. 4 km)
Zeitaufwand	40 Min.–3 Std.
Höhenunterschied	218 m
Schwierigkeitsgrad	einfach

Auf dieser einfachen und beliebten Wanderung kann man die felsige Küstenlinie der Nordküste Mahés kennenlernen – spektakuläre Ausblicke inklusive. Dabei passiert man einsame Buchten und kann mit wenig Aufwand in die Flora und Fauna der Insel eintauchen. Als Belohnung wartet am Ende der Wanderung die Anse Major, und es ist sicher höchste Zeit für ein Picknick oder ein kühles Bad.

Cassedent (Morne Seychellois National Park)

Hinkommen	Bus Nr. 14 Richtung Danzil
Start	Sans Souci Rd. bei der Mission Lodge
Länge	8,2 km
Zeitaufwand	4 Std.
Höhenunterschied	843 m
Schwierigkeitsgrad	schwer

info

Cassedent ist ein für hiesige Verhältnisse relativ langer Wanderweg, der sich auf- und absteigend durch die Berg- und Waldwelt schlängelt. Vorbei geht es an Pinienwäldchen, Palmen und anderen einheimischen Pflanzen. Hölzerne Treppen erleichtern bei schwierigen Auf- und Abstiegen das Vorankommen. Zahlreiche Aussichtspunkte laden zum Anhalten ein und ein Wasserfall zum erfrischenden Bad.

Copolia (Morne Seychellois National Park)

Hinkommen	Bus Nr. 14 Richtung Danzil
Start	Sans Souci Rd., Copolia Lodge
Länge	1,6 km
Zeitaufwand	45 Min.
Höhenunterschied	242 m
Schwierigkeitsgrad	einfach

Beliebter Rundgang „über den Dächern“ von Mahé. Immerhin geht es hier durch den dichten Wald auf fast 500 m Höhe, und der Ausblick von dort glänzt mit einem 360°-Panorama.

Dans Gallas/Le Niol Trail (Morne Seychellois National Park)

Hinkommen	Bus Nr. 32, Le Niol
Start	Le Niol Rd., letzte Bushaltestelle
Länge	2,9 km
Zeitaufwand	1¼ Std.
Höhenunterschied	556 m
Schwierigkeitsgrad	moderat

Zu Besuch bei den „Gallas“: Hierbei handelt es sich um eine Gruppe Äthiopier, die sich in der Gegend im 19. Jahrhundert angesiedelt hatten, nachdem sie von den Briten aus der Sklaverei bei Arabern befreit worden waren. Die Wanderung glänzt als eine von wenigen mit grandiosen Ausblicken über die Bucht von Beau Vallon und Nord-Mahé bis hin zu Victoria und dem Flughafen. Man kann vom Aussichtspunkt aus den Norden, Osten und Westen der Insel überblicken. Am besten sollte man früh am Morgen loslaufen, bevor die aufkommenden Wolken den Blick verstellen.

Glacis La Reserve (nicht im Morne Seychellois National Park)

Hinkommen	Leihwagen, Parken bei der Cable & Wireless Station in Bon Espoir
Start	Montagne Posée Rd.
Länge	0,9 km
Zeitaufwand	25 Min.
Höhenunterschied	134 m
Schwierigkeitsgrad	einfach

Auf dem Rundweg erlebt man einen der beeindruckendsten Palmenwälder auf Mahé, umrahmt von spektakulären Abhängen und Granitfelsen. Gleich drei Aussichtspunkte sorgen für einen schönen Ausblick über die grüne Insel.

Glacis Trois Frères (Morne Seychellois National Park)

Hinkommen	Bus Nr. 14 Richtung Danzil
Start	Montagne Posée Rd.
Länge	1,4 km
Zeitaufwand	35 Min.
Höhenunterschied	237 m
Schwierigkeitsgrad	einfach

Glacis Trois Frères ist bei Urlaubern und Einheimischen gleichermaßen einer der beliebtesten Wanderwege auf Mahé. Was sicher daran liegt, dass man aus gut 300 m Höhe nicht nur den Ostteil von Mahé mit Victoria und dem Ste. Anne Marine National Park wunderbar überblicken, sondern mit ein bisschen Glück bei klarer Sicht auch Praslin und La Digue ins Auge fassen kann. Der Aufstieg auf den Gipfel gehört nicht zum Pfad, ist aber möglich. Die Aussicht von 699 m Höhe ist natürlich noch um einiges spektakulärer.

Mare aux Cochons (Morne Seychellois National Park)

Hinkommen	Bus Nr. 32, Le Niol
Start	Le Niol, an der letzten Bushaltestelle
Länge	9,6 km
Zeitaufwand	5–6 Std.
Höhenunterschied	270 m
Schwierigkeitsgrad	moderat bis schwierig

Hier befindet man sich mitten im Morne Seychellois National Park, in dem es etliche Wanderwege gibt (s. Karte S. 132). Jeder ist gut 3–4 Std. lang und recht herausfordernd. Unser Weg führt zum Aussichtspunkt Glacis d'Antin, vorbei an historischen Ruinen und einem Wasserfall. Auch eine Höhle wird passiert. Hier habe sich, so sagt die Legende, im 18. Jahrhundert der bekannte Pirat „La Buse" versteckt.

Mission Lodge (Morne Seychellois National Park)

Hinkommen	Bus Nr. 14 Richtung Danzil
Start	Haltestelle Venn's Town
Länge	15-minütiger Spaziergang
Schwierigkeitsgrad	einfach

Ein Besuch bei den Ruinen von Venn's Town entführt Besucher in vergangene Zeiten, als auf der damaligen Plantage Sklaven Vanille und Kakao anbauen mussten. In Venn's Town selbst gab es eine Schule, Waschräume, eine Küche, Hütten und ein Haus für den Lehrer und seine Familie. Nach Abschaffung der

info

Sklaverei wurden hier die Kinder der früheren Sklaven untergebracht, während ihre Eltern auf den Plantagen der Insel als freie Arbeiter ihr Geld verdienten. Die Ruinen der Gebäude kann man bei einem Spaziergang besichtigen, es gibt eine aufschlussreiche Beschilderung. Ein Highlight ist der berühmte Aussichtspunkt mit seinem auch bei Reisegruppen beliebten Pavillon. Er wurde 1972 von Queen Elizabeth II. eröffnet, die hier ein Tässchen Tee trank.

Morne Blanc (Morne Seychellois National Park)

Hinkommen	Bus Nr. 14 bis Teeplantage
Start	300 m oberhalb der Teeplantage, am Schild
Länge	3,2 km
Zeitaufwand	40 Min.
Höhenunterschied	447 m
Schwierigkeitsgrad	moderat

Auf dem wohl bekanntesten Trail von Mahé geht es hinauf auf den 667 m hohen Gipfel Morne Blanc. Dabei wandert man durch den beeindruckenden Nebelwald und muss immer mit Regen rechnen. Ein früher Start ist eine gute Idee. Zuerst durchsteigt man die gut aufgeräumte Teeplantage, doch bald geht es in den Wald. Flechten, Moose und Farn weisen darauf hin, dass der Nebelwald erreicht ist. Man sollte den Pfad nicht verlassen, denn es gibt einige Höhlen und Löcher, die im dichten Unterholz verborgen sind. Begleitet wird man wahrscheinlich vom geschwätzigen Geschnatter der Bülbüls, die das Vorankommen der Wanderer kommentieren. Andere Vogelarten hier oben sind die Seychellensalangane (*Aerodramus elaphrus*) oder der Seychellen-Nektarvogel (*Seychelles Sunbird, Cinnyris dussumieri, kreol.: kolibri*). Auch einer der kleinsten Frösche der Welt, der gut 1 cm große Gardiners Seychellenfrosch (*Sechellophryne gardineri*), kann lautstark auf sich aufmerksam machen. Der Ausblick vom Gipfel gilt als einer der schönsten der Insel.

Salazie Nature Trail (Morne Seychellois National Park)

Hinkommen	Bus Nr. 14 Richtung Danzil
Start	Montagne Posée Rd.
Länge	2,9 km
Zeitaufwand	1 Std.
Höhenunterschied	329 m
Schwierigkeitsgrad	einfach

Der Weg führt erst durch eine Mahagoni- und anschließend durch eine Teeplantage, um sich anschließend als schmaler Pfad durch den dichten Wald zu winden. Mit ein bisschen Glück kann man bei der Tee-Ernte zuschauen, und im Wald kommt man der Natur ganz nahe.

Vacoa Nature Trail (nicht im Morne Seychellois National Park)

Hinkommen	Leihwagen
Start	Ende der La Misère Rd., Parkplatz vorhanden
Schwierigkeitsgrad	einfach

Der Einstieg des Copolia Trail

Dieser rund 30-minütige Rundweg überquert und begleitet den Fluss Daubon. Man bewegt sich in der abwechslungsreichen Welt der Mangroven, die von Pandanusbäumen überragt wird. Diese Schraubenbäume heißen auf Kreol „Vacoa", daher der Name des Trails. Winkerkrabben und Schlammspringer gehören mit zu den Attraktionen des Vacoa Nature Trails.

Victoria und Umgebung

Die Hauptstadt der Seychellen, Victoria, liegt an der Nordostküste von Mahé. Bei ihrer Gründung im Jahr 1778 hieß die Ansiedlung mit den mächtigen Steilhängen im Rücken und dem Indischen Ozean vor der Tür „L'Établissement du Roi", „Anlage des Königs". Unter der Herrschaft der Briten ab 1814/1815 gewann das Örtchen an Bedeutung und wurde 1841 umbenannt in „Victoria" – zu Ehren der damaligen Königin. Zu dieser Zeit bestand die Siedlung aus ein paar Hundert Holzhütten, von denen heute leider nur noch sehr wenige erhalten sind. Bis in die zweite Hälfte des 19. Jahrhunderts war Victoria auf stolze 7.000 Einwohner angewachsen und die Stadt schien durch den Handel zu boomen. Doch am 12. Oktober 1862 geschah etwas, das als „Lavalas" in die Geschichte der Seychellen einging: In tiefster nächtlicher Dunkelheit und nach einwöchigen, ununterbrochenen Regenfällen lösten sich Hunderte Tonnen Felsen, Schlamm und Erde oberhalb der Stadt und sausten den Hang des Berges Trois Frères hinunter und durch Victoria Richtung Meer. Sie rissen alles mit, was sich den Massen in den Weg stellte: Häuser, Palmen, Brücken und mindestens 80 Menschen. Damit verlor Victoria 1 % seiner Einwohnerschaft, 200 Häuser, etliche Plantagen und ein Polizeiboot, das im Hafen vor Anker lag.

1841: Umbenennung in Victoria

Ein Grund für den Abgang der **Schlammlawine** war, dass der Boden oberhalb Victorias schlichtweg ausgelaugt war und vor lauter Plantagenwirtschaft das Regenwasser nicht mehr halten konnte. Das Unglück trug sicher mit dazu bei, dass sich heute die Seychellen dem Umweltschutz verschrieben haben. Denn, da waren und sind sich die Verantwortlichen einig, so etwas darf nicht mehr passieren.

Natürlich wurde wiederaufgebaut. Allerdings waren die 200 ursprünglichen Holzhäuser mit der Schlammlawine verschwunden. Heute ist das **Stadtbild** geprägt von Stein- und Holzhäusern aus dem frühen 20. Jahrhundert. Manche haben bunte Fassaden oder wenigstens angemalte Fensterläden – ein wenig Kolonialgefühl kommt auf. Dafür gibt es (bisher) keine Plakatwände und Leuchtreklamen, keinen Starbucks und keinen McDonald's. Die seychellische Antwort in Sachen Burger heißt „Butcher's Grill" und ist besser. Wer das Pech hat, mit dem Auto oder dem Bus zur falschen Zeit – sicher zwischen 7.15 und 8.30 Uhr – durch die wenigen Straßen Victorias fahren zu müssen, der wird im Stau stecken. Insbesondere die sich den steilen Hang hochziehende Straße in Richtung Beau Vallon genießt den zweifelhaften Ruf, nicht nur zur Rushhour die meistbefahrenste Straße der Seychellen zu sein.

Rushhour

Doch abgesehen vom Verkehr geht es in Victoria ruhig zu. Die Büroangestellten kommen morgens mit dem Bus oder dem eigenen Fahrzeug in die Stadt und verschwinden dann in den Amtsgebäuden wie dem stattlichen Independence House. Man sieht sie wieder zur Mittagspause, auf dem Weg zum nächsten Takeaway und bei einem Schwätzchen mit der netten Kollegin. Der Nachmittag ist ebenso ruhig, ab 16 Uhr bewegt sich die Karawane in die Heimatdörfer zurück. Dazwischen liegen die Stunden, in denen man Victoria besuchen sollte. Urlauber mit stabilem Magen sollten den frühen Vormittag als Besuchszeit wählen und gleich eine der Topattraktionen der Seychellen besichtigen: den lebhaften und geruchsintensiven Sir Selwyn Selwyn-Clark Market. Daneben gibt es einige Museen, einen bunt-kitschigen Hindutempel, den botanischen Garten, Kirchen, Boutiquen und Souvenirshops. Ab 18 Uhr schließen auch diese und Victoria verabschiedet sich vom Tag. Nachtleben gibt es so gut wie keines, man kann beruhigt ins Hotel zurückkehren oder ins nahe Beau Vallon fahren. Hier wird ein wenig Unterhaltung geboten, entweder an der belebten Strandpromenade oder an der Bar des Boat House.

Sehenswürdigkeiten

Spaziergang in der Innenstadt von Victoria

Überschaubare Innenstadt

Mit drei breiten Straßen, drei oder vier nennenswerten Kreuzungen und zwei Ampelanlagen kann man Victoria nur so gerade eben zusprechen, eine „Innenstadt" zu haben. Denn diese ist wirklich überschaubar. Für Urlauber, die mit dem Kreuzfahrtschiff ankommen, sind die Entfernungen dennoch ein wenig größer: Die Schiffe ankern am New Port, nicht gerade stadtnah. Vom Hafen bis in die Innenstadt sind es 20 wenig spektakuläre Fußminuten oder wenige Fahrminuten mit dem Taxi bis ins Herz von Victoria. Hier kann man sich eigentlich überall absetzen lassen. Die Katamarane aus Praslin kommen am Inter-Island Ferry Terminal an. Von hier bis in die Stadt sind es 10–15 Min. zu Fuß oder 3 Min. mit dem Taxi.

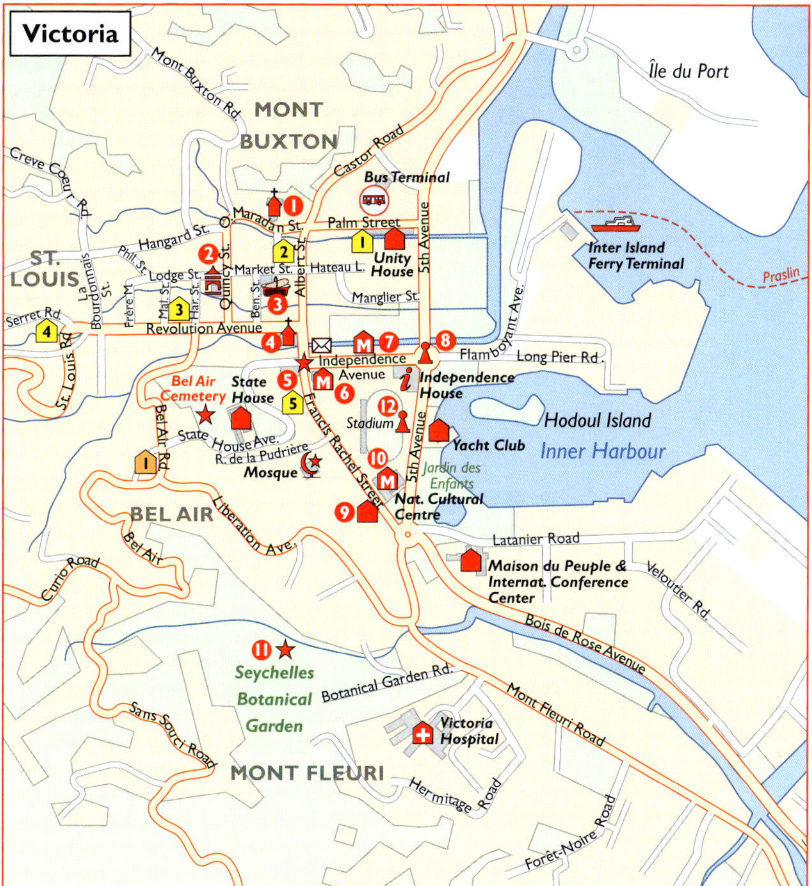

Unterkunft
1 Bel Air Hotel

Essen und Trinken
1 The Butcher's Grill
2 Taste of Italy
3 Kaz Zanana
4 Marie-Antoinette
5 Alson Takeaway

N

0 500 m

Stadtrundgang mit den wichtigsten Sehenswürdigkeiten
1 Cathedral of Our Lady of Immaculate Conception
2 Arul Mihu Navasakthi Vinayagar (Hindutempel)
3 Sir Selwyn Selwyn-Clarke Market
4 St. Paul's Cathedral
5 Clock Tower
6 National Museum of History
7 Seychelles Natural History Museum
8 Bicentennial Monument
9 Kenwyn House
10 National Cultural Centre
11 Seychelles Botanical Garden
12 Liberty Monument

Wer nicht mit dem Schiff ankommt, der sollte Victoria mit öffentlichen Verkehrsmitteln besuchen. Damit vermeidet man auch, zum Stau in der Innenstadt beizutragen. Davon abgesehen, dass es kaum Parkplätze gibt und diese kostenpflichtig sind. Wer die Stadt mit einem Fahrer besucht, der wird meist am Parkplatz des Sir Selwyn Selwyn-Clark Market aus dem Fahrzeug gelassen, wo der Fahrer dann auf einen wartet.

Stadtrundgang

Nicht weit vom Markt entfernt ist der gut organisierte **Busbahnhof**. Hier angekommen, verlässt man das Gelände an der Palm Street nach rechts und schon beginnt der Stadtrundgang. 2–4 Std. kann dieser dauern, je nach Interessenlage. Ein Schirm gehört immer in den Tagesrucksack, fürs leibliche Wohl und die Trinkwasserversorgung sorgen die zahlreichen Shops in der Stadt. Für einen Mittagssnack eignen sich ausgezeichnet die Takeaways im Stadtzentrum.

Stammsitz der katholischen Kirche

Der erste Hingucker folgt schon nach gut 200 m auf der rechten Seite: Die **Cathedral of Our Lady of Immaculate Conception (1)**. Die Kirche selbst – immerhin die größte der Seychellen – ist beeindruckend. Interessant ist auch der **Glockenturm**, der weiter oben am Hang angebracht ist und somit die Kathedrale überragt. Die Cathedral of Our Lady of Immaculate Conception ist der Stammsitz der katholischen Kirche der Seychellen. Schon 1841 hatte Pater Leon von Avanchers an dieser Stelle eine Kapelle, die der Jungfrau Maria gewidmet war, errichten lassen. 1871 wurde sie durch den heutigen Bau ersetzt, der seit 1892 Sitz des Bistums Portus Victoriae ist. Die besondere Bedeutung für die Katholiken der Inseln wird dadurch betont, dass Félix Paul – der erste und bislang einzige Bischof des Bistums, der tatsächlich von den Seychellen stammte – Ende 2001 unter der Kirche beerdigt wurde. Die Gruft kann man nicht besichtigen, sie ist aber mit einer Plakette im Boden gekennzeichnet. 1995 gestaltete der seychellische Bildhauer Egbert Marday den Tabernakel und die sehenswerten, handgeschnitzten Türen. Ein echter Hingucker aber ist das auffällige Gebäude links von der Kathedrale: das **Domicilium** – auch Domus genannt – seit 1934 Heim der katholischen Priester auf den Seychellen. Der Kapuzinermönch Bruder Gélase aus Fribourg in der Schweiz hatte 1928 bemerkt, dass es auf den Seychellen keine kommunalen Gebäude gab, um die zahlreichen Priester zu beherbergen. Also machte er es sich zur Aufgabe, solch eine Heimat für die Priesterschaft zu schaffen. Von 1930 bis 1934 wurde gebaut – heute ist das Domicilium ein Nationaldenkmal. Besichtigen kann man das Innere allerdings nicht.

Das Domicilium neben der Kathedrale

Weiter geht es entlang der Oliver Maradan Street und

dann die Quincy Street hinunter, bis rechter Hand eine der buntesten Attraktionen der Seychellen zu sehen ist: der **Hindutempel Arul Mihu Navasakthi Vinayagar (2)**. Er ist der elefantenköpfigen Gottheit Vinayagar oder Vinayaka – besser bekannt als Ganesha – gewidmet und fällt allein schon durch die bunte, figurengeschmückte Fassade zur Straße hin auf. Auch auf einer seychellischen Briefmarke ist er abgebildet. Im Tempel beten und feiern seit 1992 die rund 5.000 Hindus von Mahé, auch Besucher aus anderen Ländern sind gerne willkommen. Vor dem Eintreten bitte die Schuhe ausziehen. Wenn man aus dem Tempel kommt, nach links geht und dann rechts die Market Street hinunterschlendert, erreicht man eines der Highlights eines Mahé-Besuchs: den **Sir Selwyn Selwyn-Clarke Market**, auch **Victoria Market** genannt.

Der Hindutempel in Victoria

Vielen Besuchern und Einheimischen gilt der **Sir Selwyn Selwyn-Clarke Market (3)** als das Herz – oder vielmehr: der Bauch – von Mahé, mindestens aber von Victoria. 1840 wurde er erbaut und 1999 letztmalig renoviert. Benannt ist der Markt in Erinnerung an den britischen Kolonialbeamten Percy Selwyn Selwyn-Clarke (1893–1976), der von 1947 bis 1951 Gouverneur der Seychellen war. Unter seiner Führung wurden das Steuerrecht und das Bildungssystem reformiert, mit dem Ziel, auf den Seychellen die Grundlagen für eine Demokratie zu schaffen. So sah die Verfassung von 1948 beispielsweise erstmalig ein allgemeines Wahlrecht vor, das die Seychellois im Oktober desselben Jahres auch ausübten. Obwohl die Eliten vorläufig die Macht behielten, ebnete Selwyn Selwyn-Clarke mit den Weg zur unabhängigen Republik der Seychellen. Auf oder vielmehr in dem Markt selbst merkt man bei einem Besuch wenig von der Geschichte: Hier gibt es bunte Auslagen mit einheimischen Gemüse- und Obstsorten, so weit das Auge reicht. Dazwischen Stände mit Kräutern, den bekannten, scharfen Chilisaucen, Souvenirs und getrocknetem Fisch. Nebenban gibt es frischen Fisch: Auf den feuchten Tischen liegen schnittige Barrakudas neben bunten Papageifischen, Oktopusse neben Krebsen. Hier wird gehandelt, beraten, Fisch ausgenommen und Thunfisch in Scheiben geschnitten. Die Auswahl ist groß, wer also frischen Fisch sucht und nicht direkt beim Fischer am Straßenrand kaufen will, für den ist hier die erste Adresse. Überhaupt ist der Markt, auch wenn er von Touristen mehr als gut besucht wird, fest in den Händen der Einheimischen. Wer sich also ein bisschen Zeit nimmt, kann viel über das Miteinander, die Gewohnheiten und die Esskultur der Seychellois erfahren. Und wer genug gesehen hat, schaut sich die Souvenirstände im ersten Stock an und macht eine Pause im netten Café mit Aussicht.

Große Auswahl im Markt

Bunte Stände auf dem Sir Selwyn Selwyn-Clarke Market

Sir Selwyn Selwyn-Clarke Market, *Market St., ☏ +248-4324666. Mo–Fr 7–17.30, Sa 6–14 Uhr. Am Samstagvormittag ist am meisten los.*

Ab dem Markt pilgert man die meist belebte Albert Street hinunter, vorbei an indischen Shops und reichlich Souvenirläden. Vor dem Kauf eines Souvenirs sollte man unbedingt darauf achten, wo das gute Stück hergestellt wurde. Nicht alles, was als Souvenir von den Seychellen durchgeht, stammt auch aus heimischer Fertigung. Vielmehr handelt es sich häufig um Importware aus China. Eine recht gute Adresse, um sich über das Angebot zu informieren, ist der nette Laden **Artisans des Îles**. Wer vor seinem Schaufenster steht und sich umdreht, sieht auf der anderen Straßenseite die stolze anglikanische Kirche, die **St. Paul's Cathedral (4)**. Der heutige, schmucke Kirchenbau wurde zwischen 2000 und 2004 errichtet, seine Geschichte geht aber weiter zurück: 1830 war es, der Katholizismus hatte auf den Seychellen noch nicht durchgehend Fuß gefasst, als Pfarrer William Morton zu Besuch kam. Morton war anglikanischer Missionar in Indien und sah hier die Möglichkeit, seinen Glauben einzuführen. Kurzerhand missionierte er rund 100 Seychellois und spielte mit der Idee, eine eigene Kirche zu errichten. Doch das sollte lange auf sich warten lassen, denn das Geld aus Großbritannien und von der Church of England floss nicht mehr so reichlich. Erst am 15. Mai 1859 konnte der erste anglikanische Bischof von Mauritius, William Vincent Ryan, hier eine kleine Kirche mit dem Namen St. Paul weihen. Nach der Schlammlawine „Lavalas" im Oktober 1862 diente St. Paul als Zuflucht für Obdachlose und entwickelte sich über die folgenden Jahre zur Heimat der überschaubaren anglikanischen Gemeinde auf Mahé. Am 29. Mai 1904 wurde hier König Prempeh I., Herrscher des Königreichs Aschanti im heutigen Ghana, getauft. Dieser befand sich auf den Seychellen im politischen Exil, die Briten hatten ihn verstoßen. 1961 wurde die Kirche in den Status einer Kathedrale erhoben. Nach Jahren des Verfalls erstrahlte sie nach aufwendiger Renovierung seit 2004 wieder in alter Frische.

Anglikanische Kirche

Little Britain: der Clock Tower

Eine Attraktion, die es regelmäßig in wirklich jeden Seychellen-Reiseführer und jeden Bildband schafft, ist der **Clock Tower (5)**. Ein wenig verloren steht er mitten auf der Kreuzung der Independence Avenue/ Albert Street, meist umringt von drängelnden Autos oder Bussen, und ist längst nicht so hoch, wie so manche Abbildung erwarten ließe. Die Idee stammt von Sir Ernest Bickham Sweet-Escott (1857–1941), der zwischen 1899 und 1904 britischer Verwalter bzw. Gouverneur der Seychellen war. Er wünschte sich einen Glockenturm mit deutlichem Bezug zur Heimat, errichtet in Victoria in Erinnerung an die 1901 verstorbene Königin gleichen Namens. Gesagt, getan: Der Glockenturm wurde in London aus Gusseisen gefertigt, schwarz angepinselt, zerlegt und dann auf ein Schiff verfrachtet. Auf den Seychellen sollte er in neun Kisten verpackt ankommen. Sieben davon trafen auch am 11. Februar 1903 ein, die zwei fehlenden wurden irrtümlich auf Mauritius entladen und kamen erst mit einem Monat Verspätung in Victoria an. So konnte der Clock Tower am 1. April 1903 feierlich eingeweiht werden. 1935 erhielt er den heutigen silberfarbenen Anstrich zu Ehren des Kronjubiläums von King George V. Er gilt als „Little Big Ben" der Seychellen, ist aber eigentlich eine Kopie des Uhrenturms, der in London seit 1897 an der Kreuzung Victoria Street/ Vauxhall Bridge Road steht.

Schräg gegenüber an der Independence Avenue befindet sich **The Queen Victoria Diamond Jubilee Fountain**. Auf dem schönen, bunten Brunnen thront eine Statue von Queen Victoria, die wohlgefällig Richtung Clock Tower schaut. Errichtet und enthüllt wurde der Brunnen am 5. Januar 1900 von Lady Sweet-Escott, der Ehefrau des Gouverneurs, zu Ehren der britischen Königin.

Früherer Supreme Court

Hinter dem Brunnen befindet sich in einem schön restaurierten Holzgebäude seit Ende 2018 das **National Museum of History (6)**. Hier kann man sich einen guten Überblick über die Geschichte der Seychellen verschaffen. Früher war hier die oberste Gerichtsinstanz der Seychellen, der Supreme Court, angesiedelt. Zu den wichtigsten Exponaten dieser Filiale des Nationalmuseums gehört der „Stone of Possession": Der sogenannte „Stein der Inbesitznahme" wurde 1756 in La Poudrière aufgestellt, um die Besitzansprüche der französischen Kolonialherren zu versinnbildlichen. Im Museumsgarten steht die Büste von Pierre Poivre (1719–1786). Der französische Missionar, Forscher und Verwalter der Inseln La Réunion und Mauritius spielt in der Geschichte der Seychellen eine bedeutende Rolle, denn er brachte 1772 u. a. Nelken, Vanille, Zimt und die Muskatnuss hierher – geschmuggelt von der indonesischen Inselgruppe der Molukken.

National Museum of History, *Independence Ave., ☏ +248-4225404. Mo 9–12, Di–Fr 9–17, Sa 9–14.30 Uhr, Eintritt: 150 SR.*

info

Pierre Poivre – Forscher und Schmuggler

Der französische Forscher Pierre Poivre (1719–1786) war Verwalter von La Réunion und Mauritius und als abenteuerlustiger Mensch eine bedeutende Figur für die Geschichte der Seychellen – wenngleich er niemals an deren Gestaden angelandet war.

Pierre Poivre bedeutet auf Deutsch „Peter Pfeffer". „Nomen est omen": Der frühere Missionar hatte es sich zur persönlichen Mission gemacht, die Welt mit Gewürzen zu beglücken, die sonst kaum zu haben waren. Also stahl er in der holländischen Kolonie – genauer: auf den Banda-Inseln der heute indonesischen Molukken – unter anderem Gewürznelken, Muskatnuss und Zimt. Die Holländer hatten bisher das Monopol auf die seltenen Pflanzen. Besonders die Zimtsämlinge hatten es dem leidenschaftlichen Gartenbauer Poivre angetan und Zimt sollte seine Bindung zu den Seychellen prägen. Zuerst aber brachte er die Sämlinge nach Mauritius und pflanzte sie im Botanischen Garten von Pamplemousses, den er gemeinsam mit Philibert Commerson angelegt hatte. Doch als er mitbekam, dass es auf Mahé ebenfalls ein angenehmes Klima und fruchtbare Böden für seine Gewürze gab, weckte die Insel sein Interesse. Er schickte seinen Vertrauten Antoine Gillot auf die Seychellen mit der Aufgabe, einen Gewürzgarten als Testgelände anzulegen. Aus diesem Garten an der Anse Royale wurde später der Jardin du Roi, der „Garten des Königs". Der Versuch gelang: Im Garten wuchsen und gediehen Nelken, Muskatnuss und Zimt – zur vollsten Zufriedenheit des Auftraggebers. Das Experiment endete allerdings jäh, als der Inselkommandant den Garten im Mai 1780 zerstören ließ, weil er irrtümlicherweise eine britische Invasion erwartete. Aber bis dahin hatten sich die Zimtsamen schon über einige Gebiete von Mahé ausgebreitet. Darum gibt es bis heute auf Mahé Zimtbäume, die mitten in der Natur und scheinbar unkontrolliert wachsen. In der Folge wurde Zimt zu einem wichtigen Exportprodukt der Seychellen. Gut 740.000 kg konnten 1908 ins Ausland verschifft werden. Da Zimt weltweit gut ankam, dehnte man die Anbauflächen über Mahé, Praslin und andere Inseln der Seychellen aus, was mit für den Wohlstand der damaligen Kolonie und das Wohlergehen der Menschen sorgte. Zum Gedenken an seine Verdienste wurde die Büste von Pierre Poivre am 2. Oktober 1972 enthüllt – 200 Jahre nach der Einführung des Zimtbaums auf den Seychellen.

Gegenüber an der Independence Avenue befindet sich das **Postamt**. Wer Briefmarken von den Seychellen als Souvenir mitbringen will, kann diese hier an einem speziellen Schalter kaufen. Drei Häuser weiter, die Prachtstraße von Victoria hinunter, liegt die zweite Dependance des Nationalmuseums, das 1964 eröffnete **Seychelles Natural History Museum (7)**. Hier, in einem Gebäude mit der Anmutung einer in die Jahre gekommenen Schule und den Öffnungszeiten einer deutschen Behörde, kann man eintauchen in Geologie, Flora und Fauna der Seychellen.

Seychelles Natural History Museum, *Independence Ave., ☏ +248-4321333. Mo–Do 8.30–16.30, Fr 8.30–12, Sa 9–13 Uhr, Eintritt: 15 SR.*

Wirkt wenig einladend, ist aber spitze: Alson Takeaway

Wieder zurück auf der Straße geht der Blick die Independence Avenue hinunter Richtung Osten auf das nächste Ziel: den Freedom Square mit dem **Bicentennial Monument (8)**. „Trwa Zwazo" heißt das Denkmal auf Seselwa, „Drei Vögel" auf Deutsch. Es besteht aus drei weißen, weit ausgedehnten Flügeln oder Schwingen, die für die drei Kontinente stehen, von denen die heutigen Seychellois abstammen: Afrika, Europa und Asien. Errichtet wurde es 1978 zum 200. Geburtstag der Hauptstadt Victoria, der italienische Künstler Lorenzo Appiani zeichnet für die Gestaltung verantwortlich.

Von hier geht es auf der anderen Straßenseite der Independence Avenue wieder zurück bis zum Clock Tower und dann links in die Francis Rachel Street. Wer sich jetzt ein wenig stärken will, sollte sich einem der **Takeaways** anvertrauen, die sich auf dem Parkplatz neben der Al Salam Bank angesiedelt haben. Mutige gehen auf die andere Straßenseite und folgen den Schildern und der schmalen Gasse bis zum Alson Takeaway. Hier holen sich die Einheimischen ihr Mittagessen. Man sollte sich von der Umgebung nicht abschrecken lassen, die Mahlzeiten sind preiswert und gut.

Geht man weiter die Francis Rachel Street entlang, folgt auf der rechten Seite gleich die **Moschee** von Victoria. Sie liegt in einem Hinterhof, aber ihre Kuppel ist weithin sichtbar. Besucher sind normalerweise willkommen, das Gebäude selbst macht allerdings nicht viel her. Jetzt geht es am Spielkasino und dem Gebäude von Cable & Wireless vorbei. Hier wurde das Telefon auf den Seychellen eingeführt, die ersten Leitungen gingen nach Mauritius und an die afrikanische Küste. Das Holzhaus, der Verwaltungssitz des Unternehmens, stammt aus dem Jahr 1893 und wurde aufwendig renoviert.

Erste Telefonleitungen

Gleich nebenan befindet sich das sehenswerte **Kenwyn House (9)** mit seiner Non-Profit-Galerie. Es wurde als Holzhaus in den 1850er-Jahren als Heim für Dr. Henry Brooks erbaut, der der oberste Gesundheitsverantwortliche für die britische Kolonie war. 1880 kaufte die Eastern Telegraphic Company das Haus und brachte hier ihre Ingenieure unter. Deren Job war es, die ersten Telefonkabel zwischen den Seychellen und Sansibar zu verlegen. Später wurde das Haus umbenannt in Kenwyn House – nach dem Ort in Cornwall, wo die Unterwasserkabel hergestellt wurden. Ab dem Jahr 1900 und der Gründung von Cable & Wireless diente das Gebäude als Unterkunft für das mittlere Management des Unternehmens. 2004 und 2018 wurde es aufwendig renoviert, und die Galerie mit Werken einheimischer Künstler ist einen Besuch wert.

Werke einheimischer Künstler

Kenwyn House, *Francis Rachel St., ☏ +248-4224440. Galerie geöffnet Mo–Fr 9–17, Sa 10–14 Uhr, Eintritt frei.*

Auf der anderen Straßenseite gegenüber steht das imposante **National Cultural Centre (10)**. Bei freiem Eintritt kann man sich hier klimaanlagengekühlt aufhalten und die National Library, die National Gallery sowie das National Archive mit seinen Schätzen und Unterlagen zur Geschichte der Seychellen besichtigen.
National Cultural Centre, *Francis Rachel St., ☏ +248-4321333. Mo, Di, Do, Fr 8.30–16.30, Mi 8.30–12, Sa 9–13 Uhr, Eintritt frei.*

Im Botanischen Garten von Victoria

Jetzt folgt ein Straßenabschnitt, der nicht viel hergibt, vom dichten Verkehr vertont wird, aber in 5–10 Min. zu Fuß zurückgelegt werden kann: Man folgt der Francis Rachel Street bis zum Kreisverkehr, dann der Mont Fleuri Road Richtung Süden. Es geht vorbei an der Indischen Botschaft, die Liberation Avenue muss gequert werden, bis rechter Hand der **Seychelles Botanical Garden (11)** folgt.

Der Botanische Garten wurde in seiner heutigen Form bereits 1901 gegründet. Damit ist er eines der ältesten Nationaldenkmäler der Seychellen. Verantwortlich zeichnete der auf Mauritius geborene Botaniker und Landwirtschaftsexperte Paul Evenor Rivalz Dupont. Auf gut 10.000 m^2 üppigem Grün kann man heute lustwandeln oder sich anschauen, was die Flora des Inselstaates so alles hergibt. Pflanzen aus rund 500 Arten sind hier zu sehen, darunter Papaya- und Muskatbäume, Tamarinden, Brotfruchtbäume, Nutz- und Zierpflanzen sowie Orchideen und satte 40 Palmenarten. Auch ein paar Exemplare der Coco de Mer haben ihren Weg in den botanischen Garten gefunden. Die bekannteste wurde 1956 von Prinz Philip gepflanzt. Heute trägt sie, als eine der ganz wenigen außerhalb ihres Herkunftsorts Praslin, Früchte. Im Dschungel im oberen Teil des Gartens hängen Flughunde an den Bäumen, weiter unten kann man Aldabra-Riesenschildkröten füttern – einige von ihnen sind mehr als 150 Jahre alt. Um die Freundschaft der Nationen zu betonen, wurde das Gelände 2016 um den „Guangzhou Garden" erweitert, einen chinesischen Garten mit fünf beeindruckenden Statuen.

40 Palmenarten

Seychelles Botanical Garden, *Mont Fleuri Rd., ☏ +248-4670537. Tgl. 8–17 Uhr, Eintritt: 100 SR, bis 12 Jahre frei. Am Ticketschalter erhält man eine Broschüre samt Faltplan, in der sämtliche Pflanzenarten in den jeweiligen Gärten aufgeführt sind.*

Nach der Besichtigung des Botanischen Gartens kann man jetzt an einer der nahen Bushaltestellen einen Bus Richtung Stadtmitte und Busbahnhof nehmen, der einen je nach Verkehrslage in 5–10 Min. zurückbringt. Wer noch Puste hat, geht die Mont Fleuri Road zurück und nimmt am Kreisverkehr die zweite Abzweigung Richtung

Innenstadt, die 5th June Avenue. Nach gut fünf weiteren Fußminuten folgt auf der linken Seite die sehenswerte Bronzeskulptur **Liberty Monument (12)** von 2014. Der auf Mahé lebende britische Bildhauer Tom Bowers hat sie im Auftrag der Regierung geschaffen, und sie ersetzt das ursprünglich hier aufgestellte „Zonm Libb Monument". Hier hat Bowers den Freiheitsgedanken der Einwohner der Seychellen versinnbildlicht: Eine Frau und ein Mann halten die Nationalflagge der Seychellen über ihren Köpfen und streben miteinander der Zukunft entgegen. Nahe der Skulptur gibt es einige Bushaltestellen. Man kann von hier zum Busbahnhof zurückfahren und dort in den passenden Bus umsteigen oder von hier gleich in Richtung Süden starten.

Freiheitsdenkmal in Victoria, geschaffen von Tom Bowers

Der Friedhof von Bel Air

Der Friedhof von Bel Air liegt den Hügel hoch, oberhalb an der Bel Air Road und ist nicht Teil des Spaziergangs. Er wird gerne besucht als Zwischenstopp bei einem Ausflug in die Berge, etwa Richtung Venn's Town, Teeplantage oder auf die andere Seite von Mahé. Eine Sehenswürdigkeit ist er auf jeden Fall, und das hat vor allem mit seiner Geschichte zu tun: Der lauschige Ort unter dem Grün des Regenwalds war der erste offizielle Friedhof auf den Seychellen und wurde von den Franzosen zu Zeiten der ersten Besiedlung Mahés angelegt. 1965 erklärte ihn das Victoria City Council zu einem geschichtlich bedeutsamen Ort, 1985 wurde er zum Nationaldenkmal erhoben. Hier liegen, teilweise in Familiengräbern, die Gebeine der ersten Siedler und Plantagenbesitzer aus Frankreich neben prominenten Seychellois. Einer davon ist Jean-Baptiste Rémy d'Argent (1810–1856, seines Zeichens Notar), nach dem einer der schönsten Strände der Welt benannt ist: die Anse Source d'Argent auf La Digue. Ein anderer ist der berühmte Freibeuter Jean-François Hodoul. Seit 1835 liegen seine Überreste hier – sofern sie bei der Schlammlawine im Oktober 1862 nicht den Hang hinuntergespült wurden. Das älteste Grab ist das einer Jugendlichen: Catherine Héloïse Larcher starb im zarten Alter von 16 Jahren. Sie hatte mit 13 geheiratet und vor ihrem frühen Tod zwei Kinder zur Welt gebracht. Hier ruht auch ein Mann namens Pierre-Louis Poiret, von dem es heißt, dass er der Sohn von König Ludwig XVI. gewesen sei, vor der Französischen Revolution geflohen sei und auf den Seychellen Zuflucht gefunden habe.

Nationaldenkmal

Das bekannteste Grab auf dem Friedhof ist allerdings das des „Riesen von Bel Air". Er soll in den 1870er-Jahren gelebt haben und bereits im zarten Alter von 14 Jahren 2,90 m groß gewesen sein. Die Legende erzählt, dass er einen Sack Reis mit nur drei Fingern hochheben und ganz allein ein Fischerboot an Land tragen konnte. Sein Name war Charles Dorothée Savy und seine Nachbarn sollen ihn vergiftet haben – aus schierer Angst vor seiner Größe.

Riese von Bel Air

Eden Island

Scheich als Geldgeber

Die **künstliche Insel** Eden Island wurde in den 2000er-Jahren im Hafengebiet von Victoria aufgeschüttet und erinnert damit an die berühmte Palmeninsel von Dubai. Das ist kein Zufall, denn einer der Urheber und maßgeblicher Finanzier des Projekts war Scheich Chalifa bin Zayid Al Nahyan, der Präsident der Vereinigten Arabischen Emirate. Er hatte sich bereits zuvor auf Mahé verewigt: mit einem protzigen Palast auf dem höchsten bebaubaren Berg der Insel. Das gewaltige, sechs Stockwerke hohe Bauwerk überblickt Victoria und Eden Island – wenn es nicht gerade von Regenwolken verhangen ist. Der Scheich weilt zwar nicht oft auf den Seychellen, aber er hat reichlich Spuren hinterlassen. Er spendet beispielsweise für Schulen oder finanziert Windkraftanlagen und hatte eben die Vision, eine 116. Seychellen-Insel zu schaffen. Das Ergebnis ist Eden Island.

Brücke nach Eden Island

Zehn Fahrminuten sind es ab Victoria bis Eden Island, über eine Brücke gelangt man von der Hauptstraße auf die private Insel. Auf 40 ha finden sich hier eine maßgeschneiderte Marina, 16 ha private Wasserwege, private Strände, 450 Wohnungen und Villen. Hier steht mit dem **Eden Plaza** (*www.edenplaza.sc*) die größte Einkaufsmall der Seychellen, es gibt teure und schicke Restaurants, Bars, sowie einen SPAR-Supermarkt. Was besonders deutsche Urlauber freuen wird: Im Eden Plaza hat sich ein deutscher Zahnarzt angesiedelt.

Die meisten Besucher von Eden Island sind auf der Durchreise und verlassen die Insel und ihre schicke Marina wieder mit einem gecharterten Katamaran oder hüpfen auf ein Fährboot in den Ste. Anne Marine National Park, beispielsweise zum benachbarten Inselchen Cerf. Wer auf Eden sein müdes Haupt betten will, dem bleibt das **Eden Bleu Hotel** (*www.edenbleu.com/eden-bleu*) oder der Kauf einer

Blick auf Eden Island

Unterkunft: Villas gibt es ab 3 Mio. US-Dollar, nach oben ist der Preis offen – je nach Extrawünschen, Aussicht und privatem Strandabschnitt. Apartments sind ein wenig günstiger. Egal, wofür man sich entscheidet: Als Zugabe erhält der Käufer das Wohnrecht auf den Seychellen. Wer mehr wissen will und reichlich Taschengeld übrig hat: *www.edenisland.sc.*

Auch bei einem Kurzbesuch von Eden Island lohnt sich ein Blick in die **Eden Art Gallery** im Eden Plaza. Sie ist die größte Kunstgalerie auf den Seychellen und zeigt sowohl einheimische als auch internationale zeitgenössische Kunst.
Eden Art Gallery, *Eden Plaza, ☏ +248-2514701, www.arterialnetwork.org. Mo–Fr 10–18, Sa 10–16 Uhr, Eintritt frei.*

Ste. Anne Marine National Park

Der Ste. Anne Marine National Park wurde 1973 eingerichtet, um die Inneren Inseln Ste. Anne, Moyenne, Long, Round, Plate, Cerf und Cachée besser schützen zu können. Der Nationalpark liegt gut 5 km von Victoria entfernt und dient als Naherholungsgebiet für gestresste Städter sowie für Urlauber, die gerne unbewohnte Inseln erkunden oder in kristallklarem Wasser paddeln. Mit organisierten Tages- und Halbtagestrips kann man ab Eden Island oder Victoria auf Expedition gehen. Unterkünfte gibt es nur auf Cerf und auf Round Island. Sehen kann man je nach Saison Mantas, Delfine, Schildkröten und Schulen bunter Fische. Damit gehört der Nationalpark zu den Schnorchelparadiesen der Inneren Inseln.

Naherholungsgebiet

Cerf Island

Die gerade mal 1,5 km lange und 1 km breite Nachbarinsel von Mahé ist bei Einheimischen und Urlaubern gleichermaßen als **Schwimm- und Schnorchelparadies** bekannt, weshalb die Strände am Wochenende gut gefüllt sein können. Der französische Name „Cerf“ – zu Deutsch: „Hirsch“ – ist keine Anspielung auf die hiesige Fauna, denn Hirsche gibt es hier nicht. Vielmehr stammt er von dem gleichnamigen französischen Schiff, mit dem Kapitän Corneille Nicholas Morphey 1756 die Seychellen erreichte. Zum Zeichen der französischen Besitzansprüche platzierte er einen mächtigen Stein auf der Insel Mahé – zusammen mit einem gut 17 m hohen Mast, an dem die französische Flagge hing. Heute befindet sich der „Stone of

Auf wackeliger Personenfähre von Eden Island nach Cerf

Possession" (Stein der Inbesitznahme) im National Museum of History in Victoria (s. S. 117). Der kleinen Insel hingegen ist der Name des ersten Schiffes geblieben, das anlandete.

Wanderungen Neben Schwimmen und Schnorcheln kann man auf Cerf ein paar spannende Wanderungen unternehmen. Eine davon führt zu einem Friedhof und zu einem Aussichtspunkt. Im Wald gibt es viel zu sehen und zu erleben: Flughunde, Vögel, Spinnen, Riesenschildkröten und seltene Chamäleons. Auf Cerf befinden sich eine Handvoll Unterkunftsmöglichkeiten unterschiedlicher Größe und Preisklasse – meist mit gutem Ausblick auf Mahé oder die umliegenden Inseln des Nationalparks.

Round Island

Round Island ist dicht und grün bewachsen und befindet sich inmitten des Meeresnationalparks unmittelbar vor der Küste von Mahé. Sie ist die **kleinste Insel im Nationalpark** und verdankt ihren Namen dem Umstand, dass sie schön rund ist. Die umliegenden Gewässer sind bekannt als gute Schnorchelgründe. Wer von der Welt unter Wasser genug hat, kann eine der kleinen Buchten ansteuern, die meist menschenleer sind. Eingerahmt werden sie von den wunderschön anzusehenden Granitfelsen, die die Seychellen für Strandläufer und Sonnenanbeter so einzigartig machen. Das beliebteste Verkehrsmittel auf und um Round Island ist das Kajak, mit dem die Buchten gut zu erreichen sind. Außer nahezu makellosen Stränden und üppiger Vegetation gibt es hier nur eine Unterkunft, das **JA Enchanted Island Resort** (*www.jaresortshotels.com/en/seychelles/ja-enchanted-island-resort*).

Schnorchelgründe

Der Norden von Mahé und Beau Vallon

Im Norden von Victoria gibt es einige schöne Strand- und Küstenabschnitte wie beispielsweise beim Örtchen **Glacis** oder am **North Point**. Wer die Möglichkeit hat, sollte sich die Umrundung der nördlichen Halbinsel unbedingt auf die To-do-Liste schreiben. Das geht mit dem eigenen Fahrzeug, dem Taxi oder öffentlichen Verkehrsmitteln (s. S. 61). Die Straße führt meist direkt an der Küste entlang, man passiert kleine, verträumte Dörfer und immer wieder blitzen verwunschene Strandabschnitte durch Schatten spendende Takamakabäume. Aussteigen ist immer möglich, Parkplätze am Strand allerdings sind eher selten.

Menschenleer und malerisch An einem der Highlights gibt es sowohl eine Bushaltestelle als auch ein paar Parkplätze: **Carana Beach** heißt das meist menschenleere und malerische Stückchen Strand. Die 300 m liegen zu Füßen des Carana Beach Hotel ganz oben an der Nordspitze Mahés. Zum Schwimmen ist der Strand weniger geeignet, da es starke Strömungen geben kann. Die beste Besuchszeit sind die Monate zwischen November und April, dann ist das Meer ruhiger.

Für Freunde des Wohlgeruchs lohnt sich ein Zwischenstopp bei **Kreolfleurage Parfums** an der Hauptstraße nahe beim North East Point. Die Idee zu einer eige-

Mahé Nordteil
N
0
2 km
© graphic
North Point
L'Ilot
Anse Machabée
Machabée
Anse Nord-d'Est
Vista do Mar
Montagne Glacis
458 m
Kreolfleurage
St. Antoine
Glacis
La Retraite
North East Point
Mon Plaisir
La Gogue Village
Anse Etoile
Île Aurore
La Gogue Res.
Maldive Vill.
Hangard
374 m
Ma Constance
De Quincy Village
Baie Beau Vallon
(Beau Vallon Bay/
North West Bay)
Mare Anglaise
Mont Signal
417 m
Pointe Conan
Île Perseverance
Praslin
Beau Vallon
Crève Coeur
386 m
Île du Port
Bel Ombre
St. Roch
Pascal Village
Victoria
Anse Major
Île de Romainville
Baie aux Chagrins
Anse Jasmin Estate
Vingt-Cinq Sous
Mont Le Niol
681 m
Bel Air
Botanischer Garten
Mont Fleuri
Ste. Anne
Cap Ternay Estate
Montagne Jasmin
Sunrise
Baie Ternay Marine Nat. Park
643 m
Mare aux Cochons
Les Trois Frères
699 m
China
Morne Seychellois National Park
Pérard
Sans Souci
Morne Seychellois
Cap Matoopa
Le Rocher
Anse Souillac
Port Launay
905 m
Mission Lodge
Port Launay Marine Nat. Park
Mont d'Or
Sans Souci Rd.
Brillant
Le Passe Ternay
Port Launay
La Plaine
Morne Blanc
676 m
Mont Copolia
497 m
Pointe L'Escalier
Teeplantage
Fairview
Port Glaud
New Savy
587 m
L'Embarcadère
L'Islette
La Misère
Île Conception
Pte. Île
Port Glaud
La Béolière
La Misère Road
Grand Anse
Île Thérèse
Grand Anse Farm
Mount Harrison
688 m
Grand Anse
Barbarons
Dauban R.
Vacoa Nature Trail
Barbarons Beach
Île aux Vaches
Dans Galets
Barbarons
216 m
L'Abendance
Anse Polite
Anse Boileau
Anse Louis
INDIAN OCEAN
Unterkünfte
1 Carana Beach Hotel
2 Hilton Seychelles Northolme Resort & Spa
3 Copolia Lodge
4 Le Sans Souci
5 Constance Ephelia
Essen & Trinken
1 Rockpool Seafood Bar & Grill
2 Delplace Bar and Restaurant

Sonnenuntergang bei Beau Vallon

nen Parfümlinie hatte die Deutsche Dagmar Ehlert, die das Unternehmen 1988 gründete. Vier Parfüms gibt es, die man in einem Showroom auf sich wirken lassen kann. Und in jedem stecken Pflanzen- und Holzaromen der Inselwelt. Heute werden sie auch in etlichen Hotels auf den Seychellen verkauft.

Kreolfleurage Parfums, *North Point Rd., ☏ +248-4241329, www.kreolfleurage.com. Normalerweise befindet sich während der Tagesstunden eine Mitarbeiterin im Showroom. Einfach der Beschilderung folgen und vor dem Haus parken.*

Dass der Norden der Insel das touristische Ziel Nummer 1 auf Mahé ist, das verdankt er in erster Linie dem Örtchen Beau Vallon.

Beau Vallon

3,7 km^2 ist das Örtchen Beau Vallon groß, gut 4.000 Menschen leben hier. Damit ist er einer der dicht besiedelten Bezirke von Mahé. Die Bucht des „Schönen kleinen Tals", so eine recht passende Übersetzung des Namens, hat einen noch schöneren Strand. Für viele gelten die rund 1,5 km, die man ohne Probleme und nasse Füße oder Kraxelei über Granitfelsen ablaufen kann, als die schönsten der Seychellen. In der Tat sieht der halbmondförmige Sandstrand nicht nur vom Wasser aus prächtig aus. Und die Sonnenuntergänge in Beau Vallon mit Blick über Silhouette sind ein Gedicht. Sogar die Einheimischen kommen nach Beau Vallon, um am Strand und unter Schatten spendenden Bäumen die Wochenenden und die lauen Abende zu verbringen. Voll wird es mittwochs, wenn der **Bazar Labrin** seine Zelte aufschlägt. Ab 17 Uhr qualmen die Töpfe und Pfannen an den Imbiss-Ständen, die Currys duften, der unvergleichliche Chili Cake wartet auf die ersten Abnehmer,

Halbmondförmiger Strand

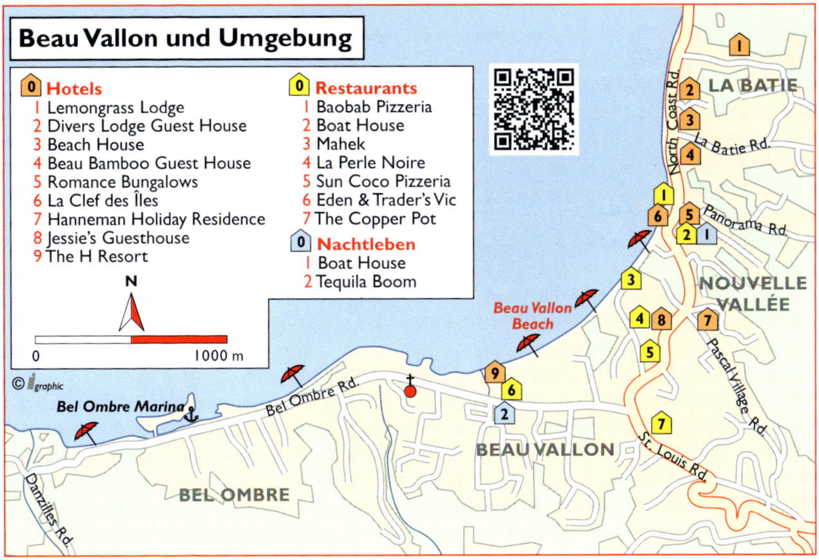

und das SeyBrew aus der Kühlbox ist noch schön frisch. Der Bazar Labrin zieht Menschen von ganz Mahé an die Promenade von Beau Vallon. Man sollte sich nicht wundern, wenn kräftige Russen mit ebenso kräftigen nackten Oberkörpern hier ihr Bierchen trinken, begleitet von frisch erblondeten und gestrafften Schönheiten, während kreischende einheimische Kids ihre ersten Erfahrungen mit dem anderen Geschlecht machen. Daneben stemmen Seychellois am Strand Hanteln, während auf dem Parkplatz dahinter die Ghettoblaster in den Kofferräumen der getunten Sportwagen wummern. Es ist also einiges geboten. Kommt dann noch ein hiphoppender Reggae-Star auf der Bühne dazu, verwandeln sich Bazar und Promenade in eine Partymeile.

Bisher gab es keine nennenswerten Probleme zwischen den feiernden Seychellois und den staunenden Urlaubern. Man hat sich aneinander gewöhnt, denn Beau Vallon ist die **Wiege des Tourismus** auf den Seychellen. Seit den 1970er-Jahren leisteten die Beau Vallon Beach Bungalows und das Hotel des Seychelles hier Pionierarbeit. Das erste „moderne Resort für Touristen" wurde am 17. März 1972 allerdings an einem anderen Ort eröffnet: Das Reef Hotel liegt gut 14 km südlich von Victoria, unterhalb des Flughafens. Heute eine geschichtsträchtige Ruine, sollte hier doch das moderne Zeitalter des staatlich gelenkten Seychellen-Tourismus eingeläutet werden. Nach Beau Vallon kamen die Urlauber aber schon vor dessen Eröffnung und fanden eine funktionierende Gemeinde vor. Doch mit dem offiziellen Schub durch das Reef Hotel ging ab 1972 touristisch die Post ab: Kamen 1971 noch lediglich 3.175 Urlauber auf die Seychellen, so waren es 1972 schon 15.197. Und die Erfolgsgeschichte geht weiter ...

Zu Recht berühmt und berüchtigt: das Boat House

Heute gibt es im Örtchen Beau Vallon und im Hinterland die Hänge hoch einige große und schicke Strandhotels, zahlreiche bezahlbare Pensionen, nette Restaurants, etliche Shops für die Dinge des Alltags, ein wenig Nachtleben, den frischen Fang des Tages direkt vom Fischer und ein großes Wassersportangebot. Wer also zu seinem Strandurlaub noch ein wenig Action sucht, ist in Beau Vallon richtig. Wer chillen will, ist genauso gut aufgehoben. Dasselbe gilt für Familien mit Kindern: Der Strand fällt flach ab in den Ozean, das Meer ist ruhig, es gibt normalerweise keine gefährlichen Strömungen und eigentlich kann niemand verloren gehen. Dafür sorgen auch die Lifeguards, die den Strand und die Badenden bewachen. Allein auf die Jetskis und Parasailer sollte man ein kritisches Auge werfen. Die kann man leicht umgehen, indem man der Strandlinie zu Fuß Richtung Norden folgt. Hier liegen einige malerische Buchten mit Granitfelsen, zwischen denen man sein Handtuch auslegen kann.

Keine Langeweile

Schnorcheln und Tauchen gehören genauso zum Standardunterhaltungsangebot wie Boots- und Angelausflüge. Die Anbieter am Strand sind immer auf dem Laufenden, was gerade wo geht. Wem es trotzdem langweilig wird, der fährt in 15 Min. nach Victoria zum Sightseeing oder schnürt seine Wanderschuhe. Dann geht es mit dem Bus ans westliche Ende der Bucht von Beau Vallon und vorbei am Örtchen **Bel Ombre** mit seinem kleinen Fischereihafen bis **Danzil** mit dem bekannten Restaurant La Scala. Ab der dortigen Endhaltestelle wandert man zur wunderschönen Bucht von **Anse Major** (s. S. 107).

Tauchen ab Beau Vallon

Laut der Online-Taucherplattform *www.taucher.net* gibt es 14 Tauchbasen auf den Seychellen. Davon sind sechs auf Mahé zu finden und davon wiederum vier in Beau Vallon. Das Örtchen ist also ein guter Anlaufpunkt für Urlauber, die die Welt der Seychellen auch unter Wasser kennenlernen wollen. **Blue Sea Divers** (*http://blueseadivers.com*) ist einer der Pioniere im Tauchbusiness auf den Seychellen. Der Franzose Sylvain Mortier hatte viele Länder der Erde bereist, um dann im Jahr 2002 auf Mahé seinen idealen Ort für ein Tauchcenter zu finden. Mitten in Beau Vallon

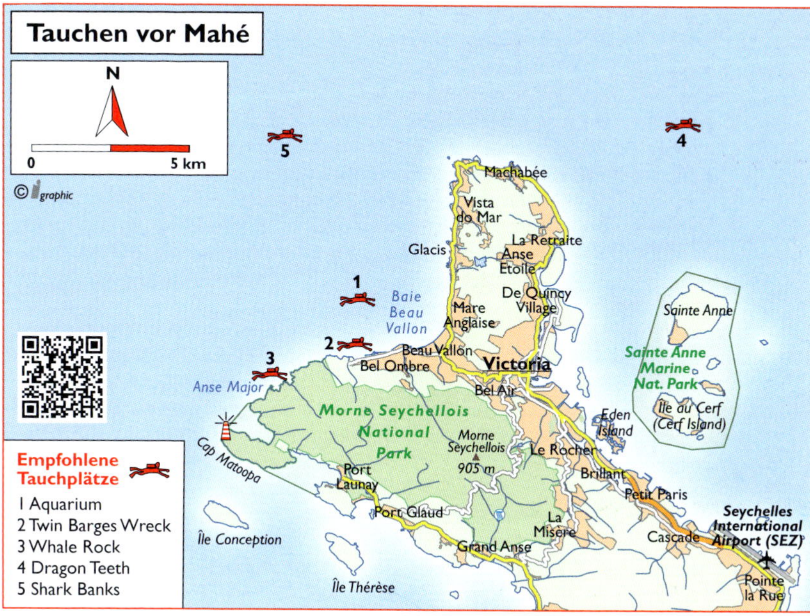

steht das Tauchcenter der Blue Sea Divers, kürzlich umgezogen, erweitert und mit einem Pool für Tauchanfänger ausgestattet. Hier an der Nordküste von Mahé, so ist sich Mortier sicher, seien Taucher aus aller Welt gut aufgehoben. „Die Seychellen mögen zwar nicht die Nummer 1 der Welt sein, wenn es ums Tauchen geht", sagt er, „aber allein unsere Granitformationen sind einzigartig." Und das Tauchen hier sei „very, very easy". Da hat er sicher recht: Hier gibt es kaum Strömung, keine Sprungschichten, das Wasser ist in jeder Tiefe gleich warm, die Sichtweite liegt normalerweise zwischen 15 und 30 m, und 80 % der Tauchgänge werden in einer Tiefe bis höchsten 20 m und in kleinen Gruppen durchgeführt. Damit ist größtmögliche Sicherheit gewährleistet. Die nächste Dekompressionskammer steht in Victoria oder einen 45-minütigen Bootstrip entfernt auf Silhouette.

Tauchen leicht gemacht

Auch vor Beau Vallon hat die Korallenbleiche von 2016 zugeschlagen, aber Mortier ist sich sicher, dass die üppige Korallenwelt in ein paar Jahren wieder da sein wird. Bis dahin betauchen er und sein Team, geleitet von Centermanager Jonathan, mit ihren zwei Schnellbooten gut 15 Tauchspots, die direkt vom Strand in Beau Vallon aus angefahren werden. Die meisten werden in 10–15 Min. Fahrzeit erreicht, die entfernteren Spots in 30–40 Min. Welche Tauchspots die besten seien? „Alle sind einzigartig, weil sie sich täglich verändern. Nur die Anfahrtsstrecke bleibt dieselbe", sagt Mortier. Hier fünf Vorschläge, die für Anfänger und Fortgeschrittene geeignet und typisch sind für die Unterwasserwelt der Inneren Inseln der Seychellen:

10–15 Min. Anfahrt

Aquarium

Ideal für Anfänger

Das „Aquarium" mit seinen maximal 14 m Tiefe ist das Hausriff direkt vor dem lang gezogenen Strand von Beau Vallon. Der Spot ist ideal für Anfänger. Er besteht aus zwei großen Korallennasen, die auf jeder Seite von großflächigen und vielfältigen Riffformationen eingerahmt werden. Hier gibt es – wie der Name bereits verrät – reichlich Fisch zu sehen und zu erleben. Nicht nur als Fotomotiv beliebt sind beispielsweise die drei großen, gestreiften Seychellen-Clownfische (*Amphiprion fuscocaudatus*), die auf einer der Korallennasen in einer Riesenanemone leben.

Whale Rock

Am Whale Rock kann man die Fortsetzung von Mahé als Granitinsel unter Wasser besichtigen. Bis auf 15 m geht es hinunter bei diesem abwechslungsreichen Spot. Man kann durch enge Bögen und Durchgänge tauchen oder sich in Korridoren zwischen den Granitfelsen durchschlängeln. Dabei begegnen einem etliche Rifffische wie beispielsweise Muränen, die unwirsch aus ihren Höhlen herausschauen oder gelegentlich eine Hawksbill-Schildkröte. Diese möchte gerne in Ruhe gelassen werden. Hier gilt ganz besonders, was für Taucher überall auf der Welt gilt: Anschauen, nicht anfassen! Mit ein bisschen Glück kommt auch ein Stachelrochen vorbei, während Röhrenaale beim nahen Castle Rock die Taucher aus ihren Löchern im sandigen Boden beobachten. Whale Rock ist für Anfänger und Fortgeschrittene geeignet. Wer ein wenig mehr Kitzel herausholen will: Der Spot wird häufig für Nachttauchgänge angesteuert.

Nachttauchgänge

Abendstimmung: Blick aus der Baobab Pizzeria übers Meer

Twin Barges Wreck

Dieser Spot besteht aus zwei Schiffswracks, die 1989 unterhalb des Corsair Riffs von der ortansässigen Taucherorganisation Association of Professional Divers (APDS) versenkt wurden. Gut 30 Jahre später sind die Wracks dicht von Korallen und Schwämmen bewachsen. Hier lebt eine Kolonie von gut zwölf Feuerfischen sowie andere bunte Fische und wirbellose Kleintiere. Runter geht es bis 24 m, daher sind die Wracks eher etwas für erfahrene Taucher. Aber auch dieser Spot ist ein gerne gewähltes Ziel für spektakuläre Nachttauchgänge.

30–40 Min. Anfahrt

Auf dem Tauchboot vor Beau Vallon

Dragon Teeth

Die „Drachenzähne" liegen gleich neben den Brissare Rocks und schauen nur knapp aus dem Wasser hervor. Sie sehen tatsächlich ein wenig aus wie scharfe Zähne, an denen die Brandung ordentlich Gischt hochwirft. Das Highlight hier sind die vielen Riff- und Großfische. Dazu gehören beispielsweise Schwarzspitzen-Riffhaie (*Carcharhinus melanopterus*) und riesige Muränen. Oft kommt eine Schule Büffelkopf-Papageifische (*Bolbometopon muricatum*) vorbei, Schwarze Makrelen (*Caranx lugubris*) und Stachelrochen gehören zum Programm. Wer in der richtigen Saison da ist und Wetterglück hat, sichtet vielleicht sogar einen Walhai (*Rhincodon typus*), den größten Fisch der Welt. Getaucht wir bis zu 20 m Tiefe, der Spot ist für Anfänger und Fortgeschrittene gleichermaßen geeignet.

Shark Banks

An den Shark Banks gibt es, obwohl der Name es vermuten lässt, nicht mehr viele Haie. Der Spot liegt auf halber Strecke zwischen Mahé und Silhouette und beschreibt das weit und breit flachste Gewässer. Hier tummeln sich reichlich Hochseefische, die in den Granitrinnen und Überhängen gut geschützt leben. Schulen von Gelbschwanz-Schnappern (*Ocyurus chrysurus*) gehören zu den Attraktionen, genauso wie Big Eyes (*Priacanthidae*), Barrakudas, Stachelrochen und – mit ein bisschen Glück – Riffhaie. Wie bei Dragon Teeth ist es nicht ganz ausgeschlossen, dass auch ein Walhai vorbeischaut. Die maximale Tauchtiefe liegt bei 30 m, für Anfänger ist der Spot nicht geeignet.

Viele Hochseefische

Unterwegs im Morne Seychellois National Park

Auch wenn die Küste von Mahé mit Postkartenbuchten und kristallklarem Wasser das eigentliche Ziel vieler Urlauber ist, so hat die Insel in ihrem Inneren einiges zu bieten. Dazu gehört zweifelsfrei der Morne Seychellois National Park. Auf der Karte kann man gut erkennen, welche Ausdehnungen er hat. Tatsächlich nimmt der mit 3.045 ha größte Nationalpark des Landes gut 20 % der Gesamtfläche von Mahé ein. Er wurde 1979 gegründet und ist nach dem Morne Seychellois, dem mit 905 m höchsten Berg der Seychellen, benannt. Innerhalb der Grenzen des Parks liegen Berge, Nebel- und Mangrovenwälder, einsame Pfade und frische, plätschernde Bäche und Flüsse. Hier kommt das Trinkwasser von Mahé her. Und wer

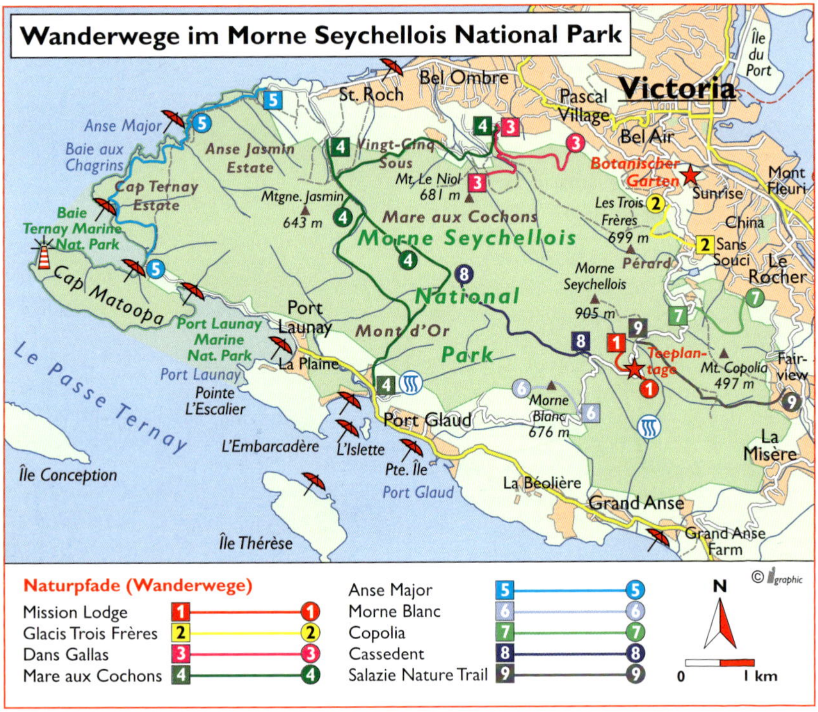

Wanderwege im Morne Seychellois National Park

auf der Sans Souci Road unterwegs ist, sollte sich nicht wundern, wenn hinter einer Kurve ein Auto parkt, umgeben von so vielen 20-l-Plastikflaschen, wie in den Kofferraum passen – und einer den Wasserfall am Straßenrand anzapfenden Familie. Es ist erlaubt, das Trinkwasser für den Haushalt direkt im Wald zu holen, günstiger ist es allemal.

Das Innere des Parks lässt sich nur auf Pfaden und Wanderwegen erobern (s. Karte oben). Ein wenig Nationalpark und Natur erschnuppern kann man bei einer Tour über die verschlungenen Serpentinen der **Sans Souci Road**. Diese führt von Victoria auf die andere Seite von Mahé und endet in Port Glaud an der Westküste. Die „sorgenfreie" Straße gehört zu den absoluten Highlights einer Mahé-Rundtour. Um zu ihr zu kommen, folgt man ab Victoria der Revolution Avenue und biegt dann bei der ersten Möglichkeit links ab in die Bel Air Road. Wer von Beau Vallon kommt, braucht nicht nach Victoria hineinzufahren, sondern biegt vorher rechts ab. Aus der Bel Air Road wird bald die Sans Souci Road. Mit dem Fahrrad ist die Strecke nur etwas für trainierte Bergziegen, auch muss oben immer mit Regen gerechnet werden. Der Bus Nr. 14 fährt ab Victoria Busbahnhof über die Sans Souci Road nach Port Launay. Wer ganz unabhängig sein will, nimmt ein Taxi oder leiht sich ein Fahrzeug für die **rund 45-minütige Inselquerung**. Anhalten lohnt

Straße als Highlight

Schon die Kleinsten helfen mit: kostenloses Trinkwasser direkt aus den Bergen, frisch gezapft an der Sans Souci Road

sich: Man passiert den Friedhof von Bel Air mit seiner geheimnisvollen Geschichte (s. S. 121), ein privates Schildkrötengehege, in das man hineinschauen kann, sowie etliche Aussichtspunkte mit Blicken über Victoria bis Eden Island und über die Westküste von Mahé. Nach jeder Kurve eröffnet sich ein beeindruckender Blick auf das Blau des Ozeans, das mit jedem Höhenmeter an Leuchtkraft gewinnt. Auch gehen von der Sans Souci Road Wanderwege ab, wie beispielsweise der Copolia oder der Salazie Nature Trail (s. S. 110). Parken kann man an den Einstiegen der Wege am Straßenrand. Weiter gen Westen folgen mit **Venn's Town** und der **Mission Lodge** (s. S. 109) ein Ausflug in die Geschichte sowie ein grandioser Aussichtspunkt, ein paar Fahrminuten später ein verwunschener Friedhof: der **Liberated Slaves Cemetery**. Einst hieß er Capucin Cemetery nach den Capucin-Bäumen, die hier standen. Der Friedhof wurde 1878 eröffnet und 1889 stillgelegt, als auch die Missionarsschule in Venn's Town geschlossen wurde. Begraben sind hier Kinder von Sklaven gleichermaßen wie Kinder der britischen Kolonialherren. Viele starben sehr jung an Krankheiten wie Diphtherie, Ruhr oder Blinddarmentzündung – die medizinische Versorgung war offensichtlich sehr bescheiden. Rund ein Dutzend Kindergräber sind erhalten geblieben und gewähren einen kleinen Einblick in das harte Leben der Seychellois im 19. Jahrhundert.

Grandiose Ausblicke

Es folgen ausladende Zitronengrasfelder, die einen angenehmen Geruch verbreiten. Linker Hand reichen bald Teesträucher bis an den Straßenrand, und die 1962 gegründete **Teefabrik** ist erreicht. Von hier stammt der „SeyTé – Island Tea", den es als reinen Schwarztee oder mit Vanille aromatisiert in den Supermärkten der Insel zu kaufen gibt. Die kleine Boutique und die Teefabrik wurden 2018 aufwendig renoviert. In der Boutique kann man an einer Teeverkostung teilnehmen.

Zitronengrasfelder

SeyTé Tea Factory, *Sans Souci Rd., ☏ +248-4378221. Mo–Fr 7–16 Uhr, Eintritt: 25 SR.*

Zur Westküste Ab der Teefabrik sind es noch rund 15 Min. bis zur Westküste. Die Straße schlängelt sich den Hang hinunter, von unten grüßt das weite Blau des Indischen Ozeans herauf. Man passiert einige Dörfer, bis man in Port Glaud auf die Küste trifft. Rechts geht es nach Port Launay mit dem Luxusresort Constance Ephelia. Die hiesige Bucht ist sehr ruhig und schön anzuschauen, das Constance Ephelia sorgt mit Wassersportmöglichkeiten sowie Speis und Trank dafür, dass den Strandläufern und Sonnenbadern nicht langweilig wird. Nach links kann man jetzt die Westküste Mahés bis zur Police Bay hinunterfahren .

Der Süden und der Westen

Die Ostküste von Mahé zwischen Victoria und dem Flughafen gibt kaum etwas her, was besuchenswert ist, abgesehen von Eden Island (s. S. 122). Die Strände laufen meist sehr flach ins Meer aus und sind höchstens für einen kleinen Spaziergang geeignet. Um sich einen Überblick zu verschaffen, sollte man sich zur **Aussichtsplattform von La Misere** begeben. Ab der Mont Fleuri Road nach rechts der in Serpentinen aufsteigenden La Misere Road folgen, bis auf der linken Seite der immer gut besuchte Aussichtspunkt folgt. Hier kann man anhand von angebrachten Karten und Fotos wunderbar die Umgebung und die vorgelagerten Inseln studieren.

Ab dem Flughafen und damit im Süden Mahés wird es wieder interessanter: Süden und Westen locken mit einigen Highlights – und die Strände gehören natürlich zum Pflichtprogramm.

Der Süden

Eine Tour in den Süden und Westen beginnt man am besten auf der gut ausgebauten Küstenstraße, die Victoria Richtung Süden verlässt. Dabei passiert man **New Port**, das wenig ansehnliche neue Hafengelände, wo die Kreuzfahrtschiffe ankern. Wer noch nicht fürs Picknick eingekauft hat oder noch ein paar Aspirin braucht, besucht mit dem **STC Hypermarket** (*www.stcl.sc, Mo–Sa 9–20, So 9–16 Uhr*) den größten Supermarkt der Seychellen. Hier gibt es alles, was des Urlaubers Herz begehren könnte, auch Geldautomaten sind vorhanden.

Hafengelände

Zwischenstopp auf Eden Island Den **Providence Highway** hinunter geht es vorbei an Eden Island (s. S. 122). Wer kurz in die hiesige Mall schauen will, fährt über die Brücke und ins Parkhaus. Die erste Stunde geht aufs Haus. Entlang des Highways gibt es einige Shops, Autohäuser und Unterkünfte, bald folgt linker Hand der internationale Flughafen. Auf den letzten rund 2 km Richtung Flughafen kann man, wie es die Seychellois tun, ordentlich Gas geben: Hier darf kurz mit 80 km/h „gerast“ werden, sonst nirgends. Vorbei am Kreisverkehr und dem Flughafen stehen rechter Hand auf dem Parkplatz kurz vor der Zementfabrik fünf Foodtrucks. Diese werden von den Flughafenmitarbeitern gerne in den Pausen aufgesucht, und auch als Urlauber sollte man sich durchaus an einen der Stände trauen. Es gibt Frühstück, Mittag- und Vorabendessen. Wie wär’s

Mahé Südteil
N
0
2 km
© graphic
Essen & Trinken
1 Bravo Restaurant
2 Chatterbox Café
3 Chez Plume
4 La Plaine St. André
5 Anchor Café – Islander Restaurant
6 Le Jardin du Roi
7 Surfer's Beach Restaurant
8 Villa Chez Batista Restaurant and Bungalows
9 Le Reduit
Nachtleben
1 The Boardwalk Bar & Grill
Unterkünfte
1 JA Enchanted Island Resort
2 Cerf Island Marine Park Resort Hotel
3 L'Habitation
4 Eden Bleu
5 Le Relax Hotel
6 Four Seasons
7 Kempinski Seychelles Resort
8 Lazare Picault Hotel
9 Li-Al-Do Maison Hotel
10 Villa Chez Batista Restaurant and Bungalows
11 Banyan Tree
12 Double Tree by Hilton
13 Demeure de Cap Maçon
Bel Air
Botanischer Garten
Sunrise
Mont Fleuri
Les Trois Frères 699 m
China
Sans Souci
Morne Pérard
Morne Seychellois 905 m
Mission Lodge
Le Rocher
Eden Island
Cerf Passage
Île au Cerf (Cerf Island)
Longue
Sainte Anne Marine Nat. Park
Sans Souci Rd.
Mont Copolia 497 m
Teeplantage
Brillant
Fairview
Providence
Petit Paris
Morne Seychellois National Park
La Misère
La Misère Road
Cap Ma Georgine
Île Anonyme
Seychelles International Airport (SEZ)
Île aux Rats
La Béolière
Grand Anse
New Savy 587 m
Cascade
Talbot
Anse Dejeuner
Grand Anse Farm
Mount Harrison 688 m
Île du Suète
Grand Anse
Barbarons
Dauban R.
Vacoa Nature Trail
Montagne Plateau 668 m
Les Dents 555 m
Pointe la Rue
Île aux Vaches
Barbarons Beach
Dans Galets
Anse aux Pins
Île Soleil
Barbarons 216 m
Capucins
Longue Mare
Anse aux Pins
L'Abendance
International Kreol Institute
St. Joseph
Montagne Posée Road
Bon Espoir
Anse Polite
Anse Boileau
Anse Boileau
Glacis
La Reserve Trail
Vilaz Artizanal (Craft Village)
Le Cap
Anse Louis
Anse Louis
Montagne Brulée 501 m
La Plaine St. André
La Salette
Anse aux Courbes
Pointe Au Sel
L'Esperance
Monte Cristo
Anse à la Mouche
Pointe au Sel
Les Canelles
Anse Royale
INDIAN OCEAN
Anse aux Poules Bleues
Anse à la Mouche
Les Canelles Road
Anse Soleil
Royal Spice Garden/ Le Jardin du Roi
Baie Lazare
Village
Anse Royale
Anse La Liberté (Petite Anse)
Le Désert 330 m
Val Mer
Val d'Endor
Anse Gaulettes
Val d'Endor
Baie Lazare
Anse Bougainville
Pointe Lazare
Maravi 221 m
Mont Parnel 378 m
Cap Lascars
Anse Takamaka
Quatre Bornes
Anse Forbans
Takamaka
Roche de l'Intendance
La Réduit
Anse Marie Louise
Anse Intendance
Beau Sejour 301 m
Pointe Capucins
Pointe Golette
Anse Capucins
Collines du Sud
Giraffe
Anse Corail
Pointe Cocos
Anse Bazarca
Police Bay
Petite Police
Pointe du Sud (Cap Malheureux)
Police Point

mit Rührei, gebackenen Bohnen und Wurst? Das Ganze kostet 35 SR, also gut 2,20 €. Oder einem Curry-Reis mit Chutney und Linsen für 60 SR? Die Portionen sind riesig und lecker. Wer sich nicht entscheiden kann, lässt sich kurzerhand von den netten Damen in den Foodtrucks beraten. Die Zementfabrik (*www.ucps.sc*) ist die einzige der Seychellen und ihr Inhaber ist mit der Zunahme der Touristenzahlen sehr reich geworden. Ab hier fahren seit 1970 Lkw in alle Himmelsrichtungen. Etliche beladen die Zement- und Baustoffschiffe, die bei Eden Island anlanden und täglich nach Praslin und La Digue schippern. Denn hier wird weiterhin heftig gebaut. Wer ein paar Tage auf der gegenüberliegenden Insel Cerf verbringt, wird sich schnell an das täglich brummende Werk gewöhnen.

Zementfabrik

Domaine de Val des Près/Vilaz Artizanal

Modellschiffbau auf der Domaine de Val des Près

Der Providence Highway wird jetzt zur East Coast Road und deutlich schmaler. Man passiert den Seychelles Golf Club und die schöne Anse aux Pins. Rechts biegt bald die Montagne Posée Road ab, die über die Berge und Bon Espoir an die Westküste Mahés führt. Geradeaus folgt auf der rechten Seite mit der **Domaine de Val des Près/Vilaz Artizanal** ein renoviertes Künstlerdorf samt Restaurant. In zwölf Holzhäusern, Künstlerkiosken, die rund um das historische Gutshaus „Grand Kaz" gruppiert sind, kann man die Kunst der Seychellen kennenlernen. Hier werden die bekannten Modellbauschiffe gebastelt, es wird gebatikt, geflochten und geschnitzt. Das um 1870 errichtete Gutshaus selbst ist als kleines **Museum** (Plantation House Museum) hergerichtet worden und verfügt über einen eigenen Kräutergarten. Hier kann man durch die Zimmer spazieren und sich anhand von zahlreichen Fotografien sowie Originalmöbeln ein Bild vom Leben der Plantagenbetreiber im späten 19. Jahrhundert machen. Eines der Holzhäuser ist das „La Kaz Rosa", ein typisches Beispiel für ein Arbeiterhäuschen – ganz aus Holz gefertigt – aus dem frühen 20. Jahrhundert. Im „Maison de Coco", dem Kokosnusshaus, findet man alles rund ums Thema. Das Restaurant Pomme Cannelle ist bekannt für sein ausgezeichnetes und günstiges kreolisches Buffet. Wer es eilig hat, kann sich auch etwas zum Mitnehmen einpacken lassen. Doch es lohnt sich, noch ein Weilchen dazubleiben und die nette Anlage auf sich wirken zu lassen.

Domaine de Val des Près/Vilaz Artizanal, *St. Roch Au Cap, 16 km südlich von Victoria, ☏ +248-4376100. Das Plantation House Museum und der Kräutergarten sind Mo–Fr 8.30–17 Uhr geöffnet, die Künstlerkioske Mo–Sa 9.30–18 Uhr. La Kaz Rosa kann man besuchen Mo–Fr 8.30–15 Uhr, das Restaurant ist tgl. 11–23 geöffnet, Eintritt überall frei.*

Trois Frères Distillery/Takamaka Rum

Nur einen Katzensprung entfernt folgt die **Trois Frères Distillery**. Hier wird der einzige originale Rum der Seychellen produziert, der **Takamaka Rum**. Bei 12.000–14.000 Besuchern pro Jahr kann es bei der Tour mit anschließender Rumverkostung schon mal recht voll werden. Noch gibt es keine deutschsprachigen Führungen, da aber 70 % aller Besucher aus Deutschland kommen, wird das sicher nicht lange auf sich warten lassen.

Früher gab es hier eine 60 ha große Plantage. Auf dem Gelände standen Kopraöfen und Destillen für Zimt und Patchouli, 2002 leaste die Familie D'Offay die Anlage für 50 Jahre und renovierte das alte Gutshaus La Plaine St. André. Jean-François Jorre de St. Jorre hatte es 1792 gebaut und nach seinem Geburtsort auf La Réunion benannt. Heute beherbergt das Gutshaus eines der bekanntesten und besten Restaurants der Seychellen. Auf einer Führung durch die Destillerie wird die Herstellung des Rums erläutert. Dass es überhaupt Rum von den Seychellen gibt, ist an sich schon eine Besonderheit. Denn anders als auf Mauritius gibt es auf den 115 Inseln keine nennenswerten Plantagen mit Zuckerrohr, dem Grundstoff des Rums. Also wird das Rohr aus Mauritius importiert und mit Melasse verschnitten. Drei Destillationen und eine Lagerung in Bourbonfässern aus den USA später werden daraus acht verschiedene Sorten Rum, die zu 60 % in den einheimischen Verkauf gehen. Gerne bilden sie die Grundlage von Cocktails in den hiesigen (Hotel-)Bars. Auch die stylishen Bars in Dubai stehen mittlerweile auf den Takamaka Rum. Warum das so ist, kann man am Ende der Tour bei einer Verkostung feststellen.

Zuckerrohr aus Mauritius

Trois Frères Distillery, *La Plaine St. André, ☏ +248-4283737, http://takamakarum.com. Die Destillerie- und Gartenführung findet normalerweise Mo–Fr um 11.30 und 13.30 Uhr statt. Den Abschluss bildet eine Rumverkostung im Shop, Tour inkl. Verkostung: 150 SR. Den Shop kann man Mo–Fr 9–16 und Sa 10–15 Uhr besuchen, für 100 SR wird eine Verkostung mit sechs Rumsorten angeboten. Das Restaurant La Plaine St. André und die Bar sind geöffnet Di–Sa 10–22 Uhr. Reservierung erbeten unter ☏ +248-2522112 oder online.*

International Kreol Institute

Wer sich für das kreolische Leben und vor allem für die Sprache, das Seselwa, interessiert, der plant einen Zwischenstopp im **International Kreol Institute** in Au Cap ein. Auf der linken Seite, zum Ozean hin, passiert man vorher die Ruine des The Reef Golf Club Hotels, in dem 1972 das Zeitalter des Tourismus auf den Seychellen im großen Stil eingeläutet wurde. Heute sieht man von der alten Pracht nicht mehr viel. Aber man kann an der schieren Größe der verfallenen Anlage erahnen, was hier geboten wurde: unter anderem 150 Doppelzimmer, ein Restaurant, eine Bar, eine eigene Terrasse für das Abendessen, ein Lesezimmer, eine riesige Lounge, Tennis- und Badmintonplätze, ein Neun-Loch-Golfplatz und natürlich ein Swimmingpool. 1997 musste das Reef wegen finanzieller Schwierigkeiten schließen, zurück blieb die heutige Ruine. Diese wartet seit mehr als 20 Jahren auf einen mutigen Investor. Das Kreol Institute leidet zum Glück nicht unter finanziellen

Ruine des Reef Hotels

Problemen. Vielmehr beschäftigt man sich in dem sehenswerten Gebäude, das 1920 als „St. Joseph" vom Plantagenbesitzer France Jumeau für seine Hochzeit gebaut wurde, intensiv und mit Unterstützung der Regierung mit der kreolischen Kultur. Der Architekt des Hauses war interessanterweise ein Deutscher: Alfred Leit verwirklichte seine Ideen großräumig, luftig und im französischen Stil. Ein Gang durchs Haus entführt Besucher in die kreolische Lebensart. Hinter dem Haus steht eine museumsreife Küche mit originalen Töpfen, Pfannen und anderen Küchenutensilien. Auf Kreolisch wird die Küche als „Lakwsin Tradisyonel Seselwa" bezeichnet, was auf den zweiten Blick nicht weit vom französischen Ursprung entfernt ist: „la cuisine traditionelle seychellois". Das International Kreol Institute, auf Seselwa „Lenstiti Kreol Enternasyonal", sorgt unter anderem mit einer großen Bibliothek für die Dokumentation des Kreolischen und setzt sich für seine Anerkennung als eigenständiger Sprache ein.

Kreolische Lebensart

International Kreol Institute, *Au Cap, ☏ +248-4376351. Das Haus als solches sowie eine kleine Ausstellung und die Bücherei kann man untertags besichtigen. Wer mehr über das Kreolische und die Forschung erfahren will, sollte im Vorfeld einen Termin für eine Führung ausmachen.*

Le Jardin du Roi

Nur noch wenige Fahrminuten sind es zu einer besonderen Attraktion auf Mahé, die man allein schon wegen der botanischen und kulinarischen Vielfalt nicht verpassen darf: **Le Jardin du Roi**. Auf dem weiteren Weg nach Süden nimmt man die nächste Abzweigung in die Berge, die Les Canelles Road, dann wieder links, den Schildern nach und einen steilen Berg auf einer schmalen Fahrspur hinauf. Dann ist man – 2 km von der Küste entfernt – mittendrin in einem 35 ha großen, beispielhaften Garten, wie ihn die Franzosen im 18. Jahrhundert in vielen Kolonien angelegt haben. Dabei ging es ihnen in erster Linie darum, mit dem eigenen Gewürzanbau zu werben und neue Kunden zu gewinnen. Die Anlage des Gartens geht zurück auf Pierre Poivre, dem in Victoria eine Büste gewidmet wurde. Er gilt als der Pionier des Gewürzanbaus auf den Seychellen (s. S. 118).

Verwunschene Pfade im Jardin du Roi

Die deutsche Autorin Dr. Heike Mallad, die auf Mahé ein Haus besitzt, findet auf ihrem Blog (*http://seychellen-inselglueck.de*) die richtigen Worte zur Beschreibung dieses wahrlich königlichen Gartens: „Ich weiß auch nicht, aber jedes Mal, wenn ich dort bin, findet mit mir, in mir eine seltsame Verwandlung statt. Ich fühle mich

Das Restaurant im Jardin du Roi serviert authentisches kreolisches Essen

wie in einer Art Zeitreise und bin plötzlich im 18. Jahrhundert gelandet. Hier oben unter den riesigen Bäumen – und erst hier verstehe ich, warum man von Urwaldriesen spricht – weht ein Hauch der guten alten Zeit. Kleine Pfade führen durch die Bepflanzungen, allesamt beschildert mit viel Wissenswertem rund um Gewächse und Gehölze. Viel Zeit kann man hier bei ausgedehnten Streifzügen durch das Grün verbringen – viel, viel Zeit. Irgendwann dann müde geworden, lädt das kleine koloniale Restaurant zu Erfrischungen ein. Wie wäre es mit einem Oktopussalat, mit einem Seafood-Gratin, mit geräuchertem Fisch zu lieblicher Mango, oder gar Fischsuppe und Gemüsecurry? Hier wird noch wirklich – also WIRKLICH – kreolisch gekocht; und es lohnt sich!“ In der Tat ist der Garten nicht nur ein Paradies für Botaniker und Naturliebhaber, sondern für jeden, der sich für die Seychellen interessiert. Es gibt einen ausgeschilderten „Garten-Spaziergang“, einen unbedingt begehenswerten Pfad durch den nahen Dschungel, beeindruckende Coco-de-Mer-Palmen inklusive, einen Rundweg durch die Heilpflanzen und geheimnisvolle Pfade in die Welt der umliegenden Hügel. Hier kann man locker einen halben bis ganzen Tag verbringen, ohne dass die Attraktionen ausgehen. Es gibt unterm Dach des Ticketbüros ein kleines Museum, in dem die Wirkungsweisen der hiesigen Pflanzen ausführlich beschrieben werden und einiges über den Garten als solchen erzählt wird, das alte und schön renovierte Gutshaus kann ebenfalls besichtigt werden. Im Ticketbüro erhält man eine Karte der Anlage sowie eine Liste mit den Namen der Pflanzen („Interesting Plants in the Garden“), die man hier kennenlernen kann. Diese werden auch auf Kreolisch benannt und bei den Heilpflanzen die medizinischen Einsatzmöglichkeiten vorgestellt. Für das Mittagessen sollte man sich das luftig-nette Restaurant nicht entgehen lassen, hier gibt es typisch kreolische Speisen. Am besten begleitet von einem Planters Fruit Cocktail mit frischem Obst aus dem Garten. Übrigens kommen so gut wie alle Zutaten für die Speisen aus dem eigenen Garten – außer dem fangfrischen Fisch natürlich.

Facettenreicher Garten

Le Jardin du Roi, *Domaine de L'enfoncement, ☏ +248-4371313. Tgl. 10–17.30 Uhr, Eintritt: 125 SR. Mittagessen 12–15 Uhr. Wer nur speisen will, der spart sich den Eintritt. Es wäre aber schade, wenn man sich den Garten entgehen lassen würde.*

Die Südspitze

Wer genug von der Südküste gesehen hat, der folgt jetzt der Les Canelles Road über die Berge Richtung Westküste. Es lohnt sich aber durchaus – vor allem wegen der wenig besuchten Strände –, bis in den Süden weiterzufahren und erst an der Anse Forbans die Insel auf der South Coast Road zu queren. Diese Strecke hat den Vorteil, dass man jetzt die Möglichkeit bekommt, bis in den tiefsten Süden von Mahé vorzudringen. Einfach ab der ersten Kreuzung in Quatre Borne an der South Coast Road links abbiegen, die Intendance Road hinunter. Diese führt zum gleichnamigen, gut besuchten Strand, der vom Banyan Tree Hotel umschlossen wird. Hier kurz vorbeischauen, dann weiter gen Süden auf der Grand Police Bay Road. Bald locken Postkartenstrände wie aus dem Bilderbuch, mit rauschender Gischt, toll anzuschauenden Granitfelsen und vor allem menschenleer. **Anse Corail**, **Anse Bazarca** und **Petite Police** heißen diese himmlischen Stückchen Erde an der Südwestküste. Hier endet die ausgebaute Straße. Mutige folgen dem Gässchen, das durch den dichten Bewuchs geschlagen wurde und erreichen bald die **Police Bay**. Hier kann man zwar wegen der starken Strömungen nicht baden – aber dieser Anblick! Der südlichste Punkt Mahés liegt noch ein Stückchen weiter südöstlich und heißt logischerweise **Point de Sud** oder **Cap Malheureux**. Zurück geht es über die Grand Police Bay Road bis zur Hauptstraße, dann Richtung La Reduit und Westküste.

Traumhafte Sandstrände

Der Westen

Die Westküste erreicht man an einem der schönsten Spots von Mahé, wenn nicht der gesamten Seychellen. Der Strand von **Anse Takamaka** ist genau das, wonach Seychellenurlauber suchen: ein sanfter Schwung weißesten Sandes, sachte abfallend ins Meer, von Granitfelsen begrenzt, umsäumt von Schatten spendenden Takamakabäumen. Und am Ende des Strands steht das Hotel Chez Batista Villas mit schönen Bungalows und einem guten Restaurant mit Aussicht (*www.chezba*

Das Chez Batista an der Anse Takamaka in der Abendsonne

tista.com). Überhaupt ist die Westküste Mahés **die Küste der schönen Strände**. Es gibt nur wenige Fischerdörfer, dementsprechend locker ist die Besiedlung. Wer hier mit öffentlichen Verkehrsmitteln unterwegs ist, sollte ein wenig mehr Zeit mitbringen als im Norden und Süden Mahés. Dafür lohnt es sich beinahe jederzeit, auszusteigen und ein wenig am Strand zu flanieren, oder einem Pfad in die Welt der Mangroven zu folgen. An der Westküste befinden sich mit die teuersten Strandresorts der Inneren Inseln. Diese haben klingende Namen wie Kempinski, Four Seasons, Maia, Avani Barbarons oder Constance Ephelia und umrahmen die schönsten Buchten. Aber jeder kann hier sein Stückchen Robinson-Crusoe-Paradies finden, ohne zu weit laufen zu müssen. Die Strandabschnitte, die nicht direkt mit dem Fahrzeug angesteuert werden können, gelten mit als die beeindruckendsten. Baden ist nicht überall problemlos möglich, die Warnschilder sollte man unbedingt beachten.

Teure Strandresorts

Beeindruckend ist aber nicht nur die Wild- und Unberührtheit der Westküste, sondern auch die Dichte an Künstlern. Man sollte sich ein wenig Zeit nehmen, um den eigenen Horizont zu erweitern. So lädt beispielsweise der Maler **Michael Adams** in sein Studio ein und berät seine Kunden persönlich. Der Bildhauer **Tom Bowers** arbeitet in seinem Garten und freut sich (fast) immer über Gäste aus dem Ausland, mit denen er plaudern kann. In den **Pineapple Studios** kann man sich ansehen und auch anprobieren, was Mahé an Geschneidertem zu bieten hat. Die bunte Beschilderung Richtung Anse Soleil weist auf ein komplettes Künstlerdorf hin, in dem man Studios und Ateliers besuchen sowie heimische und internationale Kunst anschauen kann.

Künstlereldorado

Nach einem Zwischenstopp an der Anse Takamaka geht es weiter auf der Hauptstraße, die jetzt West Coast Road heißt. Bald ist die **Baie Lazare** erreicht:

Blick auf die Bucht vor dem Four Seasons

Namens-geber Lazare Picault

kilometerlang, traumhaft und ein wenig Geschichte gibt es on top. Denn hier ging 1742 der französische Kapitän und Entdecker Mahés, Lazare Picault, erstmals an Land. Nach ihm wurde der Strand benannt. Es folgt der gleichnamige Ort, in dem man nach links abbiegen kann Richtung Four Seasons und Anse Soleil. Zahlreiche Künstler wie der einheimische Maler Donald Adelaide oder der Italiener Antonio Filippin laden hier in den Gassen dazu ein, ihre aktuellen Arbeiten kennenzulernen. Die West Coast Road entlang folgt linker Hand bald eine der Attraktionen Mahés, die nichts oder vielmehr kaum etwas mit dem Strandleben zu tun hat: das **Michael Adams Studio**.

„Gauguin der Seychellen"

Michael Adams wurde 1937 in Malaysia geboren und lebt seit 1972 mit seiner Familie auf Mahé. Der „Gauguin der Seychellen" gilt als der bekannteste Maler des Landes und wird weltweit ausgestellt. Doch auf einen eindeutigen Stil lässt sich die Malerei von Adams nicht festlegen, wie ein Besuch in seinem Studio zeigt. Sicher ist, dass er die Inspiration für seine Bilder, Postkarten, Siebdrucke und Kalender im täglichen Leben und in der unberührten Natur der Seychellen findet. Dementsprechend farbenfroh und lebendig, türkis bis azurblau ist seine Kunst. Mit ein bisschen Glück ist der Meister gerade vor Ort, macht eine Pause von der Staffelei und erzählt gerne etwas über sich, seine Kunst und seine Malerei. Hier bietet sich Besuchern eine gute Gelegenheit für ein farbenprächtiges Souvenir aus Mahé.
Michael Adams Studio, *Anse aux Poules Bleues, ☏ +248-4361006, www.michaeladamsart.com. Das Studio ist normalerweise geöffnet Mo–Fr 10–16 und Sa 10–12 Uhr, Eintritt frei.*

Die nächste Querstraße führt zu den **Pineapple Studios**. Hier gibt es Beach Wear, T-Shirts, sogenannte Resort Wear, Seifen, Taschen, Schmuck und Handwerkskunst – made in Seychelles. Bei Produktion und Fertigung werden ökologische Gesichtspunkte berücksichtigt wie beispielsweise die Verwendung von Bio-Farben. Auch fördern die Pineapple Studios die Gleichstellung von Frauen auf den Seychellen und unterstützen dementsprechende Projekte.
Pineapple Studios, *Anse aux Poules Bleues, ☏ +248-4361230, www.pineapplestudio.sc. Mo–Fr 9–17 Uhr, Eintritt frei.*

Kreolische Küche

Am nächsten Strand, der Anse à la Mouche, lädt das auf ganz Mahé bekannte und beliebte Familienrestaurant **Anchor Café & Islander Restaurant** zu einer kleinen Pause. Es ist erreicht, wenn man auf der rechten Straßenseite einen großen Anker im Garten liegen sieht. Hier wird klassisch kreolisch gekocht. Frisch gestärkt geht es weiter und rechts ab, die Les Canelles Road hoch. Dann wieder rechts halten, die Schilder zum Studio des britischstämmigen Bildhauers **Tom Bowers** sind nicht zu verfehlen. Über seinem Gartentürchen hängt eine Glocke, einfach läuten. Wenn Bowers Lust auf einen Plausch hat, dann kommt er und öffnet die Pforten zu seinem Reich.

Tom Bowers wurde 1936 in London geboren, studierte Grafik-Design, wurde bald bekannt als Fotograf und Art Director in der Werbung und dementsprechend gut gebucht. Als ihm der Stress in der umtriebigen Metropole zu groß wurde, gönnte er sich und seiner Familie 1981 einen Urlaub auf den Seychellen. Vorbilder waren der Schauspieler Peter Sellers und der Beatle George Harrison, die auf

Tom Bowers bei der Arbeit

Mahé Häuser hatten. Bowers verliebte sich sofort in die Inseln, verzichtete auf Fotografie und Werbung sowie seine Heimatstadt und zog 1986 mit Sack und Pack nach Mahé. Hier entdeckte er seine wahre Leidenschaft, die Bildhauerei – und ein Land, das ihn bis heute begeistert. Man sollte sich durchaus ein wenig Zeit nehmen für einen Besuch in seinem Garten, der gleichzeitig sein Atelier ist. Halbfertige Skulpturen warten auf die weitere Bearbeitung, neue Objekte werden gerade von ihm in Form gebracht, und fertige Bronzestatuen kann man vom Fleck weg kaufen. Dazu gehören barbusige Frauenfiguren und riesige Schildkröten genauso wie sich im Meer spiegelnde Fischer oder kokosnusspflückende Mädchen. Allerdings sollte man ein paar Tausend Euro dabeihaben. 2014 schuf Bowers im Auftrag der Regierung der Seychellen das Liberty Monument, das seitdem in der Hauptstadt Victoria steht. Seine Arbeiten sind einzigartig und auf der ganzen Welt zu finden. Den Weg von der ersten Idee bis hin zu den fertigen Bronzeskulpturen kann man in seinem Garten wunderbar nachspüren.

Freiheitsstatue für Victoria

Tom Bowers Sculpture Studio, *Santa Maria, Anse à la Mouche,* ☏ *+248-4371518. Normalerweise geöffnet Mo–Sa 10–16.40 Uhr. Ist der Künstler da, macht er meist auch das Gartenpförtchen auf.*

Zurück auf der West Coast Road führt die Strecke weiter gen Norden, bis es nicht mehr weitergeht – vorbei an Fischerdörfern, Resorts und Stränden. Beim Avani Seychelles Barbarons Resort & Spa an der Grand Anse kann man einem hoteleigenen Pfad in die Welt der Mangroven bis zum Strand folgen, sich in Port Launay vom dortigen Strand beeindrucken lassen, der vom Luxusresort Constance Ephelia gepflegt wird, und sich über eine schmale Gasse bis nach Baie Ternay in den Norden Mahés wagen – weiter geht es hier nicht. Wer die Sans Souci Road noch nicht erlebt hat, der sollte ab Port Glaud über die Berge zurück Richtung Victoria oder Beau Vallon fahren.

Mangrovenbäume

Reisepraktische Informationen Mahé

Information

Tourist Information Office, *Independence House, Independence Ave., ☏ +248-4610800, www.seychelles.travel, Mo–Fr 8–16.30, Sa 9–12 Uhr. Am internationalen Flughafen gibt es einen Ableger der Tourist Information, ☏ +248-4373136.*

Wichtige Telefonnummern

Polizei

Notfall: 999
Hotline: 133
Victoria: +248-4288000
Beau Vallon: +248-4288095
Anse Royale: +248-4288113

Seychelles Fire and Rescue Services

Notfall: 999

Krankenhaus

Notfall: 151
Seychelles Hospital: +248-4388000

Im Krankheitsfall

Seychelles Hospital *mit Zahnklinik, Mont Fleuri Rd., Victoria, ☏ +248-4388000, www.health.gov.sc*
Anse Royale, ☏ +248-4371222
English River, ☏ +248-4388595

Banken

In der Innenstadt von Victoria sind alle Banken vertreten, die auf den Seychellen ansässig sind oder hier eine Zweigstelle haben. Dazu gehören beispielsweise die **Mauritius Commercial Bank**, *die* **Bank of Baroda**, **Bank of Ceylon**, **Barclays Bank** *sowie die* **Bank Al Habib**. *Geldautomaten von diesen Banken gibt es in ausreichender Zahl auf den Hauptinseln Mahé, Praslin und La Digue. Für einen Aufenthalt auf einer der wenig besuchten Inneren oder der Äußeren Inseln sollte man sich vorher mit Bargeld eindecken.*

Unterkunft

Wohl 90 % aller Besucher der Seychellen haben im Vorfeld des Urlaubs ihre Unterkünfte gebucht. Wer ohne Buchung auf Mahé ankommt, sollte sich an das Personal des Tourist Information Office wenden und sich Tipps geben lassen. In der Hauptsaison ist es gut möglich, dass die gewünschte Unterkunft bereits ausgebucht ist. Um eine überflüssige Taxifahrt zu vermeiden, sollte man sich am besten telefonisch gleich nach dem aktuellen Stand erkundigen. An der Westküste befinden sich die exklusivsten und teuersten Unterkünfte auf Mahé. Dafür ist man recht weit ab vom Schuss – doch die nächste Bushaltestelle ist erfahrungsgemäß nicht weit. Meist ist das Frühstück – außer bei Selbstverpflegung – inklusive oder man kann es dazubuchen.

Victoria (Karte S. 113)
Für Urlauber gibt es eigentlich keinen Grund, in Victoria zu übernachten. Dafür sind die Unterkünfte, der Strand und die touristischen Attraktionen von Beau Vallon einfach zu nah. Wer trotzdem in der Hauptstadt stecken bleibt, findet hier ein brauchbares Dach über dem Kopf:
Bel Air Hotel (1) $$, *Bel Air Rd., ☏ +248-4224416, www.hotelbelair.sc. Das überschaubare Hotel befindet sich oberhalb von Victoria, am Anfang der Sans Souci Rd. 2013 wurde es komplett renoviert und bietet heute acht ordentliche Zimmer mit Aussicht.*

Eden Island (Karte S. 135)
Eden Bleu (4) $$$, *Eden Island, ☏ +248-4399100, www.edenbleu.com. Das einzige Hotel auf Eden Island ist so luxuriös, wie es der Name „Eden" verspricht. Hier kommen die Geschäftsleute unter, die in wichtigen Dingen auf Mahé unterwegs sind. Einen eigenen Strand gibt es nicht, aber dafür liegt die Shoppingmall Eden Plaza dem Hotel zu Füßen.*

Ste. Anne Marine National Park (Karte S. 135)
Auf Cerf und Round Island, den einzigen Inseln im Nationalpark, die Unterkünfte anbieten, gibt es keine Takeaways oder Restaurants. Einfacher und meist auch günstiger als à la carte im Resort zu speisen ist es, gleich Halbpension mitzubuchen. Wer nicht im Hotel essen will, muss sich entweder selbst verpflegen, was in der Luxusklasse aber nicht möglich ist, oder mit der Fähre nach Eden Island schippern – um dann ggf. nach Victoria zu fahren.
L'Habitation (3) $$–$$$, *P.O. Box 910, Cerf Island, ☏ +248-4323111. Das Haus im Kolonialstil liegt inmitten einer ehemaligen Kokosplantage und unmittelbar am Sandstrand von Cerf Island. Aus dem Fenster oder von der Terrasse schaut man über Eden Island nach Mahé. Die Anlage mit Pool ist schon ein wenig in die Jahre gekommen und die Mahlzeiten, die man als Halbpension dazubuchen kann, gehören nicht unbedingt zu den besten auf Mahé. Das hoteleigene Taxiboot fährt mehrmals täglich zwischen dem Eden Island Jetty und Cerf Island hin und her (ca. 10 Min.). Ja nach Tageszeit sind manche Fahrten kostenpflichtig (5 €), andere gehören zum Service.*
Cerf Island Marine Park Resort Hotel (2) $$$, *P.O. Box 1071, Cerf Island, ☏ +248-4294500, www.cerf-resort.com. Hier gibt es 24 nett ausgestattete Villen, locker auf dem Gelände verteilt und einen schönen Ausblick in den Nationalpark. Wer nicht zum Paddeln geht, um die Nachbarschaft zu erkunden, der kann am Infinity-Pool chillen oder einfach den Ausblick von der Terrasse genießen.*
JA Enchanted Island Resort (1) $$$, *Round Island, ☏ +248-4276767, www.jaresortshotels.com/en/seychelles/ja-enchanted-island-resort. „Hier heiraten Sie gut und luxuriös" könnte das Motto dieses Luxusresorts auf Round Island sein – der einzigen Unterkunft auf dem runden Inselchen. Und nach der Hochzeit kann sich das Paar im privaten Pool erholen oder sich im Spa verwöhnen lassen. Das alles kostet natürlich seinen Preis.*

Beau Vallon (Karte S. 127)
Divers Lodge Guest House (2) $–$$, *Rocca Mare, La Batie Rd., ☏ +248-4261222. Einer der Preisbrecher in Beau Vallon, die vier Zimmer oberhalb des Tauchcenters der Big Blue Divers sind in gutem Zustand und werden sauber gehalten. Jedes Zimmer hat einen Balkon mit Aussicht auf den Strand, der nur einen Steinwurf entfernt ist. Zum Ort Beau Vallon sind es rund 10 Min. zu Fuß.*

> ☞ **Tipp**
>
> **Beach House (3)** $–$$, Mare Anglaise, ☎ +248-2522010, www.choiceseychelles.com. Das im Preis-Leitungs-Verhältnis hervorragende Beach House liegt, lediglich durch die Straße getrennt, am Strand von Beau Vallon. Bis ins Dorf sind es nur ein paar Gehminuten. Die sieben Zimmer sind in mehreren Häusern untergebracht, haben eine Klimaanlage und die meisten davon eine Terrasse. Geleitet wird das nette und freundliche Haus von Cecile, die die Seele der Unterkunft ist: charmant, freundlich und vor allem eine ausgezeichnete Köchin. Man sollte es sich nicht entgehen lassen, sich von ihr oder ihren Kolleginnen kreolisch bekochen zu lassen. Und mit ein bisschen Glück darf man in die Töpfe gucken. Mindestaufenthalt: drei Nächte.

Beau Bamboo Guest House (4) $–$$, *Mare Anglaise, ☎ +248-2596748, http://beaubamboo.blogspot.com. Hier, in den zwei Apartments des Hauses, wohnt man kuschelig und mit Familienanschluss. Die Tidenzeiten werden auf einer Tafel festgehalten und nach ihnen kann man seinen Tagesablauf richten.*

Jessie's Guesthouse (8) $–$$, *Beau Vallon, ☎ +248-2534116. Nicht alle der einfachen Zimmer haben Klimaanlage, und durch die Lage direkt an der Straße kann es ein wenig laut werden. Dafür ist es nur ein Katzensprung bis zum Strand und Beau Vallon, der Garten ist schön grün und die Gastgeberin sehr umgänglich.*

Romance Bungalows (5) $$, *Beau Vallon, ☎ +248-4247732, www.romance-bungalows.com. Romantisch geht es hier weniger zu, aber die netten und luftigen sieben Zimmer mit Küche und eigenem Balkon sind ihren Preis wert. Zum Strand und nach Beau Vallon ist es nicht weit.*

Lemongrass Lodge (1) $$, *Mare Anglaise, ☎ +248-2578025, www.lemongrasslodge.sc. Die freundliche, familiäre Lodge mit ihrer Villa und drei Apartments mit Küche liegt am Hang oberhalb von Mare Anglaise. Vorteil ist, dass der Ausblick auf den Ozean wunderschön ist. Nachteil ist, dass man den Hang nach dem Strandbesuch wieder hinaufsteigen muss. Aber das lohnt sich.*

La Clef des Îles (6) $$–$$$, *Beau Vallon Beach, ☎ +248-2527100, www.clefdesiles.com. Das Clef des Îles, Maison d'hôtes, liegt direkt am Strand von Beau Vallon – näher geht es nicht und schon gar nicht zu diesem Preis. Vier Zimmer mit besten Aussichten gibt es, die Brandung rauscht, von nebenan ziehen die verlockenden Pizzadüfte des Baobab-Restaurants vorbei. Der Nachteil ist, dass Strandläufer und Sonnenanbeter einem quasi ins Apartment-Wohnzimmer schauen können.*

Hanneman Holiday Residence (7) $$–$$$, *Pascal Village Rd., Beau Vallon. ☎ +248-4249100, www.hanneman-seychelles.com/index_DE.html. Die gewaltige Villa liegt oberhalb von Beau Vallon, guter Ausblick ist garantiert. Die sieben Apartments sind modern eingerichtet und lassen für Selbstversorger kaum Wünsche offen.*

The H Resort (9) $$$, *Bel Ombre Rd., www.hresortseychelles.com. Richtung Bel Ombre, dem Nachbarort von Beau Vallon, wird es in Sachen Unterkunft deutlich schicker und teurer. Der Platzhirsch unter den stylishen Resorts ist das H Resort. Die beiden Restaurants des Hauses gehören mit zum Besten, was weit und breit zu finden ist, die Bungalows auch. Vom Strand ist man als Urlauber hier nur durch einen lockeren, halbhohen Zaun getrennt. Wer aber einen Bungalow mit privatem Pool hat, der mag vielleicht gar nicht erst an den Strand gehen.*

Einblick in das H Resort bei Beau Vallon

Nördlich von Beau Vallon (Karte S. 125)
Carana Beach Hotel (1) $$$, *P.O. Box 404, North Coast Rd., ☏ +248-4383333, https://caranabeach.com. Das schicke Hotel zum unbedingt besuchenswerten Strand (s. S. 134). 40 Chalets sind auf einem weitläufigen Gelände an der Küste untergebracht, zwölf davon haben einen privaten Pool – und glänzen mit einem unverbauten Blick auf den Indischen Ozean.*
Hilton Seychelles Northolme Resort & Spa (2) $$$, *North Coast Rd., Glacis, ☏ +248-4299000, www3.hilton.com. Ungemein schicker Ableger der Hiltonkette, ganz oben an der Nordküste Mahés. Das Haus nennt sich das „kleinste Hilton in der Hilton-Gruppe weltweit", will dem Ruf der Gruppe aber in nichts nachstehen. Zum noblen Haus gehören ein wunderbares Stück Strand, das man sich selten mit Nicht-Hotelgästen teilen muss, sowie gleich drei Restaurants. Man übernachtet in geräumigen Suiten und wandelt auf wunderschön polierten Holzböden.*

Morne Seychellois National Park (Karte S. 125)
Copolia Lodge (3) $$–$$$, *Sans Souci Rd., Bel Air., ☏ +248-2761498, www.copolialodge.com. Ganz weit oben liegt die Copolia Lodge, 15 Fahrminuten ab Victoria. Dafür schwebt man in den vier Zimmern und zwei Suiten im wahrsten Sinne des Wortes über den Dingen – nicht nur am Pool. Die Ausblicke in alle Richtungen sind unbezahlbar. Es ist deutlich kühler in den Bergen, was manchem Urlauber sicher entgegenkommt. Stammgäste sind Wanderer, die über die Pfadeinstiege ganz in der Nähe den Nationalpark erkunden.*
Le Sans Souci (4) $$–$$$, *Sans Souci Rd., ☏ +248-4225355, www.lesansouci.com. Das Haus ist nicht nur bekannt und beliebt wegen des grandiosen Ausblicks und der schön eingerichteten, großen Zimmer, sondern auch wegen der Eigentümer. Diese reißen sich für ihre Gäste so manches Bein aus, damit wirklich kein Wunsch offen bleibt.*

Süden (Karte S. 135)
Le Relax Hotel (5) $–$$, *Anse Royale, ☏ +248-4382900, www.lerelaxhotel.com. Das nette Haus mit traumhaftem Blick über den Badestrand Anse Royale und den*

Indischen Ozean Südosten sowie die kleine, vorgelagerte Insel Chauve Souris bietet ein gutes Preis-Leistungs-Verhältnis und ist eines von insgesamt sechs Le-Relax-Hotels auf den Seychellen. Wer den Weg zum Strand scheut – der sich auch gut zum Schnorcheln eignet –, verbringt den Tag auf der Hotelterrasse und am schönen Pool.

Demeure de Cap Maçon (13) $$, *Cap Maçon, Anse Forbans, ☏ +248-4363876, http://demeuredecapmacon.com. 150 m sind es zum Strand von Anse Forbans, sechs Suiten mit Klimaanlage stehen teilweise auf Stelzen in der 12 ha großen Küstenlandschaft, die die Anlage umgibt. Offensichtlich hat hier jemand ein Händchen für Architektur und Stil – das Gesamtbild überzeugt, grandiose Ausblicke sind inklusive.*

Double Tree by Hilton (12) $$$, *South Coast Rd., Anse Forbans, ☏ +248-4388800, http://doubletree3.hilton.com. Schöner Strand, schöne Zimmer, schönes Hotel. Allerdings gibt es in der Nähe keine Läden oder ähnliches, ein Leihwagen ist also eine gute Idee. Ansonsten kann man hier bei ungemein freundlichem Service prima ein paar Tage verbringen.*

Nordwesten (Karte S. 125)

Constance Ephelia (5) $$$, *Port Launay, ☏ +248-4395000, www.constancehotels.com. 120 ha große Anlage, die die gesamte Halbinsel einnimmt – mitsamt Mangroven, einzigartigen Stränden und Tierwelt. Hier bleiben keine Luxuswünsche offen. Schon bei der Buchung hat man die Qual der Wahl: einen der 42 „Tropical Garden Rooms", eine der 184 „Junior" und 40 „Senior Suiten", eine der 22 „Family Villas" oder eine der 16 „Beach" oder acht „Hillside Villas"? Reicht nicht? Dann bleibt nur noch die „Presidential Villa" ...*

Südwesten (Karte S. 135)

Lazare Picault Hotel (8) $–$$, *Baie Lazare, ☏ +248-2619021, www.lazarepicaulthotel-seychelles.com. Nette, familiäre Unterkunft mit reichlich Ausblick über der schönen Bucht von Baie Lazare. Einfach eingerichtet, aber den (recht günstigen) Preis wert.*

Villa Chez Batista Restaurant and Bungalows (10) $–$$, *Anse Takamaka, ☏ +248-4366300, www.chezbatista.com. Bei diesem Strand kann mit dem Hotel eigentlich gar nichts mehr schiefgehen. Elf Zimmer gibt es, Meerblick ist aber nicht immer garantiert. Dafür ist das Restaurant mit der ausladenden Terrasse da. Oder man lässt sich direkt am Strand nieder, was man sowieso machen sollte.*

Four Seasons (6) $$$, *Petite Anse, Baie Lazare, ☏ +248-4393000, www.fourseasons.com/seychelles. 67 geräumige Villen gibt es rund um den „kleinen Strand". Von denen merkt man aber kaum etwas. Das Gelände ist so weitläufig, dass die Villen mit dem elektrobetriebenen Golfcart angefahren werden. Wer Ruhe und Erholung sucht, trifft hier eine gute Wahl. Das Four Seasons hat ein eigenes Projekt ins Leben gerufen, um die Korallenwelt der Seychellen wiederherzustellen (s. S. 26) und tut einiges, um das Thema Ökologie voranzutreiben. So gibt es beispielsweise keine Plastikflaschen auf dem Gelände.*

Kempinski Seychelles Resort (7) $$$, *Baie Lazare, ☏ +248-4386666, www.kempinski.com/en/baie-lazare/seychelles-resort. Wunderschön eingebettet in die Landschaft liegt das Kempinski mit seinen geräumigen Zimmern, die entweder Hügel- oder Seeblick haben. Viel gelobt wird das hauseigene Spa, aber auch die guten Mahlzeiten und der herausragende Service sorgen für den guten Ruf des Hauses.*

Li-Al-Do Maison Hotel (9) $$$, *Anse Takamaka, ☏ +248-4366686, www.lialdomaison.com. Die luxuriöse Villa mit zwei Suiten liegt oberhalb der Anse Takamaka, 10 Min. sind es zu Fuß hinunter. Der Pool auf der ausladenden Terrasse mit grandiosem Ausblick ist riesig, die ganze Anlage ist geschmackvoll mit Hölzern gestaltet.*

Banyan Tree (11) $$$, *Anse Intendance, ☏ +248-4383500, www.banyantree.com. Vor dem Bungalow die beliebte Anse Intendance, im Bungalow kolonialen Luxus und hinter dem Bungalow dichter Dschungel. Hier lebt es sich wie zu den (guten alten) Zeiten der Briten. Die 54 Häuschen sind schlicht schick und stylish, luftig und schön eingerichtet.*

Restaurants

Victoria (Karte S. 113)

The Butcher's Grill (1) *Palm St., Block B, Unity House, ☏ +248-2781203. Der Butcher's Grill ist die seychellische Antwort auf Burger King, McDonald's und Konsorten. Die gibt es auf den Seychellen nicht, dafür die heimische Kette. Nur im Internationalen Flughafen bei den Abfluggates befindet sich ein kleiner Burger King. Mitbegründet wurde The Butcher's Grill von Achille Corgat, dem Managing Director des Fleischgroßhändlers „Fresh Cuts". Der Ur-Burger befindet sich in Victoria gegenüber dem Busbahnhof und zieht seit Jahren Burgerfreunde an. Natürlich gibt es auch Genüsse aus der kreolischen Küche. An der Mont Fleuri Road existiert seit Kurzem ein schicker Ableger der Burgerbraterei.*

Taste of Italy (2), *Market St., ☏ +248-4325545. Höchste Zeit für einen originalen italienischen Espresso und ein Croissant nach dem Marktbesuch? Dann ist das Taste of Italy die richtige Wahl. In italienischem Ambiente werden auch Snacks und kleine Mahlzeiten gereicht.*

Kaz Zanana (3), *Revolution Ave., ☏ +248-4324150, http://kazzanana.letseat.at. Wie das Marie-Antoinette (s. u.) untergebracht in einem Kolonialhaus und für manche das beste Restaurant in Victoria. Am besten probiert man beide mal aus und bildet sich eine eigene Meinung. Das Kaz Zanana kann damit punkten, dass George Camille, einer der bekanntesten Künstler der Seychellen, das Haus selbst renoviert hat und sich hier seine Galerie befindet.*

Marie-Antoinette (4), *Serret Rd., ☏ +248-4266222, www.marieantoinette.sc/en/home/index.php. Wer kreolisch speisen will, darf sich das Marie-Antoinette oberhalb von Victoria nicht entgehen lassen. Serviert wird in einem mehr als 100 Jahre alten historischen Holzhaus in „rustikalem" Umfeld. Auf den Tisch kommen seit 1972 die Köstlichkeiten der seychellischen Küche: vom fangfrischen Fisch über Curry bis hin zu karamellisierten Bananen.*

Tipp

Alson Takeaway (5), Ex-Hassan Ali Building, Francis Rachel St., ☏ +248-2781390. Takeaways gibt es viele in Victoria und auf den Inseln der Seychellen. Auch die Einheimischen ziehen es mittlerweile vor, sich mittags nicht mehr von Muttern bekochen zu lassen, sondern die Mahlzeit auf die Hand beim Takeaway zu holen. Alson ist solch ein Takeaway, an dem sich die Büromenschen der Innenstadt ihren Lunch besorgen. Urlauber sollten sich hier hineintrauen. Auch wenn die Umgebung und der Zugang – ehrlich gesagt – nicht sonderlich vertrauenserweckend aussehen. Aber der Weg durch den engen Gang lohnt und die Mahlzeiten sind sehr schmackhaft – günstig sowieso.

Eden Island (Karte S. 135)

Bravo Restaurant (1), *Eden Island, ☏ +248-4346020, www.facebook.com/bravorestaurant1. Beliebtes Open-Air-Restaurant direkt an der Marina von Eden Island. Die Küche ist italienisch angehaucht und absolut brauchbar. Besonders beliebt sind die Burger, die man bei einem kalten Bier und dem schönen Ausblick auf die Katamarane nebenan genießen kann.*

Chatterbox Café (2), *Shop 32, Eden Plaza., ☏ +248-4346136, www.facebook.com/Chatterboxsey?_rdc=1&_rdr. Wer das dringende Verlangen nach einem Tässchen Illy-Kaffee hat und Sehnsucht nach ein wenig Coffeeshop-Atmosphäre, der ist im Chatterbox Café richtig. Die Einrichtung ist unerwartet hip, bunt und originell, fast schon europäisch großstädtisch. Die Speisekarte ist ausladend und bietet reichlich Abwechslung. Das Bier ist kalt, kommt in großen Gläsern und ist für seychellische Verhältnisse günstig.*

Beau Vallon (Karte S. 127)

Baobab Pizzeria (1), *North Coast Rd., ☏ +248-4247167. Um die Baobab Pizzeria kommt man in Beau Vallon nicht herum. Einerseits ist die Lage der Pizzeria direkt am Strand spitze und der Sonnenuntergang von hier aus sehenswert. Andererseits sind die Mahlzeiten erstklassig. Highlight ist die Pizza Maison mit frischem Thunfisch, am besten begleitet von einem Palmenherzensalat – lecker. Alles ist recht günstig, der Service schnell und freundlich. Am besten vor 18 Uhr da sein, dann folgt der tägliche Ansturm und die Sitzplätze werden knapp.*

Boat House (2), *North Coast Rd., ☏ +248-4247898, www.boathouseseychelles.com. Das Boat House ist ohne Übertreibung das Unterhaltungszentrum der gesamten Nordküste Mahés. Hier, gerne an der bootsförmigen Bar, kommen schon tagsüber die Nachtschwärmer zusammen, um das eine oder andere Kaltgetränk sowie so manchen Cocktail zu vernichten. Neben der gut besuchten Bar gibt es in dem offenen Holzhaus ein Restaurant, das jeden Tag ein kreolisches Buffet mit gut 20 Gerichten anbietet. Was gut ankommt – bei Urlaubern und Einheimischen, die den Tag am Strand verbringen. Das Treiben dort kann man von der Bar aus gut beobachten. Wer mehr Ausblick will, sucht sich einen Tisch im ersten Stock.*

Mahek (3), *im Coral Strand Hotel, Coral Strand Rd., ☏ +248-4291000, www.coralstrand.com/dining/restoran-mahek.php. Das Mahek gehört zum Coral Strand Hotel und bietet indische Küche auf feinem Niveau. Der Knaller ist, dass das einigermaßen preiswerte Restaurant direkt am Strand von Beau Vallon zu finden ist. Indisch speisen mit Aussicht also.*

La Perle Noire (4), *Coral Strand Rd., ☏ +248-4620220. Italienische und internationale Küche stehen auf der Speisekarte dieses Restaurants, das sich im mediterranen Look zeigt. Der Außenbereich befindet sich in einem saftiggrünen Garten, die Innenräume sind klimatisiert. Etliche Stammkunden geben sich hier die Klinke in die Hand.*

Sun Coco Pizzeria (5), *Coral Strand Rd., ☏ +248-4285563. Der Name verrät es: Hier gibt's Pizza. Die ist gar nicht mal schlecht – es gibt sie aber leider nur auf die Hand. Viele Einheimische und Angestellte der nahen Hotels decken sich hier für das Mittagessen ein.*

Eden & Trader's Vic (6), *im The H Resort, Beau Vallon Beach, Bel Ombre Rd., ☏ +248-4387000, www.hresortseychelles.com/services/gastronomy/restaurant-and-bar/eden, www.hresortseychelles.com/services/gastronomy/restaurant-and-bar/trader-vics-seychelles. Das H Resort gehört mit zum Besten, was Mahé zu bieten hat. Dasselbe gilt für die beiden hauseigenen Gastronomien. Das schicke Eden mitten im grünen Garten und das stylishe Trader's Vic am Strand fordern einen Dresscode ein: „No beachwear, sleeveless shirts or flip-flops", was auf „Fine Dining" hinweist. Aber den erwartungsgemäß nicht ganz günstigen Luxus sollte man sich einmal gönnen.*

The Copper Pot (7), *etwas versteckt, gegenüber der Tankstelle Beau Vallon Petrol Station, St. Louis Rd., ☏ +248-2768323. Kein Geheimtipp mehr, aber die indischen Mahlzeiten im Takeaway Copper Pot sind immer noch den Aufwand wert, in der kleinen Gasse gegenüber der Tankstelle gefunden zu werden. Es soll Urlauber in Beau Vallon geben, die nur noch hier speisen – jeden Mittag.*

Norden (Karte S. 125)
Rockpool Seafood Bar & Grill (1), *Vista do mar, Glacis, ☏ +248-2829193, www.facebook.com/Rockpool2016. Kreolische und italienische Küche, am besten genossen bei einem grandiosen Sonnenuntergang. Das Rockpool ist ein paar Kilometer von Beau Vallon entfernt, lohnt aber die Anfahrt – allein schon wegen der Atmosphäre.*

Süden (Karte S. 135)
La Plaine St. André (4), *La Plaine St. André, ☏ +248-2522112, http://takamakarum.com. Im Grande Maison auf dem Gelände der Plaine St. André mit der Takamaka Rumdestillerie befindet sich eines der besten Restaurants der Seychellen. Die belgische Küchenchefin Christel Verheyen sorgt voller Energie dafür, dass die Speisekarte nie langweilig wird – mittags und abends.*
Le Jardin du Roi (6), *Domaine de L'enfoncement, ☏ +248-4371313. Das Restaurant im Jardin du Roi ist einer der wenigen Orte auf Mahé, wo es noch wirkliche und echte kreolische Küche gibt. Fans kommen von nah und fern und nicht nur, um den grandiosen Ausblick auf die Küste zu genießen. Etliche der Zutaten für die Köstlichkeiten kommen aus dem eigenen Garten.*
Surfer's Beach Restaurant (7), *Anse Parnel, ☏ +248-2783703, www.surfersbeach.sc. In entspanntem Umfeld und mit Blick aufs Meer – wie es sich für ein Surfer-Restaurant gehört – kann man hier ein paar nette, luftige Stunden verbringen.*

Nordwesten (Karte S. 125)
Delplace Bar and Restaurant (2), *Port Launay Rd., Port Glaud, ☏ +248-2814111, www.facebook.com/delplacerestaurant. Das Delplace befindet sich direkt am Wasser und in einer kleinen Bucht. Dazu kommen noch ein schöner Ausblick auf die nahen Inseln L'Ilette und Île Therese und mit ein bisschen Glück ein schöner Sonnenuntergang. Dass wirklich alles stimmt, dafür sorgt auch die Auswahl an Speisen.*

Südwesten (Karte S. 135)
Chez Plume (3), *Anse Boileau, ☏ +248-4355050, www.aubergeanseboileau.com. Gut und einigermaßen günstig, es kommt auch mal ein Flughund-Curry aus den Töpfen auf den Tisch. Der Service ist gut und zuvorkommend.*
Anchor Café – Islander Restaurant (5), *Anse à la Mouche, ☏ +248-4371289. An diesem Familienrestaurant kommt keiner vorbei, der mit einem kleinen oder großen Hunger an der Westküste aufschlägt. Für viele Besucher ist das Open-Air-Restaurant schlicht die Nr. 1 an der Westküste. Eine Spezialität des Hauses ist der „Blackened Fish" direkt vom Grill.*
Villa Chez Batista Restaurant and Bungalows (8), *Takamaka, ☏ +248-4366300, www.chezbatista.com. Hier kommt zusammen, was zusammen gehört: ein brauchbares Restaurant und ein wunderbarer Strand, den man von der Terrasse aus überblickt. Ein sehr guter Ort zum Chillen und Essen.*

Le Reduit (9), *Quatre Borne, Takamaka, ☏ +248-4366l160. Etwas versteckt im grünen Dschungel des Inlands und einen steilen Hang hoch befindet sich das nette Restaurant. Es bietet neben guter kreolischer Küche auch einen wunderbaren Ausblick und eine sehr familiäre Atmosphäre.*

Nachtleben

Wer wegen des Nachtlebens nach Mahé kommt, der hat wohl etwas falsch gemacht. Denn davon gibt es schlicht nicht viel. Die meisten Besucher halten sich an die Bars in ihren Hotels oder Resorts. Wer ein wenig Abwechslung sucht, wird sich wohl Richtung Beau Vallon (Karte S. 127) bewegen müssen. Denn hier ist noch am meisten Unterhaltung zu finden: Das **Boat House (1)** *ist immer und täglich ein gerne besuchter Anlaufpunkt. Je später der Abend, desto mehr Leute zieht es in die nahe Disco* **Tequila Boom (2)** *im benachbarten Bel Ombre (☏ +248-2525127, www.facebook.com/Tequila-Boom-184803051890382/?rf=228473533887730). Wer auf Eden Island residiert oder die Anfahrt nicht scheut, ist vor allem am Freitagabend im* **The Boardwalk Bar & Grill** *(1 auf Karte S. 135) für einen Cocktail oder ein spätes Bier mit guten Gesprächen bestens aufgehoben (☏ +248-4346622, www.facebook.com/theboardwalksez).*

Einkaufen

Auf Mahé gibt es wahrscheinlich Hunderte von Shops, meist in indischer Hand. Diese sorgen in den Dörfern für den täglichen Bedarf und haben lange Öffnungszeiten. Wer Sehnsucht nach Dingen aus der Heimat hat, wie beispielsweise Nespresso-Kapseln oder belgischem Bier, der sollte in den ISPC-Supermärkten stöbern gehen:

ISPC Supermarket Fresh Victoria, *Manglier St., Victoria, ☏ +248-4325559, Mo–Sa 8–18 Uhr.*

ISPC Supermarket Fresh Beau Vallon, *North Coast Rd., Beau Vallon, ☏ +248-4247575, Mo–Fr 9–19, Sa 9–18 Uhr.*

ISPC Supermarket Fresh Anse Royale, *East Coast Rd., Anse Royale, ☏ +248-4389200, Mo–Fr 9–19, Sa 9–18 Uhr.*

Andere Supermarktketten sind **Kannus** *und* **STC**. *Auf Eden Island gibt es einen SPAR-Markt:* **SPAR**, *Eden Plaza, Eden Island, ☏ +248-2514068, Mo–Do 9–20, Fr/Sa 9–22, So 8–14 Uhr.*

Antigone Bookshop, *Victoria House Arcade, Victoria, ☏ +248-4225443, Mo–Fr 9–16.30, Sa 9–12.30 Uhr. Recht gut sortierte Buchhandlung mit reichlich Literatur über die Seychellen, Flora, Fauna und Geschichte. Antigone hat auch einen Ableger am Internationalen Flughafen, ☏ +248-4373590, www.facebook.com/pg/antigonebookshop/about.*

Märkte

Den muss man gesehen haben, am besten am Samstagvormittag: **Sir Selwyn Selwyn-Clarke Market**, *Market St., Victoria, ☏ +248-4324666, Mo–Fr 7–17.30, Sa 6–14 Uhr.*

Ausflüge

Teddy's Glass Bottom Boat, *Mare Anglaise, ☏ +248-2511198. Gehört zur Diver's Lodge bei Beau Vallon und bietet Ausflüge mit dem Glasbodenboot in die Unterwasserwelt.*

Tauchen/Schnorcheln

Blue Sea Divers, *North Coast Rd., Beau Vallon, ☏ +248-2526051, http://blueseadivers.com. Genießt nicht ohne Grund einen ausgezeichneten Ruf (s. S. 128). Ein Tauchgang kostet 50 €, es gibt Pakete. Für den PADI Open Water Diver zahlt man 480 €.*
Big Blue Divers, *Mare Anglaise, ☏ +248-2511103, www.bigbluedivers.net. Hat ein ähnliches Angebot wie die Blue Sea Divers und fährt dieselben Spots an.*
Dive Resort Seychelles, *Anse à la Mouche, ☏ +248-4372057, www.diveresortseychelles.com. Zu dem Platzhirsch an der West- und Südküste gehören drei Tauchcenter: Im Four Seasons, dem Kempinski und dem Avani. Das Preisniveau ist relativ hoch, aber immerhin werden 16 Tauchspots angefahren.*

Golf

Seychelles Golf Club, *P.O. Box 2095, Anse aux Pins, ☏ +248-2781902, www.sgc.sc. Neun-Loch-Platz an der Ostküste, Gäste sind willkommen.*

Reiten

Turquoise Horse Trails, *West Coast Rd., Barbarons, ☏ +248-2638850, www.turquoisehorsetrails.com. Ein 1-stündiger Ritt am Strand kostet 90 € p. Pers.*

Flüge

Der **Seychelles International Airport** *oder Aéroport International de Seychelles (SEZ) ist der einzige internationale Flughafen der Seychellen. Er liegt etwa 11 km südlich der Hauptstadt Victoria. Ab hier gibt es regelmäßige Verbindungen nach Afrika, Asien, Europa und dem Mittleren Osten, und er ist die Drehscheibe für den Flugverkehr auf den Seychellen (S. An- und Abreise, s. S. 54).*

Fährverbindungen/Katamarane

Die drei Hauptinseln werden regelmäßig und mehrmals täglich ab dem Fähranleger im Hafen von Victoria bedient.
Zwischen Mahé, Praslin und La Digue verkehrt:
Cat Cocos, *Inter-Island Quay Sales Office, ☏ +248-4297074, www.catcocos.com.*
Von Praslin nach La Digue ist man unterwegs mit
Inter Island Ferry, *Baie Ste. Anne, Praslin, ☏ +248-232329, www.seychelles.net/iif.*

Kreuzfahrtschiffe

Die auf den Seychellen anlandenden Kreuzfahrtschiffe ankern im New Port von Victoria. Wer mehr wissen oder einem Schiff beim Einlaufen zuschauen will, kann sich hier schlaumachen: www.cruisetimetables.com/cruises-to-mahe-seychelles.html.

Mietwagen

In so gut wie jeder Pension, Guesthouse oder Hotel kann man sich auf Mahé einen Mietwagen besorgen (lassen). Eine gute Adresse ist:
Summer Rain Tours, *Rue Diolinda, Victoria, ☏ +248-4373135, https://b-m.facebook.com/SummerRainTours.*

Auch am internationalen Flughafen sowie dem Fähranleger nach Praslin und La Digue gibt es Mietwagenanbieter.

Ab hier geht's um die ganze Insel: Busbahnhof in Victoria

Busse

Am Busbahnhof von Victoria

Mahé kann man hervorragend mit dem öffentlichen Bus erkunden. Den aktuellen Fahrplan der einzelnen Linien, die so gut wie alle Dörfer der Insel anfahren, gibt es online bei der **Seychelles Public Transport Corporation** *(SPTC): www.sptc.sc. Ansonsten ist der Busbahnhof in Victoria ein guter Anlaufpunkt, um sich über die Möglichkeiten zu informieren. Ein Plan mit den wichtigsten Buslinien von Mahé findet sich auf S. 62.*

Taxis

Es gibt, so heißt es, gut 400 Taxis und Taxifahrer auf Mahé. Da ist es, zumindest während des Tages, kein Problem, ein Taxi am Straßenrand heranzuwinken oder sich von der Hotelrezeption rufen zu lassen. Die Online-Plattform www.seychellespromo.com/guide/Transportations/taxis-31.html stellt etliche Taxifahrer auf den verschiedenen Inseln vor. Hier zwei sehr freundliche Taxifahrer, die man telefonisch buchen kann:

Nicholas Transport Service, ☏ +248-2595882

Marlon, ☏ +248-2526770

Sightseeingtouren

Creole Travel Services, *Orion Building, P.O. Box 611, Victoria, ☏ +248-4297000, www.creoletravelservices.com. Hat auch ein Willkommensbüro am Internationalen Flughafen und ist auf den drei wichtigen Inseln mit Büros vertreten.*

Dasselbe gilt für **Mason's Travel**, *Revolution Ave., Victoria, ☏ +248-4288888, http://masonstravel.com und* **7 South**, *Kingsgate House, Independence Ave., Victoria, ☏ +248-4292800, www.7south.net.*

Daneben gibt es zahlreiche kleinere Anbieter. Am besten erkundigt man sich in der Pension, dem Hotel oder in der jeweiligen Touristeninformation, wer empfehlenswert und zuverlässig ist.

Ein anerkannt guter Guide und Taxiunternehmer ist **Michael Thomas**, *☏ +248-2630481, www.seydiscoverytour.de. Der Seychellois kam 2007 nach Nürnberg, blieb sechs Jahre und lernte die deutsche Sprache. Seit 2016 arbeitet er als selbstständiger Tourguide und Taxifahrer. Er bietet Inseltouren auf Deutsch, Englisch und Französisch an. Auch Wanderungen, Bootstouren, BBQ und Hochseefischen hat er im Angebot.*

5. PRASLIN

Überblick

Telegramm Praslin	
Name	Praslin
Größe	10x3,7 km, 38 km²
Einwohnerzahl	ca. 8.600
Größte Siedlungen	Baie Ste. Anne (Hauptort), Grand Anse
Höchste Erhebung	Fond Azore mit 367 m
Verkehrsmittel	Bus, Taxi, Leihwagen, Fahrrad
Besonderheit	Heimat der Coco de Mer, Katamarane nach Mahé und La Digue

Redaktionstipps

- Ein Muss: ein Besuch im **Vallée de Mai** (s. S. 168)
- Die Qual das Wahl: die Spitzenstrände **Anse Lazio** oder **Anse Georgette** (s. S. 157, 160, 162, 166/167)
- Stylishes Nachtleben: die „**Chill Out**" **Tapas Lounge Bar** an der Anse Volbert (s. S. 168 u. 177)
- Beste **Aussichten**: von Zimbabwe aus nach unten schauen (s. S. 167)
- Beste **Ausflüge**: mit dem Boot auf die Nachbarinseln (s. Kap. 7, ab S. 201)

Praslin ist die zweitgrößte Insel der Seychellen und liegt 45 km nordöstlich der Hauptinsel Mahé. 8.600 Menschen leben hier auf bergigen 37,56 km². Entdeckt wurde die Insel durch Lazare Picault, der auch schon Mahé schon für die französische Krone ausfindig gemacht hatte. Auf seiner zweiten Expedition 1744 nannte er das spätere Praslin „Îsle des Palmes" („Palmeninsel"). Kein sonderlich origineller Name für eine Insel, die von Palmen bestanden war. Und er sollte auch nicht lange halten: 1768 wurde die Palmeninsel umbenannt in Praslin – nach dem damaligen Marineminister, dem Duc de Praslin. Er war am Ruder, als die Franzosen an der auch heute noch so genannten „Anse Possession", der „Bucht der Inbesitznahme", die Insel für sich beanspruchten.

Naturliebhaber und Wanderer finden auf Praslin ein kleines Paradies. Es gibt zahlreiche mehr oder weniger spektakuläre Pfade, die die Insel queren oder von einer sehenswerten Bucht zur anderen führen. Mit ein bisschen Glück kann man seltene Vögel sehen und mit noch mehr Glück vielleicht den nur hier heimischen „Black Parrot", den Seychellenpapagei (bzw. Seychellen-Vasapapagei) hören. Wenigen allerdings ist es vergönnt, ihn zu sehen. Das Highlight auf Praslin ist jedoch unbestritten eine ganz besondere „Nuss", die riesige Coco de Mer. Es gibt sie in der Natur nur hier und auf Curieuse. Zu ihrem legendären Ruf trägt aber auch ihr Aussehen bei, erinnert sie in ihrer Form doch stark an einen weiblichen Schoß. Am besten kann man die Coco de Mer in einem der beiden UNESCO-

Coco de Mer

Weltnaturerbestätten der Seychellen kennenlernen, dem unbedingt besuchenswerten Vallée de Mai.

Daneben gibt es **reinweiße Sandstrände** wie die berühmte Anse Lazio und die Anse Georgette, die von Profis regelmäßig in die Top Ten der schönsten Strände der Welt gehoben werden. Auch die Inseln um Praslin herum sind einen Besuch wert. Hier findet man **Naturschutzgebiete** mit bedrohten Tier- und Pflanzenarten, die sich unberührt vom Lauf der Welt entwickeln konnten. Da gibt es Cousin und Cousine, Curieuse, St. Pierre, Aride und natürlich La Digue (s. Kapitel 6 und 7) – ihr Ruf eilt ihnen voraus.

Die Strände von A bis Z

info

Anse Boudin: Liegt im Nordwesten der Insel und gleich gegenüber, quasi als „Eyecatcher", die dicht grün bewachsene Insel Curieuse. Der Strand selbst glänzt mit feinstem Sand und reichlich Schatten unter den Kokosnusspalmen. Hier kommt man vorbei auf dem Weg zum berühmteren Strand von Anse Lazio – aber vielleicht sollte man am Strand von Anse Boudin schon die Zelte aufschlagen.

Anse Consolation: Ganz im Süden von Praslin befindet sich die kleine Bucht, die vor 2016 noch mit ihrer bunten Korallenwelt glänzen konnte. Seit der Korallenbleiche allerdings ist es unter Wasser deutlich farbloser geworden, schwimmen aber kann man immer noch prächtig.

Anse Georgette: Vielen Insidern gilt die Anse Georgette als einer der schönsten Strände der Seychellen, schöner noch als die Anse Lazio. Schwimmen allerdings ist wegen der starken Strömung und der hohen Wellen nicht immer möglich. Zum Geheimtipp gehört der erschwerte Zugang über das Constance Lémuria Resort. In der Hochsaison muss man sich über sein Hotel ein paar Tage vorher bei der Rezeption des Lémuria anmelden und eine Besuchszeit zuteilen lassen. Erst dann darf man offiziell das Hotelgelände und den Golfplatz queren, um in rund 45 Min. am Traumstrand zu landen. Wer das umgehen will, kann den Wanderweg ab Anse Lazio nehmen oder mit den öffentlichen Bussen bis zur Endhaltestelle Mont Plaisir fahren. Auch der Leihwagen kann neben der Haltestelle abgestellt werden. Ab hier führt eine rund 1-stündige Wanderung am Lémuria vorbei zur Anse Georgette. Der Weg ist nur teilweise ausgeschildert, man sollte also ein wenig Zeit und Pioniergeist mitbringen.

Anse Gouvernement: Liegt ganz am östlichen Ende der Côte d'Or, der Strandspaziergang lohnt sich. Hier in der kleinen Bucht geht es beschaulich zu, das Wasser ist ruhig und glasklar.

Anse Kerlan: Zusammen mit der Petit Anse Kerlan gehört das Stückchen schöner Strand zum Constance Lémuria Resort. Dementsprechend ist hier wenig los – Zeit zum Relaxen.

Anse La Blague: Der Strand im Osten von Praslin gilt als der unberührteste der Insel. Was sicher auch daran liegt, dass sich die Anfahrt reichlich zieht. Hier ist normalerweise wenig los und sein Revier steckt man dadurch ab, dass man Klamotten und Rucksack in die den Strand überragenden Äste hängt.

Praslin und Curieuse
Roche Canon
Anse Badamier
Au Parc
Pointe Caimant
Curieuse 172 m
Schildkröten-schutzgebiet
Anse St. Joseph
Ruinen der Leprakolonie
Curieuse Ma
National P
Roche Grand Maman
Pointe Chevallier
Baie Chevalier
Anse Lazio
„Schönste Badebucht"
Anse Georgette
Miller's Point
Constance Lémuria Resort
Miller 100 m
Georgette 194 m
Savoy State Land
Newcome
Anse Boudin
Pointe Ste. Marie
Petite Anse Kerlan
Cap Jean Marie
Mont Plaisir
Anse Kerlan R.
Zimbabwe 250 m
Anse Takamaka
Baie Pasquiere
Anse Possession
Jalousie
Anse Kerlan
Les Parisiennes
L'Amitié
Pasquière
Salazie
Manny New
Fond du Riz
Plaine Hollandaise
Pasquière Track
Bois Verse
Praslin Island Airport
Roche Cobrigeau
Amitié
Grand Anse
Takamak 319 m
Perlenfarm
Nouvelle Découverte Estate
2,5 km nach Roche Cobrigeau
Anse Vacoas
Roche Canon
Cousin 58 m
Cousin
Anse La Chaline
Anse Frégate
Fond de l'Anse
Roche Caret
Anse Citron
Cabris 260 m
Praslin
Anse Bateau
Grosse Roche
Cousine
Grand Anse
N
0
2 km

0 Unterkünfte
1 Paradise Sun
2 Le Laurier
3 Heliconia Grove
4 Les Villas d'Or
5 Hotel L'Archipel
6 Seahorse Villa
7 Le Port Guest House
8 Chateau de Feuilles
9 The Coco de Mer Hotel & Black Parrot Suites
10 Peax Villa
11 Jeanny's Self Catering Apartments
12 Beach Villa Guesthouse
13 Ocean Villa
14 Le Relax Beach Resort
15 Le Tropique Villa
16 Casa Tara Villas
17 Islander Hotel
0 Essen und Trinken
1 Bonbon Plume
2 PK's @ Pasquiere Restaurant & Gastropub
3 Café des Arts
4 Les Lauriers Restaurant
5 Ristorante da Luca, Gelateria
6 La Goulue
7 Kokosye Cafe
8 Coco Rouge
9 Number 1 Baie St. Anne Coffee Shop
10 Les Rochers Restaurant
11 Island Pizzeria
12 Britannia
13 Breeze Take-Away, Restaurant and Bar
14 Paradisier Restaurant
15 Whole Foods Cafe
16 Constance Lémuria Resort
17 Le Chevalier
0 Nachtleben
1 „Chill Out" Tapas Lounge Bar im Hotel Le Duc de Praslin
2 Oxygen Nightclub
© graphic
Pointe Rouge
Grand Anse
Curieuse
Baie Curieuse
St. Pierre Islet
Chauve Souris
Anse Volbert
Anse Volbert Village
Salazie
Praslin Museum
Côte d'Or
Anse Gouvernement
Anse Matelot
Fond Diable
213 m
Pointe Joséphine
Grand Anse
Anse La Blague
Anse La Blague
Au Cap
Petite Anse
Malice
Stooge
Vallée de Mai Nature Reserve
Vallée de Mai National Park
Anse Madge
Anse Bonnet Carré
Au Morne
Cap La Farine
Fond B'Offay
Cap Samy
Anse Badamier
Au Morne
Anse La Farine
Fond B'Offay
Baie Ste. Anne
Praslin
367 m
Fond Azore
Estate
Baie Sainte Anne
Eve Island
Ronde
(Round Island)
Pélissier
Anse l'Amour
Inter Island Ferry Terminal/ Jetty Praslin
La Digue
Fond Ferdinand Nature Reserve
Jenny
Anse Takamaka
Anse Cimetière
Consolation
Anse Marie Lousie
Pointe Cabris
Roche Boquet
INDIAN OCEAN
Anse Bois de Rose
Anse Marie Lousie
Anse Consolation
Pointe Consolation
Pointe Cocos
Anse Consolation
Mahé

info

Anse La Farine: „Farine“ heißt auf Französisch „Mehl“, und dementsprechend kann man sich den allerfeinsten weißen Sand vorstellen. Allerdings muss man, um hierher – ganz in den Osten – zu gelangen, mit dem Boot anreisen. Dann aber kann man sich an den Strand legen, die Zehen eingraben und den Sand durch die Finger rieseln lassen.

Anse Lazio: So manch einer schwärmt von der Anse Georgette (s. oben), größer ist aber die Fraktion der Anse-Lazio-Liebhaber, die davon überzeugt ist, dass der Strand hier der schönste überhaupt ist. Die Anfahrt führt über eine Straße, die immer schmaler wird. Zur nächsten Bushaltestelle muss man ein paar Kilometer laufen, den Hügel hoch und wieder den Hügel hinunter. Wer mit dem eigenen Fahrzeug kommt, muss dann an einem meist überfüllten Parkplatz ein Plätzchen zum Abstellen finden. Und dann ist man da, aber selten allein. Mit dem „Bonbon Plume“ hat eines der bekanntesten Restaurants der Seychellen unter den Bäumen Tische und Stühle aufgeschlagen, auf dem Wasser dümpeln reichlich Jachten mit Tagesausflüglern. Allerdings sieht die Bucht auch wirklich postkartenmäßig aus, schwimmen und schnorcheln kann man hier sehr gut.

Anse Marie Louise: Ganz im Südosten der Insel kauert diese kleine Bucht, von der aus man die Nachbarinsel La Digue gut im Blick hat und den Ausflug dorthin planen kann.

Anse Matelot: Wer die Bootsfahrt hierhin, in den wilden Osten Praslins, auf sich nimmt, wird unmittelbar belohnt. Denn die Bucht gehört einem meist allein, Robinson Crusoe lässt grüßen.

Anse Petite Cour: Nichts für den Durchschnittsurlauber, der mit dem Bus oder dem Leihwagen unterwegs ist. Hier kommt man nur mit dem Boot her oder man muss im nahen Luxusresort „Domaine de la Réserve“ freundlich um Erlaubnis fragen.

Die endlos scheinende Anse Volbert an der „Goldküste“

info

Anse Possession: Die „Bucht der Inbesitznahme“ liegt an der Nordküste und trägt einen großen Namen: Hier nahm Kapitän Marc-Joseph Marion du Fresne 1768 die Insel offiziell im Namen der französischen Krone in Besitz. Ganz nebenbei handelt es sich um ein traumhaftes Stück Strand mit großer Aufenthaltsqualität – auch dank der Schatten spendenen Takamakabäume.

Anse Takamaka: Die Bilderbuchbucht liegt zu Füßen des Raffles Resort und ist Teil des Curieuse Marine National Park. Granitfelsen sorgen für das Seychellen-Gefühl, Kasuarinen für Schatten und das Raffles für Snacks und Kaltgetränke.

Anse Volbert: Auch Côte d'Or, also „Goldküste“ genannt, ist der 3 km lange Strand von Anse Volbert der Urlaubermagnet auf Praslin. Hier gibt es die meisten Unterkünfte, Shops, Restaurants und sogar ein wenig Nachtleben. Der Strand eignet sich für Spaziergänge, zum Chillen und fürs Schwimmen. Freunde des Wassersports kommen nicht zu kurz: Man kann den nächsten Tauchtrip buchen, mit dem Kajak in See stechen oder durch die Maskengläser den Fischen beim Schnorcheln zuschauen.

Grand Anse: Von der Goldküste aus gesehen auf der gegenüberliegenden Seite Praslins gelegen, zieht sich der Strand von Grand Anse über ein paar Kilometer und ziert so die längste Bucht der Insel. Zum Schwimmen nicht immer ideal, aber für Spaziergänge zum Sonnenuntergang und mit Blick auf Mahé unbedingt erste Wahl. Gelegentlich kommen ein paar Flugzeuge vom nahen Flughafen vorbei, ansonsten fallen nur die ein- und auslaufenden Fischerboote in der Stille auf.

Praslin heute

Ruhe pur auf Praslin

Wem es auf Mahé zu stressig ist oder wer die Strände nicht schön genug findet – was man sich kaum vorstellen kann –, der wird sich auf Praslin wohlfühlen. Hier geht es ruhiger und gechillter zu als auf der Hauptinsel. Dafür gibt es sogar ein wenig Nachtleben am beliebtesten Strand, der Côte d'Or, oder in der einigermaßen „wilden“ Disco Oxygen in Baie Ste. Anne. Die flache Bucht von Baie Ste. Anne ist auch der Ort, an dem Praslin – abgesehen vom Flughafen an der Grand Anse – mit dem Rest der Welt in Kontakt kommt: Hier landen die Katamarane aus Mahé und La Digue an. Zu den An- und Abfahrtszeiten ist rund um das Hafengelände einiges geboten, danach wird es wieder ruhig. Der dazugehörige Ort, 2 km vom Hafen entfernt, bietet Banken, Kirchen, ein paar Supermärkte, das Inselkrankenhaus, eine Tankstelle und die Post. Wer von Ste. Anne weiterfährt, wird schnell feststellen, dass die Strände auf Praslin blütenweiß sind und an der Hochwasserlinie nett beschattet werden, das Inselinnere sattgrün ist, das Wasser kristallklar und die Einwohner sehr freundlich zu den Urlaubern. Es gibt reichlich Unterkünfte in unterschiedlichen Preisklassen, und der Flughafen wird von Mahé aus regelmäßig angeflogen. 15 Min. dauert der Inselhüpfer. Und dass Praslin auf eine lange Tradition in Tourismus und Gastfreundschaft zurückblicken kann, merkt man sofort. Einige Seychellenurlauber sehen Praslin nur als Durchgangsstation zur Nachbarinsel La Digue und machen von dort aus einen Tagesausflug zurück ins Vallée de Mai. Und verpassen dabei einiges, denn Praslin ist ungemein vielfältig, was sich bei einer Tour rund um die Insel schnell zeigt. Diese dauert, je nach Fahrzeug, 2–4 Std. Bewegen kann man sich mit Fahrrad, Taxi, Leihwagen oder öffentlichen Bussen. Diese fahren während des Tages in beide Richtungen um die Insel – einzig der Bereich zwischen Anse Georgette und Anse Lazio ganz im Norden kann nur zu Fuß auf einer Wanderung erobert werden. Die Landschaft im Hinterland ist nicht so bergig wie auf Mahé, und der höchste Berg, der Fond Azore, gerade mal 367 m hoch. Dafür bietet die Insel für Wanderer einige Trails, die neue Blicke ermöglichen oder durch Wälder führen, die – so meint man – kaum je ein Mensch zuvor gesehen hat.

Leichte Wanderungen

info

Wanderungen von A bis Z

Anse Lazio und **Anse Georgette**

Hinkommen	Bus Nr. 61/62 bis Anse Boudin/Mont Plaisir
Start	Anse Lazio
Länge	7 km hin und zurück
Zeitaufwand	4 Std.
Höhenunterschied	200 m
Schwierigkeitsgrad	moderat

Diese Wanderung zu den wohl herrlichsten Stränden Praslins und vielleicht der gesamten Seychellen kann in beide Richtungen gemacht werden. Jeweils am Ende der Strecke gibt es die Möglichkeit, mit dem Bus zum Ausgangsort zurückzufahren: Die Busse 61 und 62 fahren bis Anse Boudin, von dort sind es noch rund 30 Min. bis zur Anse Lazio. Dieselben Busse fahren in Gegenrichtung bis Mont Plaisir, oberhalb der Anse Georgette. Hier kann man wieder zusteigen. Bei Start am Strand von Anse Lazio ist der Weg nicht schwer zu finden: Man passiert die Honesty Bar und läuft den Hügel hinauf. Links die folgende Straße entlang, bald geht rechts ein unscheinbarer Pfad ab. Diesem folgen bis zum Golfplatz des Constance Lémuria Resort. Ab dem Golfplatz ist die Anse Georgette ausgeschildert. Wer sich nicht sicher ist, fragt Uli, die deutsche Inhaberin der Honesty Bar, nach dem rechten Weg.

Fond Ferdinand

Hinkommen	Bus Nr. 62
Start	Fond Ferdinand/Anse Marie Louise
Länge	2 km
Zeitaufwand	1–2 Std.
Schwierigkeitsgrad	einfach
Eintritt	125 SR

Fond Ferdinand gilt als kostengünstige Alternative zum beliebten Vallée de Mai – und es gibt ähnlich viel zu sehen rund um das Objekt der Begierde, die Coco de Mer. Die ursprüngliche Plantage Fond Ferdinand wurde 1990 durch ein Feuer verwüstet, aber anschließend umfänglich restauriert, 2012 neu eröffnet. Heute wachsen auf mehr als 120 ha mehr als 6.000 Coco-de-Mer-Palmen, die man auf einem einfachen Spaziergang bestaunen kann. Die Guides machen auch auf andere Besonderheiten aufmerksam. Zum Rundgang gehört ein Aussichtspunkt, der allein, so sagen viele Besucher, schon den Besuch lohnt.

Glacis Noir

Hinkommen	Bus Nr. 61/63
Start	Parkplatz Vallée de Mai oder Bushaltestelle
Aufstieg zum Gipfel	1¼ Std.
Schwierigkeitsgrad	moderat

Das Highlight der Wanderung ist der Ausblick vom Gipfel über die Ostküste von Praslin sowie auf La Digue und die umliegenden Inseln. Hier oben befindet sich ein Feuerwachturm, daher ist der Weg recht gut ausgebaut. Los geht's beim Parkplatz des Vallée de Mai. Von hier aus der Straße bergauf folgen bis zur Bushaltestelle. Hier den Weg aufwärts gehen, vorbei an einheimischer Vegetation wie Coco-de-Mer-Palmen bis zum Gipfel.

Salazie & Pasquière

Hinkommen	Bus Nr. 61/62/63
Start	Grand Anse, Britannia Restaurant
Länge	9 km
Zeitaufwand	3–4 Std.
Höhenunterschied	519 m
Schwierigkeitsgrad	moderat

Auf diesem Rundweg durch die Plaine Hollandaise, der den Salazie Trail mit dem Pasquière Trail verbindet, kann man Praslin wunderbar kennenlernen und überblickt große Teile der Insel. Die erste Etappe führt von Grand Anse auf die andere Seite der Insel zur Côte d'Or. Wer hier schon genug gewandert ist, kann mit dem Bus zurückfahren zur Grand Anse. Los geht die Wanderung in Grand Anse beim Britannia Restaurant. Ab hier dem Wanderweg ca. 30 Min. folgen, an der nächsten Kreuzung rechts halten und immer geradeaus. Große Farne und einheimische Pflanzenwelt begleiten die Wanderer. Nach einem großartigen Ausblick über die Cousin-Inseln geht es hinunter zur Anse Volbert und der Côte d'Or. Hier führt der Wanderweg an der Küste entlang, Granitfelsen und schöne Ausblick gibt es zuhauf. An der Anse Possession kann man den Rückweg zur

Im Dschungel von Praslin

info

Grand Anse antreten oder noch weiter gehen und das Tal des Flusses Salazie besuchen. In diesem Fall wandert man bis Baie Ste. Anne und von dort zurück zur Grand Anse.

Vallée de Mai

Hinkommen	Bus Nr. 61/63
Start	Vallée de Mai
Länge	3 Wanderwege, jeweils 1–2 km
Zeitaufwand	1–2 Std.
Schwierigkeitsgrad	einfach
Eintritt	350 SR

Das Vallée de Mai ist eine von zwei UNESCO-Weltnaturerbestätten auf den Seychellen und gehört zum touristischen Pflichtprogramm. Hier wachsen und gedeihen die berühmten Coco-de-Mer-Palmen und man kann den verwunschenen Wald auf drei Wanderwegen mit und ohne Führung erkunden (s. S. 169).

Tauchen rund um Praslin

Infos zum Ökosystem

Die Côte d'Or an der Nordostküste ist ein guter Anlaufpunkt für Schnorchler und Taucher. Hier gibt es mit dem **Octopus Diving Center** und den **Whitetip Divers** zwei Tauchcenter, die einen guten Ruf genießen. Octopus arbeitet mit einem englischen Meeresbiologen zusammen, der die Taucher über die Unterwasserwelt und den Einfluss der Taucherei auf dieses empfindliche Ökosystem informiert. Er betreibt auch ein Korallen-Wiederaufbauprojekt (s. S. 25). Gut 15 Tauchspots rund um Praslin und die benachbarten Inseln werden von der Côte d'Or aus angefahren. Die Anfahrt dauert normalerweise nicht länger als 15 Min. Einige Spots sind hervorragend für Anfänger geeignet, andere sind auch für erfahrene Taucher immer wieder spannend. Hier ein paar Beispiele:

St. Pierre

Tauchspot für Anfänger

St. Pierre ist die kleine Insel, die direkt vor der Côte d'Or liegt und die „Hausinsel" für Octopus Dive. Nur 2 Min. sind es mit dem Boot bis hierher. Gleichzeitig liegt das Inselchen mitten im Curieuse Marine National Park. Damit ist garantiert, dass die Unterwasserwelt geschützt ist. Die maximale Tauchtiefe liegt bei 12 m, daher ist der Spot auch ideal für Anfänger. Diese können sich darauf freuen, Steinfische zu sehen oder Weißspitzen-Hochseehaie (*Carcharhinus longimanus*).

Coral Garden

Ein weiterer gut und einfach zu betauchender Spot im Curieuse Marine National Park. Mit dem Boot sind es 5 Min. ab der Côte d'Or. Die maximale Tauchtiefe liegt bei 12 m, besonders Makrofotografen fühlen sich im Coral Garden wohl. Zu sehen und zu fotografieren gibt es bunteste Nacktschnecken (*Nudibranchia*), Oktopusse, Clownfische sowie Muränen. Auch Stachelrochen (*Myliobatoidei*) wurden schon gesehen.

White Bank

Die Unterwasserfelsen von White Bank sind eine ganz andere Klasse. Hier, nach gut 15 Min. Anfahrt mit dem Boot, geht es hinunter bis auf 22 m und zwischen Tunneln, Bögen sowie um viele Ecken herum. Hier leben reichlich Schnapper, Füsiliere und Schwarze Makrelen. Mit ein bisschen Glück kann man ihnen beim Fressen zuschauen. Für Anfänger ist der Spot weniger geeignet.

Tunnel und Bögen

Booby Islet

Nordwestlich von Praslin, auf halber Strecke nach Aride, liegt dieser beliebte Spot in 15 Min. Bootsentfernung. Da der Tauchspot recht ungeschützt ist, kann hier die See ein wenig unruhig sein. Auch starke Strömungen sind möglich. 21 m geht es hinunter, Anfänger werden sich auch wegen der Strömung nicht sehr wohlfühlen. Dafür gibt es viele Fische zu sehen. Dazu gehören beispielsweise ganze Schulen der sehenswerten Büffelkopf-Papageifische (*Bolbometopon muricatum*). Muränen bevölkern die Felsspalten, Weißspitzen-Hochseehaie kreisen, Schildkröten schwimmen gemächlich vorbei.

Büffelkopf-Papageifische

Aride Bank

Um zu diesem beliebten Spot zu kommen, muss man die 30 Min. Anfahrt mit dem Boot auf sich nehmen. Das lohnt sich aber. Der Spot liegt direkt im Schutzgebiet von Aride, in dem auch der Vogelwelt besondere Rücksichtnahme zukommt. Unter Wasser sollte man bei einer Tauchtiefe von bis zu 16 m mit vorbeischwebenden Rochen rechnen, große Napoleon-Lippfische (*Cheilinus undulatus*) sind hier zu finden, Barrakudas und Ammenhaie (*Ginglymostoma cirratum*).

Die Südwestküste

Die Südwestküste von Praslin glänzt mit etlichen schönen Buchten, die auf einer gut ausgebauten Straße problemlos angefahren werden können. Gelegentlich geht es ganz im Süden und rund um die Anse Consolation allerdings steil hoch und hinunter und die Straße wird deutlich schmaler. Wem hier ein Bus entgegenkommt, muss zwangsläufig ausweichen. Gleich hinter Baie Ste. Anne folgen an der Küstenstraße einige schöne Unterkünfte mit Aussicht. Und nach gut 15 Fahrminuten erreicht man ein „alternatives" Natur-Highlight auf Praslin: das **Fond Ferdinand Nature Reserve**. Hier gibt es ein ähnliches Angebot wie im deutlich bekannteren Vallée de Mail, allerdings für viel weniger Eintrittsgeld, Führung inklusive. Der Park wurde erst 2012 eröffnet. Vorher befand sich hier eine Plantage, die 1990 einem Feuer zum Opfer fiel. Mit über 120 ha Fläche ist Fond Ferdinand mehr als sechsmal größer als das Vallée de Mai. Mehr als 6.000 Coco-de-Mer-Palmen sollen hier stehen. Auf einem schmalen Pfad und unter der Aufsicht eines Guides kann man das ausladende Gelände auf einer 2–3-stündigen Wanderung erkunden. Ein Höhepunkt im doppelten Sinne ist der Aussichtspunkt: Der Blick auf Praslin und die umliegenden Inseln ist atemberaubend.

Alternatives Highlight

Die Anse Citron

Fond Ferdinand Nature Reserve, *Fond Ferdinand/Anse Marie Louise, ☏ +248-4233716. Mo–Fr Führungen um 9.30, 11, 12.30 und 13.30 Uhr, Sa/So 9.30 & 12.30 Uhr, Eintritt: 125 SR.*

Weiter geht es über die südliche Spitze Praslins und an der Küste entlang, vorbei an Stränden und Buchten mit klingenden Namen wie Anse Bois de Rose, Anse Cimitière, Anse Takamaka, Anse Bateau und Anse Citron. Bald ist die Grand Anse erreicht, hier nimmt die Dichte der Unterkünfte, Restaurants, Geldautomaten und Shops deutlich zu. Im Ort Grand Anse steht, neben der in Baie Ste. Anne, die zweite Tankstelle auf Praslin und es gibt sogar einen Bio-Supermarkt. Hier kann man auch die kleine **Kokosnussölfabrik** besichtigen, in der das „Garden of Eden Extra Virgin Coconut Oil" hergestellt wird. Die Fabrik ist die einzige auf Praslin und arbeitet 100 % ökologisch.

Garden of Eden Extra Virgin Coconut Oil Factory, *Grand Anse, ☏ +248-2520074. Normalerweise tagsüber geöffnet.*

Riesenmuscheln

In Amitié folgt man am Ende des Rollfelds des Flughafens der kleinen Straße Richtung Ozean. Hier lohnt ein Blick in die **Black Pearl Ocean Farm**. Hier kann man miterleben, wie die Riesenmuscheln aufgezogen werden, die die schwarzen Perlen liefern. Die Black Pearl Farm ist der einzige Ort im Indischen Ozean, wo die beliebten schwarzen Perlen gezüchtet werden. Im angeschlossenen Shop kann man sich das Angebot anschauen und bei Gefallen gleich einkaufen.

Black Pearl Ocean Farm, *Amitié, am Flughafen-Rollfeld, ☏ +248-4233150. Mo–Fr 9–16, Sa 9–12 Uhr, Eintritt: 50 SR.*

Besuchstermin am Strand

Die Straße führt weiter Richtung Norden, vorbei am Flughafen, und endet spätestens an der Pforte des Constance Lémuria Resort. Mit ein bisschen Glück und in der Nebensaison darf man sein Fahrzeug abstellen und in rund 45 Min. zur **Anse Georgette** wandern – ein würdiger Abschluss des Tages. In der Hauptsaison allerdings werden einen die nicht immer freundlichen Wächter des Resorts wegschicken, sofern man keinen Besuchstermin für einen der schönsten Strände der Seychellen ausgemacht hat. Wem das gar nicht in den Kram passt, der fährt ein paar Hundert Meter zurück, dann links den steilen Berg hinauf und diese Straße bis zum Ende. Hier drehen auch die Busse um, daneben gibt es ein paar Parkplätze. Dann von hier der Beschilderung zur Anse Georgette folgen. Wer noch nicht genug hat, kann die Anse Georgette links liegen lassen und bis zur Anse Lazio weiterwandern. So erreicht man die Nordostküste von Praslin.

Die Nordostküste

Tipp

Den Anblick der **Anse Lazio** kennt man von zahlreichen Postkarten, Kalendern oder aus TV-Reportagen. Wer aber mal einen anderen Ausblick ausprobieren will, der sollte sich den Namen „Zimbabwe" merken. Mit diesem Namen werden die **Aussichtspunkte** benannt, die oberhalb der Anse Lazio liegen. Hierher kommt man am besten mit dem eigenen Fahrzeug, Kamera nicht vergessen! An der Anse Boudin der beschilderten Abzweigung nach links folgen, die Zimbabwe als Ziel nennt. Dann über Serpentinen den steilen Hang hinauf. Die Straße wird schmaler, holpriger und endet an einer Kette. Hier geht es mit dem Fahrzeug nicht weiter, weil oben eine Sendestation steht. Mutige können noch bis nach oben gehen und die Aussicht genießen. Offiziell aber ist das nicht erlaubt. Das macht jedoch nichts. Denn wenn man jetzt die Strecke wieder langsam zurückfährt, eröffnen sich alle paar Meter neue und grandiose Ausblicke über diese Ecke von Praslin. In einer Kurve sieht man die Anse Lazio mitsamt den dort ankernden Jachten aus einer ganz neuen Perspektive (einen Eindruck gibt das Bild auf S. 155). In der nächsten Kurve liegt die Nachbarinsel Curieuse mitsamt der Küste von Praslin vor einem, in einer weiteren Kurve schaut man Richtung Anse Possession und Raffles Hotel.

Die Anse Lazio

Die Nordostküste von Praslin wird durch mächtige Korallenriffe geschützt, die allerdings bei der Bleiche 2016 heftig gelitten haben. Nach wie vor tragen sie aber ihren Teil dazu bei, dass man an den wunderschönen Sandstränden in Ruhe schnorcheln und planschen kann. Geht es an der Anse Georgette „wilder" zu, so ist **Anse Lazio**, nur 7 km weiter nördlich, ein regelrechtes Paradies für Wasserratten. Was man am Wochenende durchaus auch merkt. Die Nordostküste bis zum Strand von Anse Volbert ist in Teilen als **Côte d'Or**, also „Goldküste" bekannt. Das mag einerseits am traumhaft weißen Sandstrand liegen, der manchem Inselklischee entspricht. Dazu kommen die zahlreichen Wassersportmöglichkeiten wie Windsurfen, Tauchen, Schnorcheln oder Segeln sowie das immer kristallklare Wasser des Ozeans. Einzig während der Monsunzeit, von Mai bis Oktober, kann Seegras den Strand und das Wasser verschmutzen. Familien mit Kindern sind hier gut untergebracht, da der Strand sehr flach in den Ozean ausläuft. Goldige Aussichten also für Urlauber. Dank dieser Eigenschaften ist die Côte d'Or das Hauptziel der Touristen auf Praslin, dementsprechend zahlreich die Unterkünfte, Restaurants und Cafés in und rund um den Ort von **Anse Volbert**. Hier gibt es recht einfache Pensionen

„Goldküste"

und Apartments für Selbstversorger neben vornehmen Strandresorts. Die Côte d'Or ist ein wenig vergleichbar mit Beau Vallon auf Mahé, doch geht es hier um einiges ruhiger zu. Wer allerdings die Nacht zum Tag machen will, sollte in der „**Chill Out**" **Tapas Lounge Bar** vorbeischauen, dem stylishen Club im Hotel Le Duc de Praslin. Hier gibt es, beinahe an jedem Abend der Woche, ein besonderes Musikangebot – von live bis House. Ein bisschen Kultur und Geschichte bietet Praslin auch: Einen Steinwurf vom Acajou Beach Resort entfernt, steht das erste (Heimat-)Museum der Insel, das **Praslin Museum**. Hier kann man einiges über die Geschichte der Insel erfahren und es gibt einen Garten mit einheimischen (Heil-)Pflanzen.

Nachtleben und Kultur

Praslin Museum, *Côte d'Or, ☏ +248-2524618. Mo–So 9–17 Uhr, Eintritt: 180 SR.*

Wer die Attraktionen der Côte d'Or genossen, den Picknickkorb noch gut gefüllt und ein wenig Zeit hat, der sollte sich einen der bisher wenig entdeckten Strände von Praslin nicht entgehen lassen: die **Anse La Blague**. Um hierher zu kommen, biegt man von der Hauptstraße an der Anse Madge Richtung Restaurant La Buse ab, das zum Île des Palmes Eco Resort gehört. Die schmale Straße führt direkt am Strand entlang und passiert dann das **Gelände einer ehemaligen Zimtdestillerie**. Zimtöl war einer der wichtigsten Exportartikel der Seychellen. Diese Zimtdestillerie ist die einzige an der Küste von Praslin. Die Straße quert anschließend einen kleinen Bergrücken. Auf der anderen Seite geht es wieder hinunter, und die Anse La Blague ist erreicht. Gut ist es, wenn sich im Picknickkorb noch ein paar Kaltgetränke und ein Snack befinden. Der Strand selbst hat sehr hohe Aufenthaltsqualität und ist normalerweise wenig besucht, man kann es im Schatten der Äste der Takamakas gut ein paar Stündchen aushalten. Oder Energie tanken für den Besichtigungspunkt, den man bei einem Praslinbesuch auf keinen Fall auslassen sollte: das **Vallée de Mai** inmitten der Insel.

Exportschlager Zimtöl

Im Wald des Vallée de Mai

Das Vallée de Mai

Das Vallée de Mai, der Name bedeutet so viel wie „Tal des Mais", beherbergt den offiziell größten intakten Wald mit der nur hier in freier Natur vorkommenden Seychellenpalme, der **Coco de Mer**. Mit dem Monat Mai hat die Coco-de-Mer-Palme allerdings nicht viel zu tun. Denn, so sagt die Legende: Es war wohl in den 1930er-Jahren, als der neue Besitzer France Jumeau das Gelände und seine Schönheit entdeckte. Er kaufte das Stückchen Dschungelparadies kurzerhand im Monat Mai – und der Name war geboren. 1966 übernahm die seychellische Regierung und erklärte es zum „Nature Reserve", zum Naturschutzgebiet. 1979 wurde der **Praslin National Park** ausgerufen, zu dem das Vallée de

Mai fortan gehörte und 1983 folgte der Ritterschlag: Die UNESCO erklärte das Tal zum **Weltnaturerbe**. Damit war der herausragende und universelle Wert dieses besonderen Waldes weltweit anerkannt. 1989 wurde der Seychelles Islands Foundation (SIF) die Verwaltung zugesprochen, sie behielt sie bis heute. Dabei geht es der SIF um eine nachhaltige Bewirtschaftung des Naturerbes. Ziel ist es, „Naturschutz, Forschung, Umweltbildung und Tourismus für die heutigen und zukünftigen Generationen in Einklang zu bringen." Ein hehrer Ansatz, der auch den recht hohen Eintrittspreis rechtfertigt. Denn die eingenommenen Gelder sollen den Fortbestand der Weltnaturerbestätten auf den Seychellen sichern, den des Aldabra-Atolls und eben den des Vallée de Mai. Dass das Tal weltweit einzigartig ist, zeigt sich auch daran, dass es Menschen gab, die glaubten, hier den Garten von Eden gefunden zu haben. Dazu gehörte beispielsweise der britische General Charles George Gordon (1833–1885), der 1881 vorbeischaute und den Ruf des Vallée de Mai in die Welt trug. Sicher ist, dass das Tal mit einer Größe von 19,5 ha eine der kleinsten Weltnaturerbestätten der UNESCO ist und reichlich männliche und weibliche Coco-de-Mer-Palmen sowie andere endemische Palmenarten im dichten Dschungel stehen. Dazu kommt, dass das Vallée ein hervorragender Ort für (Hobby)-Ornithologen ist: Hier leben der endemische Seychellen-Bülbül (*Hypsipetes crassirostris*) und der schwarze Seychellenpapagei (*Coracopsis barklyi*) sowie die Paradies-Fruchttaube (*Alectroenas pulcherrima*) und der Seychellen-Rohrsänger (*Acrocephalus sechellensis*). Sehen wird man sie kaum, doch man kann sie hören. Vor allem der Bülbül begleitet jeden menschlichen Spaziergang mit lautstarkem Kommentar aus den Baumwipfeln.

Palmen und Vögel

Neben den Coco-de-Mar-Palmen wachsen hier Pandanusbäume und, eine Attraktion für Urlaubernasen, der **Baum der vier Gewürze**. Die dunkelgrünen Blätter des Baumes sind klein, fest und fast ein wenig ledrig. Zerreibt man sie mit den Fingern, riecht man einen stark aromatischen Duft nach Nelken, schwarzem Pfeffer, Muskat und Zimt. Da kommt fast ein wenig Weihnachtsgebäckgefühl auf mitten im Dschungel.

Die **drei Wanderwege** des Vallée de Mai durchkreuzen eine Urwaldlandschaft, die bis in die 1930er-Jahre hinein von Menschen unberührt war. Die Wege sind 1–2 km lang, gut beschildert und können ohne Führung begangen werden. Wer mehr erfahren will über den Wald, die Palmen und die Tierwelt, sollte eine Führung machen.

Das Team des Vallée de Mai bietet täglich zwei **Gratisführungen** an, um 9 und um 14 Uhr. Die Führung um 14 Uhr ist besser, da die Tourbusse und ihre Reisegruppen dann normalerweise schon weg sind. Die Führung dauert rund 1 Std., danach sollte man sich die Zeit nehmen und weitere 1–2 schweißtreibende Std. den Pfaden durch den Wald folgen, den Bülbüls lauschen und den Aussichtspunkt aufsuchen. Wer den Schildern nicht traut oder online mehr erfahren will, der besorgt sich die **„Vallée de Mai"-App**, die die Seychelles Islands Foundation für Apples iOS aufgelegt hat: *https://itunes.apple.com/sc/app/vallee-de-mai/id826373015?mt=8*

Wanderführer fürs iPhone

Vallée de Mai, *☏ +248-4321735, www.sif.sc. Tgl. 8.30–17.30 Uhr, außer 25. Dez. u. 1. Jan, Eintritt: 350 SR, bis 12 Jahre Eintritt frei. Eine private Führung für zwei Personen kostet 70 €. Bei drei bis zehn Personen 10 € p. Pers. Am Eingang zum Vallée de Mai* *gibt es ein sehr informatives Besucherzentrum mit Kinderbeschäftigungsmöglichkeit, ein nettes Café, Toilettenanlagen und einen kleinen Souvenirshop. An der Kasse erhält man eine Faltkarte mit den verschiedenen Rundwegen und Abbildungen der Tier- und Pflanzenarten, denen man im Wald begegnen wird.*

info

Die Coco de Mer – Die Nuss, die keine ist

Wohl kaum eine andere Frucht ist so sagenumwoben wie die Coco de Mer. Schon allein ihre sinnliche Form und ihre schiere Größe geben dafür genügend Anlass. Gleicht sie doch mit ihrem lasziv gespaltenen, braunen Samengehäuse frappierend einem weiblichen Schoß oder, von hinten gesehen, zwei Pobacken. Dies und der Umstand, dass lange Zeit niemand wusste, woher diese seltsamen Früchte stammten, die an die Küsten von Indien, den Malediven und Ostafrika angeschwemmt wurden, trug zur Mythenbildung bei. Da niemand jemals einen Baum gesehen hatte, an dem diese Früchte wuchsen, hielt sich hartnäckig der Glaube, dass sie von einer magischen Unterwasserpalme stammen. Daher auch der eigentlich falsche Name „Coco de Mer" oder auf Kreolisch „Koko Dmer", sprich Meereskokosnuss.

Wegen ihrer Seltenheit, ihrem Aussehen und der rätselhaften Herkunft wurden der Coco de Mer schon immer spezielle Eigenschaften zugeschrieben. So galt sie als Talisman, Heilmittel, Heiligtum und erotisch-exotische Rarität, die teuer gehandelt wurde. Manch Herrscher ließ sie in Gold aufwiegen, um sie zu erstehen. Ein anderer, wie beispielsweise der Sultan der Malediven, ließ seine Untertanen hinrichten oder ihnen zumindest die Hände abhacken, wenn sie die angespülten Früchte nicht sofort bei ihm ablieferten. Auch der wissenschaftliche Name *Lodoicea maldivica*, den ihr der deutsche Botaniker Karl Christian Gmelin (1762–1837) 1791 zu Ehren des französischen Königs Ludwig XV. (1710–1774) und des Fundorts der angeschwemmten Früchte gab, führt in die Irre: Sie wächst gar nicht auf den Malediven. Die hohe, schlanke Palme mit dem kerzengeraden, glatten Stamm und den riesigen, fächerförmigen Blättern gibt es in freier Natur nur auf Praslin und Curieuse.

Guide Jeannie beim lebhaften Vortrag über die Riesennuss

Warum das so ist, obwohl doch viele Früchte in früheren Zeiten an den Ufern anderer Länder angeschwemmt wurden, lässt sich durch zwei Tatsachen erklären:

1) Nur die unreifen Früchte haben ein geringeres spezifisches Gewicht als Meerwasser. Daher schwimmen sie. Die reife Frucht ist zu schwer und versinkt.

2) Die Zweigeschlechtlichkeit: Sollte es tatsächlich eine reife Frucht an die Küste eines anderen Landes geschafft haben und dann dort angewachsen sein, so fehlt ihr dennoch der gegengeschlechtliche Partner zur Fortpflanzung.

info

Die männlichen Bäume sind unschwer an ihren riesigen, phallusartigen und ledrig-braunen Samenkolben mit den vielen kleinen gelblich-orangenen Blüten zu erkennen. Die weiblichen Exemplare der Palmen tragen die berühmten, schwergewichtigen, grünen und herzförmigen Früchte. Die Palmen werden bis zu 30 m hoch und können bis zu 300 Jahre alt werden. Ein gesunder Baum trägt in allen vorkommenden Varianten Früchte: Einzel-, doppel- und dreifachsamige sowie teilweise verkrüppelte. Da jeder Samen ca. 15 kg wiegt, bringt es eine dreifachsamige Coco de Mer auf bis zu 45 kg. Ob ein Baum weiblich oder männlich ist, lässt sich erst nach vielen Jahren erkennen, wenn er entweder das eine oder das andere Geschlechtsmerkmal ausbildet.

Um die Fortpflanzung der Coco de Mer rankt sich die Legende, dass sich in stürmischen Nächten die beiden Geschlechter vereinigen und so die neuen Früchte gezeugt werden. Aber wehe dem menschlichen Beobachter, denn er muss seine Neugierde mit dem Leben bezahlen. Tatsächlich werden die Pollen nach neuesten Erkenntnissen wohl von Insekten und kleinen Echsen übertragen. Bis eine Frucht reif ist, dauert es fünf bis sechs Jahre. Mit bis zu 45 kg Gewicht fällt sie dann zu Boden und liegt dort drei bis sechs Monate – ohne dass etwas passiert. Schließlich bricht der Spross hervor und sucht sich auf dem Waldboden außerhalb des mütterlichen Schattens ein helles und weiches Plätzchen. Dort dringt er in den Boden ein und macht nach ca. 60 cm kehrt. Anschließend wächst er wieder zur Oberfläche. Dort bildet er ein erstes Blatt. Bis jetzt sind bereits zwölf Monate vergangen, seit die Frucht vom Baum gefallen ist. Aber erst nach zwei bis drei Jahren bildet die junge Palme eigene Wurzeln aus. Bis dahin versorgt sie sich ausschließlich mit den Nährstoffen aus ihrer ursprünglichen Frucht. Die Palme bildet pro Jahr nur eines der imposanten Blätter, und es braucht mehrere Jahre, bis ein Stamm entsteht. Mindestens 25 Jahre dauert es, bis sich die Palme fortpflanzen kann. Dann beginnt der lange Lebenszyklus der gigantischen Coco de Mer erneut.

Seychellenpalme mit Früchten

Das, was wir als Coco de Mer bezeichnen und in den Souvenirläden sehen und kaufen können, ist rein biologisch betrachtet keine Nuss, sondern das Endokarp (Stein/Kern) einer Steinfrucht.

Dazu ein kurzer Ausflug in die Biologie: Die Früchte der Coco de Mer oder Seychellenpalme (*Lodoicea maldivica*) sind, wie die der Kokosnuss, Steinfrüchte. Bei diesen zeigt sich das Exokarp (äußere Hülle) wie eine Haut. Das Mesokarp unter dem Exokarp ist bei der Coco de Mer ledrig-faserig. Das Endokarp ist der verholzte, harte Kern, der den Samen umschließt. Das Endokarp setzt sich aus der Samenschale, dem Embryo und dem Endosperm zusammen. Dieses Endosperm, das Samennährfleisch, ist essbar – wie das weiße Kopra der Kokosnuss.

info

Für den Verkauf werden die reifen Früchte von Exo- und Mesokarp befreit, sprich: geschält, und der harte, innere Kern gereinigt. Dann kann man sie teils naturbelassen, teils poliert, gebeizt oder sogar lackiert erstehen. Nur ungefähr 1.000 Stück der begehrten „Nüsse" werden pro Jahr für 200–500 € offiziell als Souvenir in den Handel gebracht. Leider werden immer wieder Früchte aus dem Vallée de Mai auf Praslin gestohlen, was den ohnehin schon durch Holzeinschlag, Parasiten und Brände stark gefährdeten Bestand natürlich weiter bedroht.

Nettes Detail: Einige öffentliche Toiletten nutzen Nuss- beziehungsweise Samenkolbensymbole als Kennzeichen für die Männer- und die Damentoilette.

Reisepraktische Informationen Praslin

Information

Tourist Information Office, *Îles des Palmes Airport, Grand Anse, ☏ +248-4233346, www.seychelles.travel, Mo–Fr 8–16, Sa und feiertags 8–12 Uhr.*

Wichtige Telefonnummern

Polizei

Notfall: 999
Hotline: 133
Baie Ste. Anne: +248-4232332
Grande Anse: +248-4303515

Seychelles Fire and Rescue Services

Notfall: 999

Krankenhaus

Notfall: 151

Im Krankheitsfall

Praslin Hospital, *Baie Ste. Anne, ☏ +248-232323; Grand Anse, ☏ +248-4243414*

Banken

In den Orten Baie Ste. Anne und Grand Anse sowie an der Côte d'Or gibt es Zweigstellen der großen Banken mit Geldautomaten.

Unterkunft

Die meisten Urlauber zieht es an die Côte d'Or mit ihrem großen Freizeitangebot. Hier ist auch die Dichte an Unterkünften der verschiedenen Preislagen am höchsten. Eine gute Alternative für Urlauber, die mehr auf ihr Budget achten müssen, ist die Grand Anse auf der anderen Inselseite. Hier ist es deutlich ruhiger und es gibt zahlreiche Selbstversorgerunterkünfte sowie Supermärkte. Praslin kann in der Hauptsaison schnell ausgebucht sein, man sollte also rechtzeitig reservieren. Manche Häuser verlangen einen Mindestaufenthalt von drei Nächten.

Südwesten

Beach Villa Guesthouse (12) $–$$, *Grand Anse,* ☏ *+248-4233445, www.beachvilla.sc. Sehr freundliche Unterkunft in geräumigen Bungalows und Zimmern direkt am Strand von Grand Anse. Die Inhaberfamilie ist täglich da und kümmert sich, Marie-France und ihr Bruder sprechen ausgezeichnet Deutsch. Kein Wunder, dass Beach Villa vor allem bei deutschsprachigem Publikum gut ankommt. Marie-France und ihr Team bereiten auch ein sehr gutes und günstiges Abendessen mit fangfrischem Fisch mit Sauce Creole oder „gewöhnlichen" Spaghetti in Tomatensauce. Klitzekleiner Wermutstropfen: WLAN kostet einmalig 100 SR, ist dafür aber schnell und zuverlässig.*

Ocean Villa (13) $–$$, *Grand Anse,* ☏ *+248-2517879, http://oceanvilla.sc. Die Ocean Villa besteht aus drei komplett ausgestatten Villen, die auf einem Rasengelände direkt am Strand von Grand Anse liegen: Villa Adam, Villa Eve und Villa Cherubin. Das Haus ist bekannt für seinen gastfreundlichen Service und die nette Atmosphäre, für die das Personal sorgt. Dazu gehört auch die Möglichkeit eines „Romantic Dinner at the beach".*

Jeanny's Self Catering Apartments (11) $–$$, *Off the Main Rd., Grand Anse,* ☏ *+248-2560531. Vier Zimmer in einer großen Villa mit Speisezimmer und Gemeinschaftsküche und -waschmaschine. Klingt familiär und ist es auch. Sicher eine der günstigsten Möglichkeiten auf Praslin, ein nettes Dach über dem Kopf zu bekommen.*

PeaxVilla (10) $$, *Saint Sauveur,* ☏ *+248-2548447, http://peaxvilla.se/accommodation. Drei geräumige Bungalows für Selbstversorger, locker auf einer Rasenfläche verteilt, vor den Bungalows der Strand. Das Ganze bei einem guten Preis-Leistungs-Verhältnis und von sympathischen Schweden ein wenig im IKEA-Look gestaltet. Dem Paar gehört auch die Anlage, die über das Onlineportal www.airbnb.com angeboten wird.*

Le Relax Beach Resort (14) $$, *Grand Anse,* ☏ *+248-4294646, www.lerelaxhotel.com/Hotel/Le-Relax-Beach-Resort-6. Das Relax aus Praslin gehört zu einer kleinen Kette von Relaxhotels, die auch auf Mahé und La Digue zu finden sind. Auf Praslin gibt es zwölf Zimmer, die nur wenige Schritte vom Strand entfernt liegen – vor ihnen ein schöner Pool auf einer ausladenden Grasfläche. Die schmackhafte hauseigene Küche und der gute Service runden das Angebot ab.*

Le Tropique Villa (15) $$, *Grand Anse,* ☏ *+248-4233027, www.tropiquevilla.com. Liegt am Strand von Amitié, nahe beim Flughafen, das Geräusch der Flieger aber fällt kaum ins Gewicht. Die sechs Villen mit Garten- oder Seeblick sind gut in Schuss, die Innenräume schön luftig. Zum Haus gehört auch* **Le Tropique Annex**, *gleich gegenüber und mit weiteren netten Apartments.*

Casa Tara Villas (16) $$, *Anse Kerlan,* ☏ *+248-4237242, www.casataravillas.com. Hier bieten drei gut ausgestattete Apartments für bis zu vier Personen Platz und Raum für Selbstversorger, zum Strand von Anse Kerlan sind es nur 50 m. Wer sich in Sachen Mahlzeiten verwöhnen lassen will, für den bereitet der freundliche Eigentümer gerne ein BBQ am Strand.*

Islander Hotel (17) $$–$$$, *Anse Kerlan,* ☏ *+248-4233224, www.islander-seychelles.com. Mit mehr als 25 Jahren auf dem Buckel ist das Islander Hotel einer der Pioniere in Sachen Gastfreundschaft auf Praslin – und hat bis heute damit nicht nachgelassen. Von hier ist es nicht weit bis zum Golfplatz des Constance Lémuria und auch die Anse Georgette kann gut erwandert werden. Wer einen harten Tag auf dem Golfplatz oder am Strand hinter sich hat, kann sich prima im netten Restaurant der ebenso netten Anlage erholen.*

Chateau de Feuilles (8) $$$, *Baie Sainte Anne,* ☏ *+248-4290000, www.chateaudefeuilles.com. Die neun luxuriösen Villen im Naturlook, aus Stein gebaut und in*

Erdfarben gehalten sowie mit grandiosem Ausblick, können sich sehen lassen und sind sehr beliebt. Maximal 20 Gäste kommen hier unter und treten sich kaum auf die Füße. Dafür ist das schön gestaltete Gelände mit Pool und Jacuzzi zu weitläufig. Wem das noch nicht reicht: Leihwagen ist im Zimmerpreis inklusive. Zum Haus gehört auch die Privatinsel Grande Soeur, 95 € kostet der Ausflug in das kleine Paradies.

The Coco de Mer Hotel & Black Parrot Suites (9) $$$, *Anse Bois de Rose, ☎ +248-4290555, www.cocodemer.com. Zum Service des vielgelobten Hotels gehört ein Shuttlebus zur Anse Lazio – falls der Strand vor der Tür mit Seegras verunziert ist. Ein Schmankerl ist einer der beiden Pools, der in Form einer Coco de Mer angelegt wurde. Aber auch die Bungalows sind sehr geschmackvoll und luftig eingerichtet und liegen direkt am Strand. Das hauseigene Restaurant sorgt mit dafür, dass man eigentlich gar nicht vor die Tür gehen muss ...*

Nordosten

Le Port Guest House (7) $–$$, *Baie Ste. Anne, ☎ +248-4232262, www.leportguesthouseseychelles.com. Einfache, aber auch dank der Besitzerin Marie-Annette angenehme Unterkunft, 3 Min. vom Fährhafen entfernt. Es gibt drei Zimmer, zwei davon blicken aufs Meer. Schön baden oder am Strand laufen kann man hier allerdings nicht, dafür sind andere Strände da. Im Haus befindet sich auch ein kleiner Souvenirladen.*

Le Laurier (2) $$, *Côte d'Or, ☎ +248-4232241, www.laurier-seychelles.com. Das Hotel nennt sich „Eco Hotel & Restaurant" und verfolgt wie das Heliconia einen ökologischen Ansatz. Die 14 Zimmer und Bungalows beziehen einen Teil ihres Stroms aus 120 Solarpaneelen, das verbrauchte Wasser wird recycelt. Die Bungalows stehen in einem luftigen Garten. Zum Strand allerdings sind es ein paar Meter durch das Dorf von Anse Volbert. Bekannt und beliebt ist vor allem das abendliche Buffet im hoteleigenen, exzellenten Restaurant.*

Seahorse Villa (6) $$, *Anse La Blague, ☎ +248-2791948, https://seahorse-villa.business.site. Kuschelige Villa mit nur einem Gästezimmer an der noch recht einsamen Bucht Anse La Blague. Gebaut und eingerichtet wurde das Haus vom seychellischen Künstler Raymond Dubuisson. Zu der liebevollen Ausstattung kommen die Lage direkt am Strand sowie die herrliche Aussicht – hier lässt es sich in Ruhe ausspannen.*

Heliconia Grove (3) $$–$$$, *Côte d'Or, ☎ +248-4233700, www.heliconiagrove.com. Die acht rustikalen Selbstversorgerbungalows aus Holz liegen direkt am lang gezogenen Sandstrand von Anse Volbert. Umgeben sind sie von einem 13 km² großen Garten, der wie die Bungalows exzellent in Schuss gehalten wird. Das ökologische Konzept des Hauses ist ausgezeichnet mit dem „Seychelles Sustainable Tourism Label", für Nachhaltigkeit wird also gesorgt. So wird das Warmwasser über Solarthermie aufgeheizt und rund 30 % des Strombedarfs per Fotovoltaik gedeckt.*

Les Villas d'Or (4) $$–$$$, *Côte d'Or, Anse Volbert, ☎ +248-4232777, www.lesvillasdorseychelles.com/de. In einem ausladenden Park stehen die einzelnen, netten und im Kolonialstil errichteten Selbstversorgervillen der Villas d'Or – gut voneinander geschützt und abgegrenzt. Damit ist für größtmögliche Ruhe gesorgt. Allein die Auffahrt zum Hotel durch den Park ist schon beeindruckend. Der Strand ist 50 m von der Rückseite des Parks entfernt und eignet sich gut zum Schwimmen und Chillen.*

Hotel L'Archipel (5) $$$, *Anse Gouvernement, ☎ +248-4284700, www.larchipel.com. Das L'Archipel mit seinen 32 Zimmern und Suiten beherrscht die schöne und exklusive Bucht Anse Gouvernement. Da die Häuser eingebettet sind in die Hügellandschaft der Bucht und am Hang liegen, ist der schöne Ausblick immer inklusive.*

Paradise Sun (1) $$$, *Côte d'Or,* ☏ *+248-4293293, www.tsogosun.com/paradise-sun. Große Anlage mit 80 Zimmern in 30 Holz- und Steinvillen im gehobenen Resortstil. Dazu gehören auch ein Bilderbuchstrand und Schatten spendende Palmen – rund um die Strandbar. Halbpension muss mitgebucht werden, dafür gibt es jeden Abend ein kreolisches Menü. Das Resort ist kinderfreundlich ausgerichtet.*

Restaurants

Südwesten

Les Rochers Restaurant (10), *Grosse Roche, Anse St. Sauveur,* ☏ *+248-4233803. Für etliche Praslinkenner schlicht das beste und schönste Restaurant auf der Insel – kein Wunder bei der Traumlage, dem Traumausblick auf den Ozean und bei diesen ausgezeichneten kreolischen Spezialitäten. Nicht ganz günstig, aber sicher seinen Preis wert.*

Island Pizzeria (11), *Grand Anse,* ☏ *+248-4237258. Um gleich bei den herausragenden Restaurants zu bleiben: Hier gibt es nach Kennermeinung die beste Pizza auf Praslin. Auch wenn das Restaurant eher ein günstiger Takeaway ist und nach außen nicht viel hermacht. Wer will, kann sich das gute Stück Teig mit Belag auch in seine Unterkunft liefern lassen.*

Britannia (12), *Grand Anse,* ☏ *+248-2838888. Da kommt schon ein wenig Kolonialgefühl auf beim Betreten des Britannia Restaurants, das im Erdgeschoss des gleichnamigen Hotels untergebracht ist. Und das Gefühl, dass man vielleicht doch das Hemd mit den langen Ärmeln hätte anziehen sollen. Recht schick und ein wenig altmodisch eingerichtet ist das Familienrestaurant, mit Holzmöbeln und Ventilatoren ausgestattet, auf den Tisch kommen kreolische und internationale Mahlzeiten.*

Breeze Take-Away, Restaurant and Bar (13), *Grand Anse,* ☏ *+248-4237000. Das Breeze ist so eine Art kulinarisches Gesamtkunstwerk: Es gibt einen wirklich guten und gut in Anspruch genommenen Takeaway, an dem sich Einheimische und Urlauber laben. Dann gibt es einen Spielsalon, einen Biergarten und schließlich eine Art Restaurant auf einem Holzdeck, wo es sich gut sitzen und sehr gut speisen lässt – bei für die Seychellen günstigen Preisen. Die Kellner stammen größtenteils aus Sri Lanka, einige von ihnen sprechen Deutsch. Gerne erzählen sie auf Nachfrage, wie man als Gastarbeiter auf den Seychellen lebt.*

Paradisier Restaurant (14), *Grand Anse,* ☏ *+248-4237537, https://de-de.facebook.com/Restaurant-Paradisier-1530283570545625. Ins Paradisier zieht es die Leute, denen eine Pizza aus dem Takeaway nicht gut genug ist: Hier kommt sie direkt aus dem Holzofen und knusprig auf den Teller. Im Paradisier sitzt man gut. Auch wenn der Blick nur bis zur vorbeiführenden Straße reicht. Dafür umgibt das Restaurant ein netter Garten, in dem die schön dargebotenen Speisen gleich noch besser schmecken.*

Whole Foods Cafe (15), *Grand Anse,* ☏ *+248-4237107, https://de-de.facebook.com/Whole-Foods-Market-Cafe-Seychelles-511752355675107/. Eine eher ungewohnte Ansicht ist dieser Bio-Supermarkt am Straßenrand in Grand Anse, aber sicher einen Zwischenstopp wert. Hier gibt es viele gute und teure Dinge meist aus Europa – bis hin zum Roquefort-Käse. Nicht von schlechten Eltern ist die Bar, an der neben „richtigem" Kaffee aus einer ordentlichen Maschine auch leckere Snacks gereicht werden.*

Constance Lémuria Resort (16), *Anse Kerlan,* ☏ *+248-4281281, www.constancehotels.com/de/hotels-resorts/seychellen/lemuria. Todschick. Wer noch Zeit und Lust hat nach dem anstrengenden Nachmittag an der Anse Georgette, der sollte sich das* **The Legend** *im Luxusresort nicht entgehen lassen. Aber die passende Kleidung sollte man* *dabeihaben. Und die offiziellen Regeln müssen hier jetzt zitiert werden: „Die Kleiderordnung ‚Resort Chic' in unseren Restaurants und Bars besagt: Tagsüber: Kurze Hosen, T-Shirts oder Poloshirts mit angemessenem Schuhwerk sind erwünscht, keine Badebekleidung. Abends in allen Restaurants (außer im ‚The Nest'): Die Herren werden gebeten, lange Hosen, lang- oder kurzärmlige Hemden oder Poloshirts sowie angemessenes Schuhwerk zu tragen. Kurze Hosen sind nicht erlaubt. Die Damen bitten wir, sich in angemessener Abendgarderobe zu kleiden. Abends im ‚The Nest': Lange oder kurze Hosen, Bermudashorts, lang- oder kurzärmlige Hemden oder Poloshirts sowie angemessenes Schuhwerk. Flipflops, Slippers, Badebekleidung und ärmellose Shirts sind nicht erlaubt." Noch Fragen?*

Vallée de Mai

Kokosye Cafe (7), *Vallée de Mai Visitor Center, ☏ +248-4236220. Nettes Café mit kleinen Snacks, in dem man gut die Zeit bis zum Beginn der Führung überbrücken oder nach einer schweißtreibenden Wanderung durch das Vallée de Mai verschnaufen kann. Die Kuchen sind selbst gemacht, die Fruchtsäfte auch.*

Nordosten

Bonbon Plume (1), *Anse Lazio, ☏ +248-4232136. Wer zur Anse Lazio möchte, kommt um das Bonbon Plume nicht herum: Von lockeren Pavillons bedacht, stehen die Tische und Stühle quasi im Sand des bekannten Strands. Man kann barfuß herkommen und nach dem Essen gesättigt wieder aufs Handtuch sinken. Günstig ist das Vergnügen allerdings nicht – aber diese Lage!*

PK's @ Pasquiere Restaurant & Gastropub (2), *Pasquiere Rd., Anse Boudin, ☏ +248-4236242. Das Restaurant liegt auf einer Anhöhe über der Anse Boudin und bietet einen dementsprechenden Ausblick. Die Küche wird von Kennern sehr gelobt, das Ambiente tut ein Übriges. Fischfreunde bestellen die „Discovery Platter" und entdecken ein köstliches Octopus-Curry, gefolgt von einem Curry aus verschiedenen Fischsorten und einem Hühnchen-Curry.*

Café des Arts (3), *Côte d'Or, Anse Volbert, ☏ +248-4232170, www.leduc-seychelles.com/de/dining/cafe-des-arts-restaurant. Hier, im Strandrestaurant des Hotels Le Duc de Praslin, speist man erstklassig, kann in gemütlichen Cabanas direkt am Strand und sehr privat speisen und kreolische Gastronomie vom Feinsten erwarten. Die Preise sind natürlich dementsprechend. Aber: „Man gönnt sich ja sonst nichts." Bei Kerzenschein wurde hier schon so mancher Heiratsantrag gemacht – erfolgreich natürlich.*

Les Lauriers Restaurant (4), *Côte d'Or, Anse Volbert, ☏ +248-4232241, www.laurier-seychelles.com/en/restaurant. Hier, in der zweiten Reihe in der Ortsmitte von Anse Volbert, sitzt es sich gut im Restaurant. Dekoriert mit Holz von Takamakabäumen und Coco-de-Mer-Palmenblättern sowie reichlich Muscheln kommt echtes Seychellen-Feeling auf. Wenn dann noch das hervorragende kreolische Buffet angesagt ist, dann gibt es kein Halten mehr. Es lohnt sich, vorher Plätze zu reservieren.*

Ristorante da Luca, Gelateria (5), *Côte d'Or, Anse Volbert, ☏ +248-2728072. „I scream, you scream – we all scream for ice cream" hieß es 1927 im gleichnamigen Song. Dass der Ruf nach Eiscreme nicht unerhört bleibt, dafür sorgt seit etlichen Jahren die Gelateria da Luca. Viele aus nah und fern folgen dem Ruf, daher ist es meist recht voll. Wer für Eiscreme nichts übrig hat, der hält sich einfach an die echt italienischen Pizzen.*

La Goulue (6), *Côte d'Or, Anse Volbert, ☏ +248-232223. Wer hier speisen will, sollte rechtzeitig da sein oder einen Tisch reserviert haben. Denn es wird schnell voll* *im Open-Air-Restaurant, das sich über die Jahre eine zufriedene Stammkundschaft erarbeitet hat. Die Mahlzeiten sind prima, die Auswahl auch. Der Service ist hervorragend und freundlich, die Preise für die Anse Volbert absolut im grünen Bereich. Wenn es jetzt noch am Strand liegen würde, wäre das La Goulue Spitzenklasse.*

Das Café des Arts an der Anse Volbert

Coco Rouge (8), *Cap Samy, ☏ +248-2581014, www.cocorougesey.com. Seit 1992 gibt es das Coco Rouge als Takeaway der besseren Sorte, denn hier sitzt es sich auch ganz ordentlich. Heute ist es bei Einheimischen und Urlaubern gleichermaßen beliebt. Von gegrilltem Hühnchen über Lasagne bis zu Fischcurry reicht die Karte. Da sollte für jeden etwas dabei sein – bei überschaubaren Preisen.*

Number 1 Baie St. Anne Coffee Shop (9), *Baie Ste. Anne, ☏ +248-2861347. Das Nr. 1 passt irgendwie nicht so richtig nach Baie Ste. Anne, denn es ist als Café ein wenig zu schick, zu großstädtisch und zu modern. So was wurde bisher auf Praslin noch nicht gesehen. Aber das Konzept des im Oktober 2017 eröffneten Cafés scheint aufzugehen: Hier ist immer einiges los. Dafür gibt es den ganzen Tag ein English Breakfast und Snacks und natürlich Kuchen – wie es sich für ein ordentliches Café gehört.*

Le Chevalier (17), *Anse Lazio, ☏ +248-4232322, www.lechevalierbay.com. Die Alternative zum Bonbon Plume an der Anse Lazio liegt nicht am Strand und ist vom Ambiente her längst nicht so ansprechend wie die Konkurrenz. Dafür sind die Preise im bezahlbaren Bereich und die Speisekarte gibt einiges her – von kreolischen Currys bis zu saftig gebratenen Burgern.*

Nachtleben

„Chill Out" Tapas Lounge Bar (1), *im Hotel Le Duc de Praslin, Anse Volbert, ☏ +248-4294800, www.praslinvillas.com/de/tapas-lounge-bar.html. Die Selbstdarstellung auf der Website bringt es gut auf den Punkt: „Die Lounge Bar wurde als eine funky, lebendige, gehobene Bar konzipiert und serviert eine große Auswahl an Getränken und Cocktails mit leckerem Fingerfood im Tapas-Stil. Die Einrichtung ist von höchster Qualität und bietet eine Mischung aus Outdoor-Liegen, LED-beleuchteten Tischen und Stühlen, die ein ‚grooviges' Ambiente bieten." Dazu muss noch gesagt werden, dass beinahe täglich ein Musikprogramm geboten wird, von Gitarrengeklampfe bis zu House, und die Lounge ungemein hohe Aufenthaltsqualität hat. Wer kann, sollte am Freitag- oder Samstagabend vorbeischauen und lange bleiben – denn hier geht die Post ab.*

Oxygen Nightclub (2) *Baie Ste. Anne, ☏ +248-512300, Fr/Sa 22–4 Uhr, Eintritt: 100 SR. Das Oxygen liegt mitten im Ort Baie Ste. Anne im ersten Stock eines Geschäftshauses. Wer echtes Nachtleben auf Praslin sucht, muss die schmale Treppe hoch, über 18 sein und sollte sich ordentlich angezogen haben. Aber dann steht dem Partyspaß im Club nichts mehr im Wege.*

Einkaufen

Auf Praslin gibt es keine Einkaufsmalls oder Supermärkte wie auf Mahé. Dafür findet man in so gut wie allen Orten kleine Shops, die die Dinge des täglichen Lebens auf Lager haben. Eine Besonderheit (s. Restaurants) ist das:
Whole Foods Supermarket & Café, *Grand Anse, ☏ +248-4237107. Mo–So 10–20 Uhr.*

Tauchen/Schnorcheln

Lémuria Dive Center, *Constance Lémuria Resort, ☏ +248-4281281, www.constancehotels.com/de/hotels-resorts/seychellen/lemuria/tauchen. Tauchcenter, das zum Resort gehört. Hier können auch Nicht-Hotelgäste tauchen, allerdings liegt das Preisniveau über dem der anderen Tauchcenter auf Praslin.*
Octopus Diving Center, *Côte d'Or, Anse Volbert, ☏ +248-4232602, https://octopusdiver.com. Gut organisiertes Tauchcenter, das von der Französin Veronique mit straffer Hand und viel Erfahrung geführt wird. Zum Team gehört der englische Meeresbiologe Jay McBride, der Neulingen und erfahrenen Tauchern gerne mehr über den Einfluss der Taucherei auf die Unterwasserwelt erzählt.*
Whitetip Divers, *Paradise Sun Hotel, Côte d'Or, ☏ +248-2514282, www.whitetipdivers.com. Steht in Sachen Ruf und Kompetenz den Kollegen von Octopus kaum nach, die Preise für Ausbildungen und Tauchgänge liegen auf demselben Niveau.*

Golf

Lémuria Golf Course, *Constance Lémuria Resort, ☏ +248-4281281, www.constancehotels.com/de/erlebnisse/golf/lemuria. 18-Loch-Platz, Par 70, 5.580 m lang. Wer zur Anse Georgette unterwegs ist, kommt am Golfplatz des Lémuria vorbei. Gut möglich, dass man dann Lust bekommt, einmal die Hölzer und Eisen zu schwingen. Schön in die Landschaft eingebettet ist der Platz auf jeden Fall. Hotelgäste dürfen gratis spielen, Hotelfremde müssen mit rund 150 € Greenfee rechnen.*

Fahrradmiete

Im Gegensatz zu Mahé lohnt sich auf Praslin ein Fahrrad, wenn man beispielsweise an der Anse Volbert oder der Grand Anse untergekommen ist und die nächste Umgebung oder die nächsten Strände anfahren will. Gebirgig wird es nur im Inselinneren. Einige Hotels und Pensionen vermieten Räder. Falls nicht, hier eine gute Adresse:
Mario Bike Rental, *Côte d'Or, ☏ +248-256406, tgl. 8–17 Uhr. Ein Bike kostet rund 10 € pro Tag.*

Flüge

Der **Praslin Island Airport** *(PRI), auch Îles des Palmes Airport genannt, wird von Air Seychelles (www.airseychelles.com) in der Woche mehr als 170-mal ab Mahé angeflogen. Die Flugzeit beträgt 15 Min. Der Flughafen liegt an der Grand Anse und besteht aus einem überschaubaren Terminal mit einem großen Parkplatz. Wer keinen Transport gebucht hat, für den stehen bei Ankunft der Flugzeuge aus Mahé normalerweise Taxis für den weiteren Transfer bereit.*

Auf dem Flughafen landen und starten auch die Helikopter von **Zil Air**, *www.zilair.com.*

Fährverbindungen/Katamarane

Der Fährhafen für die Katamarane nach Mahé und La Digue befindet sich in Baie Ste. Anne. Infos zu den Verbindungen gibt es online unter: www.catcocos.com und www.seychelles.net/iif.

Mietwagen

In so gut wie jeder Pension, jedem Guesthouse oder Hotel auf Praslin kann man sich einen Mietwagen besorgen (lassen). Pro Tag kostet ein Auto um die 50 €. Je länger die Mietdauer, desto besser der Preis.

Busse

Praslin kann man sehr gut mit dem öffentlichen Bus erkunden. Die **Seychelles Public Transport Corporation** *(SPTC, www.sptc.sc) betreibt auf der Insel drei Buslinien:*

Route 61: Mont Plaisir – Anse Boudin über das Vallée de Mai
Route 62: Mont Plaisir – Zimbabwe über Consolation
Route 63: Mont Plaisir – Anse La Blague – Côte d'Or
In den jeweiligen Hotels und Pensionen hängen normalerweise die Fahrpläne aus, ansonsten hält die Tourist Information die Pläne bereit.

Taxis

Es gibt etliche Taxis auf Praslin. Diese können über die Hotelrezeption angefordert werden. Eine Fahrt vom Fähranleger an die Anse Volbert oder an die Grand Anse kostet um die 350 SR.

Sightseeingtouren

Auch auf Praslin sind die großen Tourenanbieter **Creole Travel Services** *(www.creoletravelservices.com),* **Mason's Travel** *(http://masonstravel.com) und* **7 South** *(www.7south.net) vertreten.*

Daneben gibt es zahlreiche kleinere Anbieter. Am besten erkundigt man sich in der Pension, dem Hotel oder in der jeweiligen Touristeninformation, wer empfehlenswert und zuverlässig ist.

Sagittarius Taxi Boat Excursions, *Côte d'Or, ☏ +248-2512137, www.facebook.com/sagittariustaxiboatexcursions, tgl. 9–17 Uhr, veranstaltet nicht nur Ausfahrten zu den umliegenden Inseln und Angeltouren, sondern verleiht auch Kajaks.*

Die Gepäckausgabe nach der Überfahrt findet direkt am Pier statt

6. LA DIGUE

Überblick

Telegramm La Digue	
Name	La Digue
Größe	5x3 km, 10 km²
Einwohnerzahl	ca. 2.800
Größte Siedlung	La Passe
Höchste Erhebung	Nid d'Aigle mit 333 m
Verkehrsmittel	Taxi, Golfcart, Fahrrad
Besonderheit	Heimat des vermeintlich schönsten Strands der Welt: Anse Source d'Argent, Katamarane nach La Digue

La Digue ist 6 km von Praslin entfernt und liegt damit 43 km nordöstlich von Mahé. Hier leben rund 2.800 Menschen auf 10km², womit La Digue nach der Fläche die viert- und nach der Einwohnerzahl die zweitgrößte Insel der Seychellen ist. Wie Mahé und Praslin wurde La Digue von Lazare Picault entdeckt, als er 1744 durch die Gewässer kreuzte. Er nannte die Granitinsel „Île Rouge", denn sie schimmerte rot im Abendlicht. So hieß sie bis 1768, dann wurde sie umbenannt in La Digue, nach einem der Schiffe, mit denen der Entdecker Marc-Joseph Marion du Fresne zu dieser Zeit im Namen der französischen Krone unterwegs war.

Redaktionstipps

- Ein Muss: **mit dem Fahrrad um die Insel** (Hinweise s. S. 199)
- Aussichtsreich: Abendessen im **Snack Bellevue** (s. S. 198)
- Mal anders: **Ebbewanderung zur Anse Source d'Argent** (s. S. 191)
- Aus- und Einblicke: geführte **Wanderungen** mit Picknick im Süden (s. S. 200)
- Fischreich: **Schnorcheln** an der Anse Severe (s. S. 184 u. 189)

La Digue ist dafür bekannt, dass es hier noch ein wenig ruhiger zugeht als beispielsweise auf dem sowieso schon beschaulichen Praslin. Und wer ein gewisses Postkartenbild der Seychellen vor Augen hat, bevor er auf die Reise geht, wird diese Erwartungen spätestens auf La Digue erfüllt sehen. Kein Wunder, dass im Jahr 2000 hier eine Folge der deutschen Fernsehfilmreihe „Das Traumschiff" gedreht wurde.

Gemächlich geht es zu im einzigen Ort der Insel, La Passe. Spazierengehen ist die angesagte Art der Fortbewegung. Zwar sind die Ochsenkarren, die so manche Postkarte zieren, im Straßenbild nicht mehr zu sehen, aber dafür gibt es reichlich Fahrräder, mit denen die Einheimischen und die Touristen durch die Straßen und Gassen flitzen. Da kann es schon mal eng werden. Umso mehr, da in den letzten

La Digue
Essen & Trinken
1 Karim's Fruit Bar
2 Takamaka Café
3 Mi Mum Takeaway
4 Tarosa Takeaway
5 Fish Trap Restaurant
6 La Digue Pizzeria
7 Le Bon Coin Restaurant
8 Chez Jules Restaurant
9 Le Repaire
10 Rey and Josh Cafe Takeaway
11 Snack Bellevue
12 La Digue Island Lodge
13 Gala Takeaway
14 Loutier Coco
Nachtleben
1 Tarosa
Anse Patates
Anse Severe
Anse Gaulettes
Pointe Cap Barbi
Anse Petite Cour Estate
Praslin
Anse Grosse Roche
La Passe
Anse Banane
Cap Bayard
Nid d'Aigle
La Réunion
La Digue Veuve Reserve
Belle Vue
Anse Fourmis
Anse La Réunion
Nid d'Aigle 333 m
Anse Caiman
Heliport
L'Union
Roche Bois
Fond Piment
Kokosplantage L'Union Estate
Pointe Ma Flore
Anse Cocos
Pointe Source d'Argent
Citadelle 150 m
La Retraite
Anse Union
Granitfelsen
Pointe Turcy
Petite Anse
Anse Source d'Argent
INDIAN OCEAN
Pointe Grand Anse
Grand Anse
Anse Pierrot
Anse Songe
Pointe Canon
Anse aux Cèdres
La Source Marron
Anse Bonnet Carré
Grand Cap
Pointe Jacques
Anse Marron
Pointe Camille
N
0
500 km
Unterkünfte
1 Le Relax Luxury Lodge
2 Villa Verte
3 Le Domaine de L'Orangeraie Resort & Spa
4 Moonlight Beach Villa
5 Oceane Self Catering
6 La Kaz Safran
7 Kaz Ladouceur
8 Le Nautique Luxury Waterfront Hotel
9 Le Repaire
10 Chateau St. Cloud
11 Zerof Guest House
12 La Digue Island Lodge
13 Villa Creole
14 My Angel
15 Maison Charme de l'Ile

Anse Source d'Argent: Traumstrand auf La Digue

Jahren E-Bikes dazugekommen sind und sich die einheimischen Jugendlichen einen Spaß daraus machen, an schwitzenden Touristen links und rechts vorbeizurasen – lautlos.

Ganz sicher gibt es auf La Digue einige der schönsten Szenerien der Seychellen. An erster Stelle steht natürlich einer der berühmtesten der Welt, **Anse Source d'Argent**. Hier gibt es eine fast perfekte und schön flache Lagune mit dem ersehnten kristallklaren Wasser, weißestem Sand und umrahmt von wunderbar anzuschauenden Granitfelsen. Baden allerdings kann man kaum, aber der Genuss der Schönheit steht im Vordergrund. Mit Sicherheit findet auch gerade die eine oder andere Hochzeit statt, der man zumindest von Ferne beiwohnen kann.

Sand und Felsen

Daneben ist La Digue Heimat von zwei sehr raren Tierarten: der Sumpfschildkröte („Soupap" auf Kreol) und den letzten lebenden Exemplaren des Seychellen-Paradiesschnäpper („Veuve" auf Kreol). Bei einer Wanderung über die Insel, z. B. zum Gipfel, dem Nid d'Aigle, besteht zumindest die Möglichkeit, einen Blick auf die Tiere zu erhaschen. Sicher werden den Wanderern reichlich bunte Pflanzen begegnen, die einen kurzen Fotostopp wert sind. Zu sehen gibt es Orchideen, Vanille, Takamakabäumen, Hibiskus oder insektenfressenden Kannenpflanzen. Dazu der lohnende Blick über den Ozean und auf die Nachbarinsel Praslin, und die Wanderung wird zu einem Erfolg – wenn auch schweißtreibend. Wer ein wenig Abkühlung braucht: Etliche Strände wie die Anse Severe oder die Inseln Île Cocos und Les Soeurs laden zum ausgedehnten Schnorcheln ein ...

Seltene Tiere

Schnorcheln rund um La Digue

La Digue ist ein anerkannt gutes Reiseziel für Schnorchler aus aller Welt. Hier gibt es einige sehenswerte Spots, die entweder direkt vom Strand aus angeschwommen werden oder mit dem Boot erobert werden können. Ein paar Beispiele:

Anse Source d'Argent

Flaches Wasser

Der berühmteste Strand von La Digue – wenn nicht der Seychellen – ist ideal für Anfänger. Die Gewässer vor der Anse Source d'Argent sind zwar nicht sonderlich zum Baden geeignet, aber man kann hier sicher schnorcheln, denn vor der Bucht liegt ein schützendes Korallenriff. Der Einstieg ist überall möglich. Man sollte bloß aufpassen, dass man im flachen Wasser (0–1,5 m Tiefe) nicht an vorstehenden Korallen oder Felsen hängen bleibt. Von den Korallen ist zwar nicht (mehr) viel zu sehen, dafür tummeln sich hier reichlich Fische wie Falterfische (*Chaetodontidae*), Igelfische (*Diodontidae*), Halfterfische (*Zanclus cornutus*) und Demoisellen (*Pomacentridae*). Wer sich mehr zutraut, schnorchelt bei günstigen Gezeiten über das vorgelagerte Korallenriff.

Anse Severe

Langer Strand

Wahrscheinlich der bekannteste Schnorchelspot auf La Digue. Der lang gezogene Strand selbst hat schon reichlich Aufenthaltsqualität, unter Wasser aber sieht es auch nicht schlecht aus. Der Einstieg ist denkbar einfach: Ins Wasser waten und dann in Richtung des vorgelagerten Riffs schwimmen. Am Riff angekommen, kann man bedenkenlos schnorcheln. Außerhalb des Riffs allerdings muss man beachten, dass die Wellen recht hoch sein können und hier so mancher Jetski oder anderer Wassersportler vorbeizischt. In der flacheren Zone zum Ufer hin sind unter anderem bunte Paletten-Doktorfische (*Paracanthurus hepatus*) unterwegs oder Scissortail Sergeant Majors (*Abudefduf sexfasciatus*). Weiter draußen, in 2–4 m Tiefe besteht die Chance, dass ein Gefleckter Adlerrochen (*Aetobatus narinari*) vorbeischwebt.

Anse Caiman

Meeresschildkröten

Die Anse Caiman auf der gegenüberliegenden Seite von La Digue ist ein anderes Kaliber als die Anse Severe. Um hier, an der wilden nordöstlichen Küste, schnorcheln zu gehen, braucht es ein wenig Mut. Denn schon der Zugang zur Bucht ist nicht einfach zu finden. Im Zweifelsfall sollte man sich einem Guide anvertrauen. Dafür aber folgt die Belohnung der Mühen unter Wasser. Denn die Anse Caiman gilt als einer der besten Schnorchelspots, um Meeresschildkröten zu beobachten. Außerdem tummeln sich hier zwischen den Granitfelsen zahlreiche bunte Fische wie der Imperator-Kaiserfisch (*Pomacanthus imperator*), der Pfauen-Zackenbarsch (*Cephalopholis argus*) oder der Paletten-Doktorfisch (*Paracanthurus hepatus*).

Coco Island

Schöner Schnorchelspot

Nicht nur Profis sind sich einig, dass die Gefilde rund um Coco Island mit zu den schönsten Schnorchelspots der Seychellen gehören. Hier kommt man nur mit dem Boot hin, gechartert oder auf einer halb- oder ganztägigen, geführten Tour. Im normalerweise kristallklaren Wasser und in 1–8 m Tiefe zeigt sich vieles von dem, was die Welt der Seychellen zu bieten hat. Dazu gehört die Echte Karettschildkröte (*Eretmochelys imbricata*), Schulen von Weißkehl-Doktorfischen (*Acanthurus leucosternon*), Gefleckter Adlerrochen, Papageienfische, Blaue Korallenfische (*Pomacentridae*) und Barsche.

Grande Soeur

Die Insel liegt mit ihrer Schwester Petite Soeur gut 6 km von La Digue entfernt und kann wie Cocos nur mit dem Boot angefahren werden. (Infos zur Anfahrt s. S. 207) Auch hier ist bei 0,5–1,5 m Tiefe unter Wasser reichlich Abwechslung geboten: Meeresschildkröten ruhen sich aus, Schulen bunter Fische ziehen vorbei und auch der eine oder andere Weißspitzen-Hochseehai (*Carcharhinus longimanus*) wurde schon gesehen.

Die Strände von A bis Z

info

Anse Bonnet Carré: Liegt am südwestlichen Zipfel von La Digue, gilt bis heute als verschwiegene Bucht und kann nur zu Fuß erreicht werden. Einen kleinen Snack und reichlich Wasser sollte man im Gepäck haben, und am besten auch gleich noch einen Guide, der die wenig ausgetretenen Pfade zum Strand kennt.

Anse Cocos: Auch hier, im Südosten, kommt man nur zu Fuß hin und zwar über die Grand Anse. 20 Min. geht es über einen Hügelrücken hinauf und hinunter, dann ist man da. Mutige besorgen sich einen Guide und wagen den Zugang ab Anse Fourmis. Hier dauert die Wanderung gut 30 Min. und sollte nur von Geübten angegangen werden. Das Gelände ist nicht einfach. Anse Cocos ist überschaubar, schön ruhig und wenig besucht. Zwischen Mai und Oktober allerdings kann man wegen der starken Strömung nicht schwimmen.

Anse Fourmis: Anse Fourmis beginnt da, wo die schmale Straße entlang der Nordostküste aufhört. Also das Rad abstellen und auf geht's. Bei Ebbe kann man zum Strand von Anse Caiman laufen und dann weiter zur Anse Cocos. Es sind allerdings auch schon Urlauber bei solch einer Wanderung verloren gegangen. Denn auf Ebbe folgt Flut, und wer das nicht richtig einschätzen kann, der findet den Weg zurück nicht mehr. Ein Guide muss also her. An der Anse Fourmis selbst gibt es reichlich Schatten und wenig Besucher.

Auf dem Weg zur Petite Anse

info

Anse La Réunion: Der lang gezogene Strand vor dem Örtchen La Passe glänzt mit ruhigem Gewässer und eignet sich prima zum Schwimmen und Planschen.

Anse Marron: Einer der Geheimtipps von La Digue liegt ganz im Süden. Er könnte dank der ihn umrandenden spektakulären Granitformationen der schönste Strand der Insel sein – wäre da nicht Anse Source d'Argent.

Anse Patates: An der Nordspitze kann man am langen Sandstrand gut schwimmen und auch unter Wasser gibt es einiges zu sehen. Hier kann man zu jeder Tageszeit baden, auch bei Ebbe.

Anse Pierrot: Der Nachbarstrand zur Anse Source d'Argent wird weniger heftig besucht, aber ist genauso schön anzuschauen.

Anse Severe: Der bei Einheimischen wie Besuchern beliebteste Strand liegt in fußläufiger Entfernung zu La Passe. Hier gibt es etliche Stände für Fruchtsäfte, Snacks und eisgekühltes Bier. Schwimmen und Schnorcheln gehen gut, Schatten ist am Strand auch vorhanden. Also einfach die Klamotten in die Bäume hängen und ab ins Wasser.

Anse Source d'Argent: Ob er nun der schönste Strand der Welt ist, das liegt im Auge des geneigten Betrachters. Zumindest ist er sicher der am meisten fotografierte. Zwischen den Granitfelsen kann man schön verloren gehen, es gibt eine Bar und dank der Besuchermassen und Hochzeiten auch immer reichlich Unterhaltung.

Anse Union: Hier kommt man vorbei, wenn man Anse Source d'Argent bei einer Ebbewanderung erobern will – um den Eintritt zu sparen oder einfach zu erleben, wie sich die Szenerie am Strand verändert. Wer die Ebbe verpasst hat, kann hier schon sein Handtuch ausbreiten.

Grand Anse: Spektakulär ist die Brandung, wunderschön der Strand an der Südostküste. Grand Anse ist der längste Strand von La Digue, allerdings bis ca. 14 Uhr gänzlich frei von Schatten. Sonnenanbeter müssen sich vormittags in den spärlichen Schatten der wenigen Felsen betten oder haben einen Schirm dabei. Vorsicht: Es kann stark winden und man kann hier von Mai bis Oktober nicht baden. Die Unterströmung ist schlicht zu gefährlich und das nächste Stück Land ein paar Tausend Kilometer entfernt.

Petite Anse: Den Nachbarstrand zu Grand Anse erreicht man über einen Hügelrücken. Von hier oben eröffnen sich herrliche Ausblicke auf beide Strände, wobei der kleinere der beiden meist völlig unberührt und unbesucht daliegt.

La Digue heute

Kein Grund zur Eile

Was Urlaubern auf La Digue sicher gleich auffällt, ist das Fehlen von Eile. Auch der Beikoch, der sich ab 6 Uhr morgens um die frischen Brötchen kümmern soll, nimmt sich gerne die Zeit, vorher ein ausführliches Schwätzchen mit einem der Zimmermädchen zu halten. Da müssen die Brötchen halt noch ein wenig warten. Genauso die Ladenbesitzerin, die auf die Frage, wann sie denn morgens aufmachen würde, antwortet: „Wenn ich mich danach fühle." Aber es gibt auch keinen Grund zur Eile: Die wahrlich wunderschönen Strände und Buchten laufen nicht weg, das Wasser ist immer kristallklar, die Dschungelpfade warten geduldig auf ihre Begeher. Von vorne rauscht der Ozean, hinten hört man maximal die Müllabfuhr oder die

Entspannter Paddelausflug bei La Passe

Heckentrimmer, mit denen die sprießende Natur in Schach gehalten werden soll.

Wer sich zunächst Mahé angeschaut und die Hauptinsel erlebt, dann Station auf dem schon etwas ruhigeren Praslin gemacht hat, der wird auf La Digue noch weiter runterkommen und relaxen. Irgendwann nach dem ausgiebigen Frühstück lockt das Leihfahrrad zu einer kleinen Tour an den nächsten Strand, der zum Glück gar nicht so weit entfernt ist. Hier kann man sehr schön verweilen, für die Verpflegung ist meist durch Takeaways oder kleine Saftbuden gesorgt. Zeit zur Rückkehr wird es, wenn die Sonne untergeht. Es gibt keine Straßenbeleuchtung, und das Leihrad hat wahrscheinlich kein Licht. Aber jetzt rufen ohnehin die Sundowner-Cocktails und später die Buffets zur Rückkehr in die Unterkunft. Und dem Ruf sollte man folgen – sonst wird es gefährlich auf den dunklen Straßen. Auf La Digue geht man früh ins Bett, um am nächsten Morgen gestärkt wieder einen Tag mit ausgiebigem Frühstück und einem Ausflug an den einsamen Strand oder mit einer kleinen Wanderung in die ursprüngliche Natur anzugehen. Ja, so kann es aussehen, das Leben im (Urlaubs-)Paradies ...

Wanderung

info

Nid d'Aigle

Hinkommen	Taxi oder Fahrrad
Start	Bellevue Restaurant
Länge	1,3 km
Zeitaufwand	40 Min.
Höhenunterschied	213 m
Schwierigkeitsgrad	einfach

Wer die ganze Insel einmal überblicken will, ist auf dem höchsten Gipfel von La Digue mit seinen über 300 m Höhe richtig. „Nid d'Aigle" bedeutet „Adlerhorst". Und tatsächlich sieht der Gipfel dank der ihn kreisförmig umrahmenden Felsen wie ein Vogelnest aus. Hier ist der Rundumblick grandios und schweift über die Strände von La Digue sowie die umliegenden Inseln Marianne, Félicité, Île Cocos und die Schwestern bis hinüber nach Praslin. Wer will, kann auch unten im Ort La Passe loslaufen, allerdings zieht sich der Weg dann deutlich und dauert gut 3 Std. hin und zurück. Am besten ist der Einstieg beim Snackrestaurant Bellevue. Hier ist der aufsteigende Pfad gekennzeichnet mit „Mountain".

La Passe

La Passe ist der Hauptort von La Digue. Wenn man das so sagen kann, denn es gibt sonst keinen nennenswerten Ort auf der überschaubaren Insel. Am **nördlichen Ende** von La Passe liegt der Friedhof, am südlichen Ende der Heliport, in der Mitte der Fähranleger. Im Hinterland von La Passe, das sich prima mit dem Rad erkunden lässt, gibt es nette Unterkünfte in üppig-grünen Gärten und schöne Ausblicke. Wer es bis zum **Snack Bellevue** geschafft hat, kann hier das Rad abstellen und auf den höchsten Berg der Insel wandern, den Nid d'Aigle. Tagsüber ist in La Passe dann etwas los, wenn vormittags die von Praslin kommenden Katamarane am Fährhafen anlegen und ihre Ladung an Touristen auswerfen. Tagestouristen besorgen sich schnell ein Fahrrad oder werden von Touranbietern am Hafen eingesammelt und verschwinden schnell an den jeweiligen Traumstrand. Dasselbe gilt für die Sommerfrischler, die mit dem Helikopter ab Mahé oder Praslin zu morgendlicher Stunde einfliegen. Oft sind es Einheimische aus der Hauptstadt. Denn auch für die Seychellois bedeutet La Digue ein wenig Urlaubsgefühl – und sei es nur für einen Tag oder ein „dirty weekend". Urlauber, die ihre Unterkunft vorausgebucht haben, werden normalerweise abgeholt – meist mit dem Taxi. Früher war es der Ochsenkarren, der sich der Touristen und ihres Gepäcks annahm. Doch auch in La Passe hat das moderne Leben Einzug gehalten. Es gibt mittlerweile sogar eine Tankstelle auf der Insel, und der zentrale Fischmarkt wurde großzügig renoviert, mit Unterstützung durch EU-Gelder.

Viele Tagestouristen

Die meisten Unterkünfte befinden sich in und rund um La Passe und somit nicht weit vom Fähranleger. Wer sein Hotel gefunden hat, wird ab jetzt kein Taxi mehr brauchen. Hier liegt wirklich alles in fußläufiger Entfernung – vom nächsten Shop über das Takeaway bis hin zum Bankautomat. Wer fußlahm ist, kann sich mit dem hoteleigenen Golfcart herumfahren lassen. Spätestens wenn die Abenddämmerung hereinbricht, verschwinden die Tagestouristen wieder. Die Leihräder müssen bis 17, spätestens 18 Uhr abgegeben werden, und die Bürgersteige – wenn es sie denn geben würde – werden hochgeklappt. Straßen und Gassen sind nicht beleuchtet und es bewegt sich jetzt wenig. Einzig in den vereinzelten Bars und am Fähranleger gibt es noch Leben. Hier treffen sich die Einheimischen, um die Gerüchte des Tages auszutauschen, zu flachsen und zu flirten. Wer sich diesen netten Tagesausklang bei einem Kaltgetränk anschauen will, sucht die Bar des Tarosa auf und schaut dem bunten Treiben ein paar Meter weiter zu. Mit ein bisschen Glück ist Samstagabend und die Einheimischen gönnen sich ein Tänzchen mit hipper Musik aus dem Ghettoblaster. Mitmachen ist ausdrücklich erlaubt.

Kurze Entfernungen

Der Friedhof von La Passe

Wer genug lustgewandelt ist in den Gassen von La Passe, der kann sich im Süden des Orts noch ein Stück Nationalpark anschauen – den einzigen auf der Insel La Digue selbst: Das **La Digue Veuve Reserve** ist die Heimat des Seychellen-Paradiesschnäpper (*Terpsiphone corvina*), auf Kreolisch „Veuve" genannt. Seit 1982 wird die seltene Vogelart hier geschützt. Was auch nötig ist, denn er ist der am meisten gefährdete Vogel der Seychellen. Die Paare legen jeweils nur ein Ei, entsprechend gering ist die Population. Deswegen wird man ihn auch im Park kaum je zu Gesicht bekommen. Geschätzt leben auf La Digue noch 150 Paare. 2008 wurden 23 Vögel eingefangen und nach Denis Island verfrachtet, um das Überleben der Art zu sichern. Das erste Küken schlüpfte auf Denis 2009, hier nimmt die Anzahl der Vögel seitdem langsam, aber stetig zu. Im Reservat auf La Digue kann man auf Pfaden durch den Wald laufen und anhand von Schildern einiges über das Leben hier lernen. Es gibt ein kleines Besucherzentrum mit weiteren Informationen. Ist ein Parkranger da, dann lohnt es sich, ihn für eine kleine, geführte Tour zu gewinnen. Die Ranger wissen, wo die Paradiesschnäpper nisten – auch außerhalb des Reservats. Am besten ruft man vorher an und bucht eine Tour.

Seltene Paradiesschnäpper

La Digue Veuve Reserve, *La Passe, Anse Réunion, ☏ +248-2783114. Das Informationscenter ist geöffnet: Mo–Fr 8–12 und 13–16 Uhr.*

Nach einer Besichtigung des Reservats kann man der Straße folgen, die nach einer Kurve Richtung Norden geht und den Ort quasi umrundet. Hier geht es vorbei an Häusern der Einheimischen, an Obst- und Gemüseplantagen und der Abzweigung Richtung Belle Vue (s. Wanderung). Bald folgt rechter Hand die schön restaurierte Kolonialvilla **Chateau St. Cloud**. Früher war hier eine Vanilleplantage, heute residiert auf dem Gelände ein Luxushotel.

Der Norden

Der Norden von La Digue glänzt mit Traumstränden und beginnt ungefähr mit dem Friedhof, der sich beinahe anmutig auf der rechten Seite ausbreitet. Hier geht es einen kleinen Berg hoch und gleich wieder hinunter zur **Anse Severe**. Hierher kann man ab La Passe auch gut laufen. Wer das Fahrrad dabeihat, stellt es in die Büsche, packt das Handtuch, die Trinkflasche und das Picknick aus und setzt sich erst mal an den blendend weißen Strand. Viel mehr kann man sich fast nicht wünschen: Die Bucht wird von einem Korallenriff geschützt, was gut für die Kleinen ist, man kann prima schnorcheln und der Ausblick ist nicht von schlechten Eltern: Vor einem liegen Praslin, Félicité und die Île Cocos. Hinter

Alltag an der Anse Severe

Die Galerie von George Camille

einem haben Standbetreiber längst ihre Saftmixer angeworfen oder das Bier auf Eis gelegt. Man sollte sich nicht wundern, wenn riesige Schildkröten auf der Straße liegen und sich füttern oder am Hals kraulen lassen. Sie gehören zu den Attraktionen von La Digue und werden hier ausgesetzt, um Touristen anzulocken.

Neugierige radeln weiter, umrunden die Nordspitze von La Digue und erobern jetzt die **Nordostküste**. Mit der Anse Patates folgt eine weitere Schnorchelmöglichkeit, rechts und links ein paar Unterkünfte wie das Hotel Patatran Village und weiter zieht sich die gut zu befahrende Straße an der Küste entlang. Ein wenig hinauf und hinunter, vorbei an Anse Gaulettes, Anse Grosse Roche, Anse Banane und Anse Fourmis. Hier endet die ausgebaute Straße. Weiter geht es nur zu Fuß und nur mit Guide. Ein Ziel könnte die Anse Caiman sein, ein angesagter Schnorchelspot. Wer noch nicht auf schnellstem Weg wieder zurück nach La Passe radeln will, kann beim Restaurant Chez Jules an der Anse Banane einen Halt einlegen. Hier gibt es, da sind sich wirklich alle Kenner einig, den (welt-)besten Oktopussalat. Ein paar Radminuten weiter Richtung Norden, an der Anse Gaulettes, befindet sich eine Galerie des bekannten einheimischen Künstlers **George Camille** (*https://de-de.facebook.com/GeorgeCamilleSeychelles, Mo–Sa 9–12 und 13–17 Uhr*). Wer auf Mahé nicht die Chance hatte, seine Galerie im Kaz Zanana zu besichtigen, der kann sich hier seine Kunst anschauen und auch kaufen. Camilles Bilder hängen aber auch in La Passe, beispielsweise im Le Repaire Hotel. Ansonsten bietet der Norden von La Digue vor allem wunderbare Aussichten und reichlich Fotomotive. Allein die vor der Küste liegenden Inseln Marianne, Félicité, Cocos und die Schwestern sind so manchen Klick wert. Baden ist an den sehenswerten Stränden nicht immer möglich. So gibt es an der Anse Gaulettes beispielsweise gefährliche Unterströmungen. Warnschilder sollten unbedingt beachtet werden. Der Rückweg führt wieder vorbei an der Anse Severe. Und jetzt ist es höchste Zeit für einen Fruchtsaft oder ein gut gekühltes SeyBrew-Bier – bevor es zurück zur Unterkunft geht.

Schöne Strände

Der Süden

Der Süden von La Digue könnte ungefähr beim Heliport beginnen, auf dem die Helikopter von Zil Air regelmäßig landen. Und hier ist man gar nicht weit entfernt von den beiden Topattraktionen La Digues: dem **L'Union Estate** und der Traumbucht **Anse Source d'Argent**.

L'Union Estate

In La Passe selbst und auf dem Weg in den Süden kommt man an einigen schönen Häusern im Kolonialstil vorbei, die sich reiche Plantagenbesitzer bauen ließen. Denn auf La Digue wurde in früheren Zeiten gut Geld gemacht mit dem Export von Vanille. Mit den Häusern zeigten die Plantagenbesitzer ihrer Mitwelt ihren Wohlstand. Eine der Plantagen, die aufwendig restauriert wurde und heute in neuer alter Pracht erstrahlt, ist **L'Union Estate**. Der Landsitz ist ein Open-Air-Museum, in dem das Leben in der Zeit der Plantagenwirtschaft auf La Digue wieder lebendig werden soll. Entsprechend viel gibt es zu entdecken. Dazu gehört beispielsweise die ehemalige Kokosnussplantage. Hier erfahren Besucher, dass so gut wie alle Teile der Kokosnusspalme verarbeitet werden können. Der Stamm dient als Baumaterial, die Wurzeln wirken ausgekocht und eingenommen harntreibend, und die Blätter eignen sich hervorragend zum Dachdecken. Aus dem weißen, getrockneten Kernfleisch, der Kopra, wird Kokosnussöl gewonnen. Nebenan steht die dazugehörige **Kopramühle** mit dem traditionellen Kiln zur Beheizung. Hier wird gezeigt, wie Kokosnussöl gewonnen wird. Um dem Ganzen einen historischen Anstrich zu geben, wird die Mühle von einem Ochsen betrieben.

Frühere Plantage als Museum

Ein Highlight der L'Union Estate ist das **Plantation House**, eine der wenigen wirklich gut erhaltenen und restaurierten Kolonialvillen der Seychellen. Erbaut wurde das Haus im 19. Jahrhundert von der Familie Hossen. Die Familie kam von Mauritius nach La Digue, um hier mit der eigenen Kokosnuss- und Vanilleplantage reich zu werden. Das ausladende Gebäude wurde im französischen Kolonialstil und größtenteils aus Holz erbaut. Bis heute wird es bedeckt von einem Strohdach, das wiederum von Stämmen gestützt wird, die aus Capucin- und Takamakaholz bestehen. Das Haus mit der umlaufenden Veranda war Ende der 1970er-Jahre im Kino zu sehen: Hier wurde mit „Goodbye Emmanuelle" der dritte Teil der Erotik-Filmreihe „Emmanuelle" gedreht. Wie es sich gehört für ein Open-Air-Museum auf den Seychellen, gibt es auch ein Schildkrötengehege. Dieses liegt direkt vor dem Felsen **Granite Boulder**, der der größte Stein der Seychellen sein soll – als 750 Mio. Jahre altes Nationaldenkmal.

Kolonialvilla

L'Union Estate, ☏ *+248-4234240. Tgl. 7–17 Uhr, Eintritt: 125 SR.*

Anse Source d'Argent

Wer sich schon auf dem Gelände der L'Union Estate befindet und Eintritt bezahlt hat, der sollte sich jetzt natürlich nicht das berühmte Stück Strand der Anlage entgehen lassen. Denn hier befindet sich Topattraktion Nr. 2 auf La Digue: die **Anse Source d'Argent**. Wer diesen Traumstrand aber einmal anders als auf den recht ausgetretenen Pfaden kennenlernen will, der macht eine **Ebbewanderung** ab dem Heliport. Und das geht so: In den meisten Unterkünften La Digues sind auf einer Tafel die aktuellen Ebbe- und Flutzeiten eingetragen. Hier also nachschauen und dann rechtzeitig zur Ebbe beim Heliport sein. Das Fahrrad kann hier abgestellt werden. Dann hinunter an den Strand gehen, rechts am Heliport vorbei, Schuhe oder Flipflops ausziehen und parallel zum Strand Richtung Süden durch das flache Wasser waten. Zuerst steht linker Hand eine Mauer, bald folgt

Traumstrand

Die Anse Source d'Argent

wieder Strand. Diesem einfach immer weiter folgen. Gelegentlich steigt der Wasserstand bis zu den Knien, aber die Wanderung ist gut machbar. Die Anse Source d'Argent kündigt sich spätestens beim Werftgelände durch eine auffällige **Felsformation** geradeaus an. Darauf zulaufen, einen letzten im Ozean stehenden Felsen umrunden, und der Traumstrand ist erreicht. Spätestens jetzt sind sicher ein paar Hochzeitsgesellschaften unterwegs, Fotografen verdienen sich ihre Brötchen und aufgestellte Pavillons deuten darauf hin, dass hier geheiratet werden soll. Ja, es kann voll werden am Strand. Tagestouristen steuern auf ihren organisierten Touren die Anse Source d'Argent als erstes Ziel an, Chinesen fotografieren sich gegenseitig, Hochzeitspaare trinken Sekt und russische Oligarchen lassen eine Drohne steigen, um die erblondete Freundin/Frau/Geliebte in bestem Licht fotografieren zu können. Dazwischen liegen Handtücher mit Sonnenbadenden und ein paar Menschen sitzen sicher auch im lauwarmen Wasser. Denn zum Baden ist es eigentlich zu flach. Man kann weiter draußen schnorcheln oder zwischen den wahrlich beeindruckenden Granitfelsen verloren gehen.

Beliebte Hochzeitslocation

Strandwanderung

Oder man wandert einfach weiter zur Anse Pierrot oder zur Anse aux Cèdre. Alle genauso schön anzuschauen wie die Anse Source d'Argent, aber längst nicht so überlaufen. Man sollte allerdings nicht vergessen, dass man auch bei Ebbe zurücklaufen muss. Wer das verpasst, muss über das Gelände der L'Union Estate gehen und eventuell Eintritt zahlen. Es wird kontrolliert. Oder man wartet bis nach 17 Uhr. Dann gibt es keine Kontrollen mehr und man kommt problemlos wieder zurück zum Heliport. Zu warten lohnt sich auch aus einem anderen Grund: Der späte Nachmittag eignet sich am besten, um die Bucht auch wirklich schön auf den Kamerachip zu bannen. Denn jetzt sind die Farben am intensivsten und man erkennt plötzlich, dass man in der Tat einen der schönsten Strände der Welt vor der Linse hat.

Grand Anse

Weniger überlaufen

Die einzige Straße, die La Digue über die Hügel von La Retraite quert, endet nach 4 km am grandiosen Strand der **Grand Anse**. Für viele ist das die Alternative zur Anse Source d'Argent. Denn hier kommen längst nicht so viele Besucher her, vor allem Tagestouristen finden kaum den Weg an die Südostküste. Doch die kleine Radtour lohnt sich auf jeden Fall, allein schon wegen der An- beziehungsweise Aussicht. Die Grand Anse ist der längste Strand von La Digue, der Sand ist wunderbar weiß, das Meer kristallklar und türkisblau, die anbrandende Gischt erfrischend spritzig. Schwimmen ist hier allerdings nicht so toll, denn besonders

Die Grand Anse

während des Südostmonsuns von April bis Oktober sind die Unterströmungen äußerst heftig. Wer hier mitgerissen wird, hat sehr schlechte Karten. Zweiter Wermutstropfen: Es gibt so gut wie keinen Schatten. Daher sind die wenigen Schattenplätze, die sich an und unter den Granitfelsen befinden, heiß begehrt. Wem hier zu viel los ist, der geht einfach über den Hügelrücken in 15 Min. zum nächsten Strandabschnitt, der **Petite Anse**. Hier ist die Welt wieder völlig in Ordnung. Wer eine Stärkung braucht, bevor der Rückweg angetreten wird, ist sicher im Restaurant Loutier Coco richtig – oder an einem der Saftstände entlang des Weges. Danach geht es rechtzeitig zurück nach La Passe oder in die gewählte Unterkunft, denn ab spätestens 18 Uhr rufen die Sundowner und ein weiterer wunderschöner Sonnenuntergang – wie man es von den Seychellen erwarten kann. *Heile Welt*

Reisepraktische Informationen La Digue

Information

Tourist Information Office, *La Passe, ☏ +248-4234393, www.seychelles.travel, Mo–Fr 8–17, Sa und feiertags 9–12 Uhr.*

Wichtige Telefonnummern

Polizei

Notfall: 999
Hotline: 133
La Passe: +248-4288128

Seychelles Fire and Rescue Services

Notfall: 999

Krankenhaus
Notfall: 151

Im Krankheitsfall
La Digue Logan Hospital, *La Passe, ☏ +248-4234255*

Banken
In La Passe gibt es Zweigstellen der großen Banken mit Geldautomaten.

Unterkunft
Die meisten Urlauber, die mit dem Katamaran ankommen, verbleiben gleich im Hauptort La Passe. Daher findet man hier reichlich Unterkünfte in allen Preislagen. Wer nicht unbedingt ein Haus am Strand braucht, um glücklich zu sein, für den bietet sich eine Unterkunft in den hinteren Gassen von La Passe an. Hier ist es deutlich ruhiger als vorne am Strand und es gibt zahlreiche Selbstversorgerunterkünfte. Wie Praslin kann La Digue in der Hauptsaison schnell ausgebucht sein, man sollte also rechtzeitig reservieren. Manche Häuser verlangen einen Mindestaufenthalt von drei Nächten. Ein Großteil der Unterkünfte verleiht Fahrräder. Hier sollte man allerdings rechtzeitig Bescheid geben, wann ein Bike gebraucht wird – denn die sind schnell weg.

La Passe und Umgebung
Oceane Self Catering (5) $, *La Passe, ☏ +248-4234553. Wer auf Meerblick verzichten kann, ist richtig in einem der vier geschmackvoll eingerichteten Apartments, die in der Villa untergebracht sind. Der familiäre Service ist aufmerksam und herzlich, Frühstück und Abendessen oder ein BBQ können dazugebucht werden.*
My Angel (14) $–$$, *Anse Réunion, ☏ +248-2503207, www.myangelselfcatering.com. Einer der Preisbrecher auf La Digue: Die Unterkunft mit ihren zwei Apartments für Selbstversorger wird sehr familiär gemanagt und liegt auf halber Strecke zwischen La Passe und der Anse Source d'Argent, ein wenig im Hinterland.*
Zerof Guest House (11) $–$$, *Anse Réunion, ☏ +248-4234439, www.zerofguesthouse-seychelles.com. Das Zerof mit seinen vier Doppelzimmern gehört mit zu den ältesten Unterkünften auf La Digue und ist eine Konstante, wenn es um ein kostengünstiges Dach über dem Kopf geht. Vor einiger Zeit wurde das Haus erweitert um die sehr netten* **Zerof Self Catering Apartments***: große Zimmer für Selbstversorger in einem gepflegten Garten. Bis zum Fähranleger läuft man 20 Min., ein Fahrrad ist hier eine gute Wahl.*
Moonlight Beach Villa (4) $$, *La Passe, ☏ +248-4234142, www.moonlightbeachvilla.de. Vor dem Haus liegt zwar direkt die Straße, diese allerdings stört den Ausblick auf die See aus den Ocean-View-Zimmern überhaupt nicht. Zehn geräumige Doppelzimmer hat das Haus, alle mit Minibar, Telefon, Klimaanlage, Flachbild-TV, Fön und Safe. Zur Ortsmitte von La Passe sind es nur wenige Minuten, zum Fährhafen auch. Besonders das Frühstück wird von Gästen gelobt.*
Villa Creole (13) $$, *Anse Réunion. Die Villa Creole ist eine schön anzuschauende, charmante Bungalowanlage mit vier Häusern, die im kreolischen Stil eingerichtet sind. Im gut ausgestatteten, offenen Küchenwohnbereich fühlt man sich wohl. Die Küche hat alles, was Selbstversorger brauchen. Vom Strand getrennt nur durch eine schmale Straße kann man von jedem Bungalow aus den Blick aufs Meer genießen. Buchbar ist die Villa Creole über Anbieter wie www.seyvillas.de oder www.seychellen-zeitreisen.de.*

Maison Charme de l'Ile (15) $$, *La Réunion, ☏ +248-2512542. Die im September 2017 eröffnete Anlage gehört zum bekannteren Chateau St. Cloud im Hinterland von La Passe und konnte sich in kurzer Zeit eine Fangemeinde aufbauen. Es gibt vier Apartments, die mit viel Liebe zum Detail eingerichtet wurden. Dazu gehören schicke, schlichte Holzmöbel, bunte Wandfliesen und reichlich Dekoration.*

La Kaz Safran (6) $$, *La Passe, ☏ +248-4234012, http://lakazsafran.com. Das nette Häuschen mit Familienanbindung liegt mitten in La Passe und gleich beim Fähranleger. Hier ist man mittendrin. Es gibt vier Zimmer, zwei Doppel- und zwei Dreierzimmer, das große Frühstück ist im Preis inbegriffen.*

Kaz Ladouceur (7) $$–$$$, *La Passe, ☏ +248-951687118, www.kaz-ladouceur.com. Die 200 m² große Villa mit einer 100 m² großen Terrasse liegt weit oben am Hang hinter La Passe, was frische Luft und grandiose Ausblicke garantiert. Selbstversorgung wird hier großgeschrieben, weshalb die Küche gut ausgestattet ist. Läden gibt es in der Nähe. Wer keine Lust zum Kochen hat, kann sich auch mit kreolischen Menüs von der Hausdame verwöhnen lassen.*

Le Repaire (9) $$–$$$, *La Passe, ☏ +248-2530594, www.lerepaireseychelles.com. Kleines Juwel am Strand von La Passe mit einer kleinen, geschützten Bucht vor dem Haus, dazwischen ein netter Garten mit Pool und modern eingerichteten Zimmern. Das Restaurant gehört mit zum Besten, was La Digue zu bieten hat. Die 18 Zimmer sind unaufdringlich, aber geschmackvoll eingerichtet, genauso wie die Lobby und das (Teil-)Open-Air-Restaurant im Erdgeschoss. Der Service und das Personal sind ungemein freundlich und stehen Urlaubern gerne mit Rat und Tat zur Seite.*

Zimmer im Le Repaire

Le Domaine de L'Orangeraie Resort & Spa (3) $$$, *Anse Severe, ☏ +248-4299999, www.orangeraie.sc. Wenige Wünsche bleiben offen in diesem Luxusresort, das sich vom Strand über die Straße und den Hügel hochzieht. 55 Villen sind locker über das ausladende Gelände verteilt. Wer oben am Hang wohnt, wird beim Hinaufsteigen ein wenig ins Schwitzen kommen – aber der Ausblick ist klasse. Am Strand selbst gibt es eine schicke Lounge-Bar mit Musik, zwei Restaurants sorgen für das leibliche Wohl der Gäste. Winziger, luxuriöser Kritikpunkt: Auf die Golfcarts, die einen zu den höher gelegenen Villen bringen, muss man gelegentlich recht lang warten.*

Le Nautique Luxury Waterfront Hotel (8) $$$, *La Passe, ☏ +248-4234700, http://lenautique.sc/ladigue. Der Name ist Programm: Das Nautique ist ein Luxushotel, das direkt am Strand liegt. Das Boutique-Hotel wird sehr familiär geführt und macht einen äußerst gepflegten Eindruck. Die Strandbar ist ideal für den Sundowner mit Blick auf den Ozean und Praslin. Es gibt ein Schwesterhotel auf Mahé, entworfen und gemanagt werden beide von einer seychellischen Familie mit einem guten Blick für modernes Design, Details und einem Händchen für angenehme Atmosphäre.*

La Digue Island Lodge (12) $$$, *Anse Réunion, ☏ +248-4292525, www.ladigue.sc. Das Haus ist einer der alteingesessenen Platzhirsche auf La Digue. Es versteht sich* *als „echtes kreolisches Hotel", es gibt 89 Zimmer in unterschiedlicher Aufmachung und Ausstattung – vom zeltförmigen, alleinstehenden Bungalow über das historische Yellow House von 1900 bis hin zu Standardzimmern im Hauptgebäude. Der Strand direkt vor der Island Lodge lädt zum Verweilen, das von allen Seiten offene Buffet-Restaurant zu Themenabenden und die Strandbar zu einem Kaltgetränk – nicht nur bei Sonnenuntergang.*

Chateau St. Cloud (10) $$$, *La Passe,* ☏ *+248-4234346, www.chateaust cloud.sc. Wohnen mit Charme und Eleganz: Das Chateau St. Cloud ist eine ehemalige Kokosnuss- und Vanilleplantage im Hinterland von La Passe. Bis zum Strand sind es gute 10 Min. zu Fuß, mit dem Bike geht es natürlich schneller. Auf dem Plantagengelände mit einem riesigen tropischen Garten stehen heute Bungalows unterschiedlicher Ausstattung sowie das historische Kolonialgebäude, insgesamt sind es 16 Zimmer. Mitten im Garten ist ein erfrischender Pool und das Restaurant ist auch nicht schlecht.*

Der Norden

Le Relax Luxury Lodge (1) $$$, *Anse Gaulettes,* ☏ *+248-4234343, www.lere laxhotel.com/Hotel/Le-Relax-Luxury-Lodge-10. Ein wenig ab vom Schuss ist die Lodge, die aber mit einem wunderschönen Stück Strand glänzen kann. Die sechs ordentlichen Luxusvillas sind in den Hang gebaut, Richtung Strand ist das Restaurant zu finden. Wer hier wohnt, sollte sich vorher ein Fahrrad besorgen, die Lodge hat keine Leihfahrräder.*

Villa Verte (2) $$$, *Anse Gaulettes,* ☏ *+248-344334, http://villaverteseychelles. com. Hier spürt man die Hand des Künstlers, der das grüne Haus mit dem sprechenden Namen gestaltet hat. Es gibt drei Doppelzimmer für Selbstversorger, das größte davon belegt den oberen Stock. Um das Haus läuft eine ausladende Veranda, auf der man den wunderschönen Ausblick aufs Meer und die nahen Inseln genießen kann.*

Restaurants

Viele Urlauber auf La Digue oder in La Passe werden die Mahlzeiten im eigenen Hotel einnehmen. Es lohnt sich, über Halbpension nachzudenken. Diese kann an der Rezeption für den jeweiligen Abend, mehrere Abende oder den gesamten Aufenthalt zugekauft werden. Und wenn man sich die À-la-carte-Preise der einzelnen Gerichte anschaut, versteht man schnell, warum sich eine Pauschale lohnt. In die Hotelrestaurants dürfen natürlich auch Nicht-Hotelgäste hinein. Das bedeutet, dass ein Haus mit gutem Ruf – wie das Le Repaire – ruckzuck ausgebucht sein kann. Was besonders am Sonntag zum Problem wird: Dann sind die Takeaways normalerweise geschlossen, ebenso ein Teil der Geschäfte. Man sollte also unbedingt vorbuchen.

La Passe und Umgebung

Mi Mum Takeaway (3), *La Passe,* ☏ *+248-2543037. Mi Mum ist längst kein Geheimtipp mehr – was für Einheimische und Urlauber gleichermaßen gilt. Der unscheinbare Takeaway ist auf der linken Hausseite der ehemaligen Disco untergebracht, und spätestens ab 18 Uhr gehen die wenigen Sitzplätze an den Tischen und Bierbänken aus. Menschen aus aller Herren Länder drängen sich vor der schmalen Durchreiche, um ihr Curry, ihren Burger oder Chow Mein (gebratene Nudeln) zu bestellen. Die Karte gibt noch mehr her. Bei der Bestellung erhält man eine Nummer, diese wird dann aufgerufen. Die günstigen und leckeren Gerichte kann man mitnehmen oder hier verzehren.*

Tarosa Takeaway (4), *La Passe, gegenüber der Apotheke,* ☏ *+248-4234407. Das Tarosa direkt an der Hauptstraße kann von der Qualität der Speisen her nicht ganz mit* *dem Mi Mum mithalten, hat sich aber über die Jahre eine Stammkundschaft erarbeitet. Hier gibt es ein Tagesmenü und man kann sich im Hof an einen der Tische setzen. Empfehlenswert ist der gegrillte Fisch.*

Fish Trap Restaurant and Bar **(5)**, *La Passe, ☏ +248-2636100, www.facebook.com/www.fishtraprestau.sc. Nicht ganz günstig, aber dafür direkt am Strand ist das Fish Trap ein paar Häuser weiter. Es macht eher den Eindruck eines Jachtclubs, dementsprechend ist das Preisniveau nicht gerade niedrig. Aber man sitzt gut, es gibt Cocktails und die Mahlzeiten sind in Ordnung.*

Abendessen im Mi Mum Takeaway

Tipps

Le Repaire **(9)**, Anse Réunion, ☏ +248-4234332, www.lerepaireseychelles.com/italian-restaurant. Das Boutique-Hotel Le Repaire zählt von den Zimmern her mit zum Besten, was La Digue zu bieten hat. Und da nicht nur die Chefin des Familienbetriebes, sondern auch der Chefkoch aus Italien kommt, verwundert es nicht, dass auch das zugehörige italienische Restaurant exzellent ist. Somit ist es eine Frage der Ehre, dass die Pasta echt italienisch schmeckt, die Pizza kross und knusprig ist und das Risotto wunderbar. Vom modern und luftig eingerichteten Open-Air-Restaurant schaut man hinaus über den üppigen Garten Richtung Ozean. Auch zum Frühstück kann man sich einen Tisch reservieren, was empfehlenswert ist. Denn hier gibt es das wohl beste Müsli der Seychellen.

La Digue Island Lodge **(12)**, Anse Réunion, ☏ +248-4292525, www.ladigue.sc/marmit-restaurant.html. Die La Digue Island Lodge kommt mit einem Highlight, das man sich als Besucher der Insel nicht entgehen lassen sollte: Das abendliche Buffet im Marmit Restaurant. Es ist nicht ganz günstig, aber man diniert auf einem Holzdeck direkt am Meer, bei Kerzenschein und Livemusik. Es gibt jeden Abend ein Themenbuffet, das sich auf ein Land und seine Spezialitäten bezieht: beispielsweise ein japanisches Dinnerbuffet, ein kreolisches und ein sri-lankisches (Chefkoch Sumeda Yapa stammt aus Sri Lanka). Wer echt kreolisch speisen will, ist hier richtig. Sous-Chef Jimmy Gabriel ist für das kreolische Buffet zuständig, und man kann sich von ihm die Bestandteile der abendlichen Küche erklären lassen. Dabei hilft auch der mitten im Restaurant stehende Tisch, auf dem die Früchte, Gewürze und Zutaten der kreolischen Küche zum Anfassen und Erklären präsentiert werden.

La Digue Pizzeria **(6)**, *Mills Complex, La Passe, ☏ +248-2617721. An der Hauptstraße schräg gegenüber dem Fischmarkt steht zum Glück ein Hinweisschild samt*

Speisekarte. Denn sonst würde man die Pizzeria im Hinterhof des Mills Komplex wahrscheinlich nicht finden. Was schade wäre, denn die Pizzen sind ausgezeichnet und vor allem riesig. Kleiner Wermutstropfen ist die Wartezeit, die recht lang sein kann. Denn die Pizzeria ist auch ein Takeaway, und viele Kunden bestellen sich ihre Mahlzeit per Telefon.

Le Bon Coin Restaurant and Bar (7) *La Passe, ☏ +248-2536549. Wer keine Lust hat auf Takeaway, aber auch keine Lust auf das Hotelrestaurant, der ist hier gut aufgehoben. Das Open-Air-Restaurant bietet einen wunderbaren Blick über das Meer und die Nachbarinsel Praslin. Bei schönem Wetter werden die Tische vor dem Restaurant in den Sand gestellt. Die Atmosphäre ist locker, der Service schnell und freundlich. Angeboten werden auch Menüs, die viele Elemente der kreolischen Küche berücksichtigen.*

Rey & Josh Cafe Takeaway (10), *Anse Réunion, La Passe, ☏ +248-2563601. Rey und Josh haben ihr Takeaway erst im Mai 2018 eröffnet, aber schon eine rege Fangemeinde. Was sicher nicht nur an den gut gemachten und günstigen Mahlzeiten liegt, sondern auch an der Größe derselbigen. Hier geht niemand hungrig heim.*

Snack Bellevue (11), *Nid d'Aigle, La Digue, ☏ +248-2527856. Das Bellevue ist bekannt als Ausgangspunkt für Wanderungen auf den Nid d'Aigle, aber man sollte auch mal hineinschauen. Die Aussicht von der Terrasse hinunter über die Insel ist atemberaubend und lässt sich bei einem leichten Mittagessen besonders gut genießen. Spektakulärer wird es in den Abendstunden, wenn zum Sonnenuntergang das kreolische Buffet aufgefahren wird. Man muss reservieren, wird dafür aber vom heimischen Hotel abgeholt und wieder zurückgebracht.*

Gala Takeaway (13), *Anse Réunion, La Passe, ☏ +248-2525951. An der Straße gegenüber dem Veuve Reserve steht diese grüne Imbissbude, die auf der Wiese nebenan auch ein paar Bänke hat. Das Gala ist ein günstiger Takeaway mit einer ausladenden Speisekarte, die jeden Tag neu auf die Tafel gepinselt wird. Die Mahlzeiten sind lecker, das Pork Curry wird klassisch mit Knochensplittern gereicht. Wer noch nicht satt ist, sollte sich den selbst gemachten Bananenkuchen als Nachtisch nicht entgehen lassen.*

Der Norden

Karim's Fruit Bar (1), *Anse Severe. Hier kann man sich mit frisch zubereiteten Fruchtsäften oder Cocktails verwöhnen lassen und in den Hängematten chillen, die zwischen den Schatten spendenden Bäumen hängen.*

Takamaka Café (2), *Anse Severe. Die unscheinbare, kleine Bude an der Straße entlang der Anse Severe ist für manche Überraschung gut. Hier gibt es nicht nur eiskaltes SeyBrew zum Mitnehmen, sondern auch frisch zubereitete, leckere Salate und andere Köstlichkeiten. Wer sich also keinen Picknickkorb gepackt hat, wird an der Anse Severe sicher nicht verhungern oder verdursten.*

Chez Jules Restaurant (8), *Anse Banane, ☏ +248-4234287. Hier, so heißt es, gibt es den besten Oktopussalat La Digues. Das mag stimmen. Sicher ist, dass der Ausblick auf den Ozean wunderbar ist, der gegrillte Fisch frisch aus demselbigen kommt und Chez Jules bei der schweißtreibenden Radtour an der Nordostküste immer eine Pause wert ist.*

Der Süden

Loutier Coco (14), *Grand Anse, ☏ +248-514762. Das einzige Restaurant an der Grand Anse wurde 2016 renoviert und ausgebaut. Die Attraktion ist das All-you-can-eat-Buffet von 12.30–15 Uhr. Hier kann man sich den Magen vollschlagen, um sich nachher wieder an den Strand zu rollen. Um 16 Uhr schließt das Haus, also rechtzeitig an die Wegzehrung oder das letzte Kaltgetränk vor der Rückfahrt denken!*

Nachtleben

Tarosa (1), *La Passe, ☏ +248-4234407. Nachtleben gibt es kein nennenswertes auf La Digue. Wer aber den Sundowner einmal außerhalb seines Hotels genießen und ein bisschen länger sitzen bleiben will, sollte das Tarosa probieren. Freitags und samstags kommt hier ab 22 Uhr im Innenhof ein wenig Clubatmosphäre auf, wenn gerade ein (Hobby-)DJ verfügbar ist und Lust hat, aufzulegen. Ansonsten kann man den Einheimischen zuschauen, wie sie miteinander den lauen Abend am Fähranlieger verbringen: singend, tanzend, flirtend.*

Einkaufen

In La Passe gibt es zahlreiche Shops, die die Dinge des täglichen Lebens verkaufen. Auch Snacks sind hier zu haben.

Tauchen

Azurra Pro-Dive, *La Digue Island Lodge, ☏ +248-4292525, www.ladigue.sc/dive-center.html. Das einzige Tauchcenter auf La Digue, das einem Hotel angegliedert ist. Es werden PADI-Ausbildungen sowie Ausflüge zu den Tauchspots rund um La Digue angeboten.*
Trek Divers, *La Passe, ☏ +248-2523585, www.trekdivers.com. Ebenfalls ein PADI-zertifiziertes Tauchcenter mit einem ähnlichen Angebot wie Azurra. Trek Divers hat einen Katamaran, mit dem Tauchausflüge als Übernacht-Safaris in die Inselwelt der Seychellen möglich sind.*

Fährverbindungen/Katamarane

Der **Inter Island Ferry Service** *in La Passe verbindet mehrmals täglich La Digue mit der Nachbarinsel Praslin. ☏ +248-4232329, www.seychelles.net/iif. Am Fährhafen gibt es einen Fahrkartenschalter.*
Mit dem Katamaran von **Cat Cocos** *kann man bis zu dreimal täglich nach Mahé und zurück fahren, Zwischenstopp ist auf Praslin. ☏ +248-4324843, www.cat-cocos-seychelles.com. Wer mit einem Touranbieter und/oder Cat Cocos nach La Digue kommt und die Hin- und Rückfahrt gebucht hat, erhält auf der Hinfahrt bereits das Ticket für die Rückfahrt.*

Flüge

Auf dem Heliport am südlichen Ende von La Passe landen und starten die Helikopter von **Zil Air**, *www.zilair.com.*

Fahrräder

Die größeren Hotels vermieten normalerweise hauseigene Fahrräder. Daneben gibt es zahlreiche Anbieter, die denselben Service zum ähnlichen Preis (ca. 10 €/Tag) übernehmen. Je länger die Mietdauer, desto günstiger. Die Bikes haben normalerweise kein Licht. Denn, so die Aussage eines Fahrradverleihers: „Die Urlauber sind eh vor der Dunkelheit zurück." Daher schließen die meisten Verleiher auch zwischen 17 und 18 Uhr, was Tagestouristen beachten sollten. Man sollte sich den Zustand des Bikes vor dem Mieten genau anschauen, vor allem den Reifendruck und die Bremsen. Die Räder haben normalerweise vorne oder hinten einen Korb, in dem man das Handtuch und die Wegzehrung samt Wasserflasche locker unterbringt. Wer ein besseres Fahrrad oder

Inselrundfahrt mit dem Fahrrad

z. B. ein Mountainbike mieten will, muss mehr ausgeben. Es gibt mittlerweile auch E-Bikes auf La Digue.
Tati's Bicycle Rental, *La Passe, neben dem Fish Trap Restaurant, ☏ +248-2512111, https://de-de.facebook.com/Tatis-Bicycle-Rental-712158052220739, tgl. 9–17 Uhr. Nette Leute, guter Service, brauchbare Fahrräder.*

Taxis

Es gibt nur wenige Taxis auf La Digue. Diese können über die Hotelrezeption angefordert werden und transportieren Urlauber meist nur bei An- und Abreise. Ansonsten bewegt man sich zu Fuß oder mit dem Fahrrad. Eine Fahrt vom Fähranleger an die Grand Anse kostet rund 300 SR.

Bootsausflüge

Ein halb- oder ganztägiger Bootsausflug zu den benachbarten Inseln Île Cocos, den Schwestern, Félicité und/oder Marianne gehört zum „Pflichtprogramm" eines Urlaubs auf La Digue. So gut wie jedes Hotel oder die freundliche Dame in der Touristeninformation kennen einen Fischer oder Touranbieter, der besonders gute Ausflüge organisiert. Unterwegs kann man schnorcheln, eine Insel besuchen und ein Picknick genießen. So eine Tour kostet, je nach Dauer und Strecke, zwischen 60 und 120 € p. Pers. Einen guten Ruf genießt:
La Digue Boat Excursions Nevis Ernesta, *La Passe, ☏ +248-2515557, www.excursionsladigue.com*

Geführte Wanderungen

Auf La Digue sind schon einige Wanderer verloren gegangen, da sie den Rückweg nicht mehr fanden oder von der Flut überrascht wurden. Daher ist es nicht nur ratsam, sondern ein Muss, für eine Wanderung entlang der menschenleeren Süd- und Ostküste einen Guide zu engagieren. Auch die Wanderung auf den Gipfel, den Nid d'Aigle wird mit einem kompetenten Guide gleich noch spannender. Denn er kann erzählen und erklären, was einem links und rechts des Wanderwegs begegnet. Wer einen lizensierten Guide bucht, der bucht meist ein leichtes Mittagessen mit Früchten und Gemüse mit, für Getränke ist auch gesorgt. Eine Wanderung um die Südküste, beispielsweise von der Grand Anse bis zur Anse Source d'Argent kostet um die 40 € p. Pers. Bekannt zuverlässig sind:
Sunny Trail Guide Robert Agnes, *La Passe, ☏ +248-2525357, www.sunnytrailguide.net.*
CocoTrail Guide Gerard, *La Passe, ☏ +248-2535447, http://cocotrailguide.com.*

7. RUND UM PRASLIN UND LA DIGUE

Redaktionstipps

- Bemerkenswert: geführte Wanderung auf **Aride** (s. S. 204)
- Sehenswert: ehemaliges Lepraheim auf **Curieuse** (s. S. 205)
- Erlebenswert: Schnorchelabenteuer vor der **Île Cocos** (s. S. 208)

Überblick

Um Praslin und La Digue herum gibt es etliche kleine Inseln, die man bei einem Tagesausflug besuchen kann. Allerdings stehen die meisten unter Naturschutz, somit ist der Zugang auf die Inseln beschränkt: Teilweise können sie nur auf einer geführten Tour und zu bestimmten Zeiten besichtigt werden. Beim Anlanden mit dem Boot wird eine Landegebühr fällig. Diese soll dem Naturschutz und dem Erhalt von Flora und Fauna auf der jeweiligen Insel zugutekommen (s. „Formalitäten").

Inseln bei Praslin

Cousin

Blick auf Cousin und Cousine von der Grand Anse auf Praslin

Cousin ist 0,27 km² groß, liegt 2 km westlich von Praslin und ist die Nachbarinsel von Cousine. Bereits seit 1969 ist Cousin **Naturschutzgebiet** und war damit das erste „Sea and Island Reserve" (Inselschutzgebiet) des Indischen Ozeans. Bis heute befindet sich Cousin im Staatsbesitz. Der Staat hatte die Insel 1969 den Besitzern der Kokosnussplantage, die sich damals hier befand, abgekauft. Anschließend wurde Cousin in den ursprünglichen Zustand zurückversetzt. 1975 folgte die Beförderung zum „Special Reserve": Ein „Gebiet, dessen charakteristische Tierwelt besonders schutzbedürftig ist, weshalb alle anderen Interessen diesem Schutz unterzuordnen sind", so die Definition. Dieses Special Reserve reicht heute rund um die Insel herum 400 m in den Ozean hinein. Daneben gilt Cousin als „Important Bird Area" (IBA) und ist deshalb einer der bedeutendsten Spots der Seychellen für Vogelbeobachter. Hier leben der seltene Seychellen-Rohrsänger (*Acrocephalus sechellensis*) sowie der Seychellendajal (*Copsychus sechellarum*). 250.000 Vögel nisten auf der Insel, darunter auch Seeschwalben und Fregattvögel. Aber nicht nur leidenschaftlichen Ornithologen schlägt das Herz höher. Außer den Vögeln gibt es Geckos und Schildkröten. Diese Echten Karettschildkröten (*Eretmochelys imbricata*) stammen von dem Aldabra-Atoll und wurden hier angesiedelt.

Für Vogelfreunde

Reisepraktische Informationen Cousin

Information

Nature Seychelles, *Centre for Environment and Education Roche Caiman, Mahé, P.O. Box 1310, ☏ +248-4601100, http://cousinisland.net. Hier gibt es alle Informationen, die man im Vorfeld eines Besuchs braucht.*

Öffnungszeiten

Mo–Fr 9.30–12.30 Uhr, feiertags ist geschlossen. Nachmittags sind sogenannte „VIP-Besuche" möglich. Informationen hierzu gibt es beim Nature Seychelles, Centre for Environment and Education Roche Caiman.

Hinkommen

Ausflüge *organisieren die Touranbieter auf Praslin, z. B. Mason's Travel (www.masonstravel.com), Creole Travel Services (www.creoletravelservices.com) oder Dream Yacht (www.dreamyachtcharter.com).*

Landegebühr

Über 12 Jahre: 500 SR p. Pers.

Formalitäten

Besucher brauchen keine Genehmigung, um an Land zu gehen. Landungen finden von Mo–Fr 9.30–10 Uhr statt. Sa, So und an Feiertagen geschlossen. Besucher dürfen nur mit den projekteigenen Booten des Naturschutzgebietes an Land gehen. Die Landegebühr kann entweder vor Ort oder im Vorfeld im Büro von Nature Seychelles auf Mahé, dem Island Conservation Centre auf Praslin oder in einem Reisebüro bzw. in einer Bootscharterfirma bezahlt werden.

Round Island

Round Island liegt auf einem Korallenriff an der Südostspitze von Praslin. „Von Praslin" sollte man bei der Planung im Kopf behalten, denn es gibt auch eine Round Island im Ste. Anne Marine National Park vor Mahé. Lediglich 0,2 km² ist das Inselchen vor Praslin klein, kreisrund und bietet zwar nicht viele Strände, dafür aber reichlich **Schnorchel- und Tauchgründe**. Mit ein bisschen Glück kann man Stachelrochen sehen und/oder ein paar Riffhaie sowie Büffelkopf-Papageifische, versteckt in den zahlreichen Höhlen oder unter Überhängen. Früher gab es hier wohl einen Bestand an Coco-de-Mer-Palmen. Diese wurden allerdings plattgemacht, als die Insel in eine Kokosnussplantage umgewandelt wurde. Heute ist die Plantage Geschichte und die Insel ein gerne angepeiltes Ziel von Ausflügen.

Nicht verwechseln!

Unterkunft

Round Island Resort $$$, *www.7south.net/accommodation/round-island. Die drei exklusiven Villen und das „Private House" am nordöstlichen Ende von Round Island beeindrucken mit schönen Blicken auf Praslin und reichlich Komfort. Das Restaurant ist stolz auf den eigenen Weinkeller.*

Aride

Einzigartige Flora und Fauna

Aride gilt nicht nur bei Eingeweihten als die „unverdorbenste“ Insel der Seychellen. Sie liegt 10 km nördlich von Praslin und ist seit 1967 **Schutzgebiet**. 1973 kaufte Christopher Cadbury die Insel. Falls einem der Name bekannt vorkommt: Cadbury war in der Tat der Eigentümer der bekannten gleichnamigen Schokolade aus England. Unter seiner Leitung nahm sich die „Royal Society of Wildlife Trusts“ Arides an und schützt seitdem die unzähligen Pflanzen- und Tierarten, für die Aride bekannt ist. Hier befindet sich beispielsweise die weltweit einzige Kolonie der Rußseeschwalbe (*Onychoprion fuscatus*), die auf einem Hügel angelegt ist. Daneben brüten auf Aride der Rotschwanz-Tropikvogel (*Phaethon rubricauda*) und die Rosenseeschwalbe (*Sterna dougallii*). Schlankschnabelnoddi (*Anous tenuirostris*) treffen sich hier und bilden die größte Kolonie der Welt. Daneben bietet Aride gleich drei Eidechsen- sowie drei Geckoarten eine Heimat. Endemisch, also nur hier zu finden, ist die Wright's Gardenia (*Rothmannia annae*), die vielleicht seltenste und schönste Pflanze der Seychellen. Seit 2004 kümmert sich die Island Conversation Society (ICS) um Aride. Sie organisiert auch die rund 2-stündigen Wanderungen rund um die Insel, bei denen man allen Attraktionen aus Flora und Fauna auf Aride ganz nahe kommt. Vom Gipfel des 134 m hohen Gros La Tête eröffnet sich eine beeindruckende Aussicht auf die Inseln, die Aride umgeben.

Reisepraktische Informationen Aride

Information

Island Conservation Society, *Pointe Larue, Mahé, ☏ +248-2719778, www.arideisland.com. Hier gibt es alle Informationen, die man im Vorfeld eines Besuchs braucht.*

Öffnungszeiten

So, Mo, Mi geöffnet. Die Insel ist grundsätzlich zwischen Juni und August aufgrund von starkem Seegang geschlossen.

Hinkommen

Ausflüge *organisieren die Touranbieter auf Praslin, z. B.* **Louis Bedier** *(www.villabedier.com), Sagittarius (www.facebook.com/sagittariustaxiboatexcursions) oder* **Dream Yacht** *(www.dreamyachtcharter.com).*

Landegebühr

650 SR p. Pers., 4–15 Jahre: 325 SR

Formalitäten

Touristen brauchen keine Genehmigung, um die Insel Aride zu besuchen, jedoch müssen sich Segelboote mit dem Inselverwalter vor dem Besuch in Verbindung setzen. Tickets können im Vorfeld beim Bois Mare Nature Guide, Baie St. Anne, Praslin erworben werden. Besucher dürfen nur mit den projekteigenen Booten des Naturschutzgebietes an Land gehen. Landung beginnt ab 10 Uhr, Abfahrt ist um 15.30 Uhr. Es gibt eine 200-m-Bannmeile um das Naturschutzgebiet, in der das Angeln strengstens verboten ist.

Curieuse

Blick auf Curieuse

Die 3 km² große Insel Curieuse liegt schön an der Nordwestküste von Praslin und ist sicher einen **Tagesausflug** wert. Verwaltet wird das hübsche Stück Erde vom Seychelles Centre for Marine Technology – Marine Parks Authority. Ihren heutigen Namen erhielt die Insel 1768 von Marc-Joseph Marion du Fresne. Wie La Digue benannte der Entdecker, der auch Praslin einen neuen Namen verpasst hatte, sie nach einem der Schiffe seiner Flotte. Die zerfurchte Insel mit ihren spektakulären Granitfelsen war einst Heimat einer 1829 gegründeten **Leprakolonie**. Erst 1965 wurde diese Kolonie, die sich an der Anse St. Joseph befindet, geschlossen. Heute stehen hier Überreste das Lepraheims sowie des Arzthauses, die das Besucherzentrum der Insel beherbergen. Bis 1967 gab es auf Curieuse geschätzt 150 Coco-de-Mer-Palmen, die allerdings einem Feuer zum Opfer fielen. Erhalten geblieben sind endemische Weinstöcke sowie acht verschiedene Mangrovenarten. Ein Highlight ist das Schildkrötenprojekt, das vom **Seychelles Centre for Marine Research & Technology** (SCMRT-MPA) betrieben wird. Heute kann man bei einem Spaziergang über die Insel ca. 200 Riesenschildkröten begegnen, auch Karettschildkröten nisten hier.

Schildkröten-projekt

Reisepraktische Informationen Curieuse

Information
Ranger Base, *P.O. Box 1240, Victoria, Mahé, ☏ +248-4560388.*

Öffnungszeiten
Tgl. 9–17 Uhr

Hinkommen
Ausflüge *organisieren die örtlichen Touranbieter auf Praslin.*

Landegebühr
200 SR p. Pers.

Formalitäten

Besucher brauchen keine Genehmigung, um an Land zu gehen. Innerhalb des Curieuse Marine National Parks ist eine einmalige Eintrittsgebühr zu entrichten. Tickets für den Curieuse Marine National Park können im Vorfeld im SCMRT-MPA Hauptbüro auf Mahé (Mo–Fr 8–12 und 13–16 Uhr) oder auf Curieuse Island gekauft werden. Flora und Fauna innerhalb des Marine National Park stehen unter Naturschutz. Angeln und Sammeln von Muscheln sind strengstens verboten.

Île St. Pierre

Seychellen in der Nussschale: die Île St. Pierre

Hier, so heißt es, kommt auf einem winzigen Inselchen all das zusammen, was die Seychellen auszeichnet: Kokosnusspalmen beschatten krasse Granitfelsen, das Meer erstrahlt in Türkis, im Wasser tummeln sich farbenfrohe Fischschwärme. Nicht zu vergessen, dass die Île St. Pierre schön dekorativ direkt vor dem meistbesuchten Strand Praslins an der Côte d'Or liegt. Die 1,5 km bis dorthin kann man schwimmend meistern oder sich mit einem Boot hinüberschippern lassen. Früher gab es wohl Coco-de-Mer-Palmen auf der Île St. Pierre, leider sind heute keine Spuren mehr davon vorhanden. Dafür kann man schnorcheln, planschen oder einfach chillen – auf 0,005 km^2.

Reisepraktische Informationen Île St. Pierre

Öffnungszeiten

Tgl. 9–17 Uhr

Landegebühr

200 SR p. Pers.

Formalitäten

Besucher brauchen keine Genehmigung, um an Land zu gehen. Da St. Pierre innerhalb des Curieuse Marine National Park liegt, muss eine einmalige Eintrittsgebühr entrichtet werden. Tickets können im Vorfeld im SCMRT-MPA-Hauptbüro auf Mahé (Mo–Fr 8–12 und 13–16 Uhr) oder auf Curieuse Island gekauft werden. Flora und Fauna innerhalb des Marine National Park stehen unter Naturschutz. Angeln und Sammeln von Muscheln sind strengstens verboten.

Inseln bei La Digue

Félicité

Die bekannte Ausflugsinsel Félicité liegt 4 km von der Nachbarinsel La Digue entfernt – in Sichtweite der Les Soeurs („Die Schwestern") und der Île Cocos. Bis in die 1970er-Jahre befand sich hier eine Kokosnussplantage sowie ein Dorf mit gut 50 Einwohnern. Die Einwohner sind geblieben, die Plantage nicht. Ein bisschen Geschichte ereilte Félicité Ende des 19. Jahrhunderts: Abdullah Jaafar Moratham, der Sultan von Perak in Malaysia, soll hier einige Zeit seines Exils verbracht haben. Fünf Jahre war er auf Félicité, so heißt es, die Quellenlage ist ein wenig unscharf. Der Sultan von Perak war 1877 von der britischen Kolonialmacht aus Malaysia verbannt und dann mitsamt seinem Hofstaat auf die Seychellen deportiert worden. Er verbachte die meiste Zeit seines fast 20-jährigen Exils auf Mahé. Bis heute sind ihm die Seychellen dankbar, denn er importierte die „Banane mille" aus Malaysia – eine Bananensorte, die bis zu 1.000 Früchte an einem Bündel hervorbringt. Daneben zeugte der Ex-Sultan auf den Seychellen sieben Kinder, vier Söhne und drei Töchter.

Rund 50 Einwohner

Unterkunft

Six Senses Zil Pasyon $$$, ☏ *+248-4671000, www.sixsenses.com/resorts/zilpasyon/destination. 30 Villen mit privatem Pool, Meerblick und allen Annehmlichkeiten lassen keine Wünsche offen in diesem 2016 eröffneten Luxushotel. Daneben hat sich das Management auch ein wenig Ökologie auf die Fahnen geschrieben: Es gibt eine eigene Trinkwassererzeugung per Umkehrosmose, Plastikflaschen wurden längst abgeschafft. Die hauseigenen Hühner werden mit Biofutter ernährt, das Gemüse für die hervorragenden Restaurants kommt aus dem eigenen Garten, ebenso bio.*

Les Soeurs (Die Schwestern)

Grande Soeur und Petite Soeur heißen die beiden Schwesterinseln, allgemein bekannt als Les Soeurs. Beide liegen 6 km nordöstlich von La Digue, nahe Félicité und der Île Cocos. Die Inseln bieten grandiose Ausblicke auf den Ozean und sehr gute Wandermöglichkeiten. Grand Soeur befindet sich im Privatbesitz des Hotels Château de Feuilles auf Praslin. Das Château de Feuilles organisiert auch Ausflüge. Die Schnorchelgründe sind weithin bekannt wegen ihres Fischreichtums und werden von einigen Veranstaltern angefahren.

Strand auf Grande Soeur

Reisepraktische Informationen Les Soeurs

Information
Le Château de Feuilles Relais & Châteaux, *Pointe Cabris, Praslin, ☏ +248-4290000, www.chateaudefeuilles.com/private_island_and_beach.html*

Öffnungszeiten
Mo–Fr 9.30–15 Uhr

Landegebühr
400 SR p. Pers.

Île Cocos

Die winzige, palmenbewachsene Île Cocos mit ihren 0,018 km² liegt in Sichtweite zu Félicité und Les Soeurs. Seit 1996 stehen die Insel und die Gewässer drumherum unter Naturschutz. Die **Schnorchelgründe** hier gehören laut Kennern mit zu den besten, die die Seychellen zu bieten haben. Über den Korallen begegnen einem Rochen, Muränen, Meeresschildkröten und – mit reichlich Glück und zur richtigen Jahreszeit – Walhaie.

Reisepraktische Informationen Île Cocos

Information
Ile Cocos Marine Park, *Orion Mall, Victoria, Mahé, ☏ +248-4560388, www.snpa.gov.sc/marine-parks/ile-cocos*

Öffnungszeiten
Tgl. 9–17 Uhr

Hinkommen
Ausflüge *organisieren die örtlichen Touranbieter auf Praslin und La Digue.*

Landegebühr
200 SR p. Pers.

Formalitäten
Besucher brauchen keine Genehmigung, um an Land zu gehen. Tickets für den Île Cocos Marine National Park können im Vorfeld im SCMRT-MPA-Hauptbüro auf Mahé (Mo–Fr 8–12 und 13–16 Uhr) oder auf Île Cocos gekauft werden. Sämtliche Tiere und Pflanzen innerhalb des Marine National Park stehen unter Naturschutz. Das Angeln und das Sammeln von Muscheln sind strengstens verboten.

8. SILHOUETTE UND DIE PRIVATEN INNEREN INSELN

Silhouette

Telegramm Silhouette	
Name	Silhouette
Größe	5,7 x 4,3 km, 19,9 km^2
Einwohnerzahl	ca. 150
Größte Siedlung	La Passe
Höchste Erhebung	Mont Dauban mit ca. 740 m
Verkehrsmittel	Fahrrad, zu Fuß unterwegs
Besonderheit	Die Natur ist weitgehend im ursprünglichen Zustand erhalten geblieben.

Silhouette kennen die meisten Urlauber auf den Seychellen tatsächlich vor allem als scharf aus dem Himmel herausgehobene Silhouette. Denn die **drittgrößte Insel der Seychellen** ist gut am Horizont sichtbar – vom Norden Mahés aus, beispielsweise von Beau Vallon. Ein ganz ähnlicher Anblick bot sich auch den Mitgliedern der Sharpeigh-Expedition, als sie im Jahr 1609 Silhouette als erste der Inseln der Seychellen sichteten. Diese Expedition unter dem Kommando von Alexander Sharpeigh ging als „Vierte Reise der East India Company“ in die Geschichte ein. Denn sie entdeckte Mahé und die umliegenden Inseln mehr als eineinhalb Jahrhunderte vor der ersten französischen Expedition unter Lazare Picault. Vor Sharpeigh allerdings waren wohl im 9. Jahrhundert arabische Seeleute hier, wie Gräberfunde an der Anse Lascars bestätigen. Ihren Namen aber verdankt die Insel Étienne de Silhouette, der 1759 unter König Ludwig XV. Finanzminister war.

Die Gruft der Familie Dauban

Rund 20 km sind es von Mahé bis an die Gestade von Silhouette. Unverdorben sei die Schönheit der Insel, heißt es, unberührt die Strände. Für diese Unverdorbenheit spricht, dass sich nur zwei Luxusunterkünfte auf 20 km^2 befinden. Besucher treten sich kaum gegenseitig auf die Füße. Dazu trägt auch bei, dass es keine Landebahn gibt. Wer sich also den Helikopterflug nicht leisten kann, der muss mit dem Boot anreisen.

Die Insel steht unter der Obhut des Nature Protection Trust of Seychelles, seit 2010 sind 93 % der Landfläche geschützt. Zahlreiche einzigartige Pflanzen- und Baumarten sind hier zu

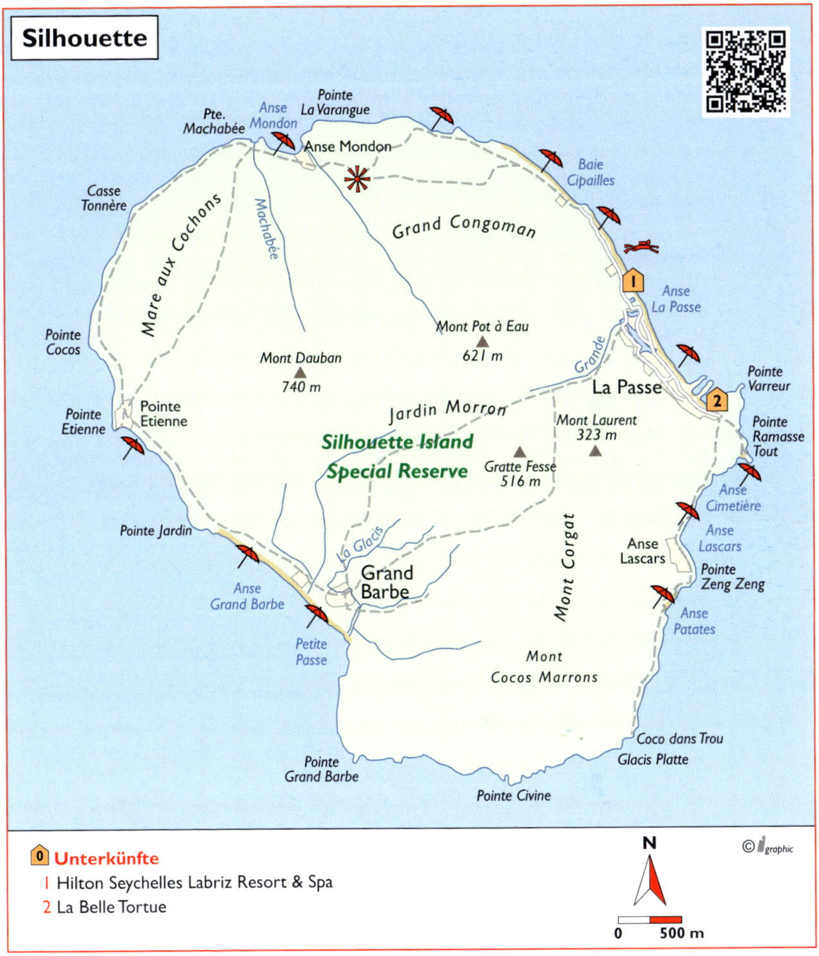

finden. Dazu gehören seltene Harthölzer, Balsambäume (*Myroxylon*) und fleischfressende Kannenpflanzen (*Nepenthes*). Neben Mahé ist Silhouette die einzige Insel der Seychellen, die mit einem Nebelwald an den Hängen des ca. 740 m hohen **Mont Dauban** glänzen kann. Der Berg wurde übrigens nach der französischen Familie Dauban benannt, der Silhouette 100 Jahre lang gehörte. Von 1860 bis 1960 betrieb sie hier eine Kokosnuss- und Vanilleplantage. Geblieben sind von alter Gutsherrenpracht lediglich Häuser und die sehenswerte Familiengruft.

Nebelwald

Es gibt einsame Strände, menschenleere Wälder und einige Wanderwege. Wer sich auf Schatzsuche begeben will, der ist hier richtig: Der berüchtigte Pirat Jean-

Schatzsuche

François Hodoul (1765–1835) habe, so heißt es, auf Silhouette sein Vermögen vergraben. Wo es sich allerdings befindet, das weiß man nicht. Deshalb sollten sich Besucher dann lieber mit der Insel und ihren Schönheiten zufriedengeben. Dazu gehört auch das **Mausoleum der Familie Dauban** bei La Passe, das inmitten der ehemaligen Plantage steht. Das weißstrahlende Grabmal scheint mit seinen griechisch anmutenden Säulen aus einer anderen Zeit zu stammen, mit Sicherheit aber aus einer anderen Welt – und ist bis heute ein Zeugnis des früheren Reichtums der Familie Dauban.

Mit der Geschichte der Familie und der Geschichte von Silhouette beschäftigt sich auch das im April 2018 eröffnete **Museum im Grann Kaz**, dem früheren Haus der Daubans. 1860 hatte Auguste Dauban das Gebäude im Kolonialstil erbaut. Bis zur sechs Monate dauernden Renovierung diente es ausschließlich als Creole Restaurant des Hilton Silhouette Labriz, jetzt beherbergt es auch das historische Museum. Besuchen kann man es während der Öffnungszeiten des Restaurants.

info

Wanderungen

Anse Mondon

Start	La Passe, Hilton Labriz
Länge	3,2 km
Zeitaufwand	1½ Std.
Höhenunterschied	387 m
Schwierigkeitsgrad	moderat

Auf der Wanderung kann man die nordöstliche Küstenlinie von Silhouette erkunden und erreicht schließlich die verwunschene Bucht Anse Mondon, zu der man nur zu Fuß kommt. Vorher aber muss man das Gelände des Hilton Labriz durchqueren und an der Presidential Beach entlanglaufen, bis der Pfad Richtung Anse Mondon beginnt.

Anse Grand Barbe

Hinkommen	Boot bis Anse Grand Barbe
Start	Anse Grand Barbe
Länge	6,5 km
Zeitaufwand	3 Std.
Höhenunterschied	421 m
Schwierigkeitsgrad	anstrengend

Die Wanderung gilt bei Insidern als eine der schönsten und spannendsten der Seychellen. Man überquert die Insel von einer Küste zur anderen – von Anse Grand Barbe bis La Passe – und entdeckt dabei die wilden Seiten von Silhouette.

Reisepraktische Informationen Silhouette

Im Krankheitsfall

Medical Centre *im Hilton Seychelles Labriz Resort & Spa. Hier steht auch eine der beiden Dekompressionskammern der Seychellen, ein (deutscher) Tauchmediziner ist vor Ort. Infos: www.resortdoc.com*

Unterkunft

Hilton Seychelles Labriz Resort & Spa (1) $$$, *La Passe, ☏ +248-4293949, www.hiltonseychelleslabriz.com. Fünf-Sterne-Resort und damit Luxusunterkunft mit 111 Bungalows entlang der Anse La Passe. Motto: „Barfußluxus". Die schicken Zimmer mit Meerblick sind die schönsten, die zum Berg hin brauchen sich aber auch nicht zu verstecken. Teilweise gehört zum Zimmer oder vielmehr zur Villa ein eigener Pool, einige haben direkten Zugang zum Strand. Das Hilton verleiht Fahrräder, die erste Stunde ist gratis.*

Barfußluxus im Hilton, einem von nur zwei Hotels auf Silhouette

La Belle Tortue (2) $$$, *La Passe, ☏ +248-2569708, www.labelletortue.com. Sehr familiär geführte Unterkunft bei einem seychellisch-französischen Ehepaar. Gerade mal 16 Gäste haben hier Platz. Das Hotel liegt direkt am Strand und am Hafen von La Passe und das Restaurant ist bekannt für seine hervorragende Küche.*

Strände

Der längste Strand auf Silhouette ist mit gut 1,5 km die **Anse La Passe** *– ein Sandstrand vom Feinsten. Da die Anse La Passe durch ein Korallenriff geschützt ist, können hier auch die Kleinen gut baden. Sehenswert und meist menschenleer sind* **Anse Cimetière**, **Anse Lascars** *und* **Anse Patates**.

Hinkommen

Das regelmäßig verkehrende **Fährschiff** *gehört dem Hilton Labriz. Wer einen Tagesausflug plant, kann mit dem Schiff hin- und zurückfahren. Buchung über das Hilton. Kosten: Hin- und Rückfahrt ab Bel Ombre 110 €, 6–12 Jahre: 55 €, bis 6 Jahre gratis. Reiseanbieter auf Mahé organisieren auch Tagesausflüge nach Silhouette.*

Die Hubschrauber von **Zil Air** *fliegen die Strecke ab Mahé in 20 Min. Die Preise für den Flug können online angefragt werden: www.zilair.com/bookings.php*

Landegebühr

20 € p. Pers.

Formalitäten

Einlaufende ausländische Schiffe brauchen eine Freigabe durch die Seychelles Port Authority, bevor sie eine Genehmigung beantragen können, die Insel zu besuchen. Es werden keine Genehmigungen an Schiffe erteilt, die nach dem Besuch der Insel nicht wieder nach Mahé zurückkehren.

Die privaten Inneren Inseln

Einige der schönsten Inneren Inseln befinden sich in Privatbesitz. Hier gibt es lediglich **ein Luxusresort pro Insel**, beherbergt werden die Reichen und Schönen der Welt – für teures Geld. So wird erzählt, dass Prinz William und seine Ehefrau Kate in ihren Flitterwochen 2011 die gesamte Insel North Island inklusive 100 Angestellter für zehn Tage gebucht hatten – für 442.000 Pfund. Trotzdem kann auch Otto Normalverbraucher die Strände dieses exklusiven Zufluchtsorts für gestresste Millionäre besuchen. Denn auch hier gilt normalerweise, dass jeder Strand auf den Seychellen öffentlich ist – bis zur Flutlinie.

Royaler Honeymoon

Blick auf North Island

Bird Island

An den Vögeln kommt man auf Bird Island logischerweise nicht vorbei. Auf der **nördlichsten Insel der Seychellen** dreht sich das tägliche Leben – auch in der einzigen Unterkunftsmöglichkeit – um die bunte Vogelwelt. Kristallblaues, durchsichtiges Wasser und blütenweiße Strände gehören zur Grundausstattung von Bird Island. 100 km muss man ab Mahé zurücklegen, meist in einem ca. 30-minütigen Flug, um die Insel zu erreichen. Früher hieß sie Île aux Vaches (Insel der Kühe), wegen der hier lebenden Dugongs, der Seekühe. Diese gibt es nicht mehr, dafür aber die Vögel. Bekannt ist die Insel vor allem für ihre Kolonie von Rußseeschwalben (*Onychoprion fuscatus*), und in den Zeiten der Südostpassatwinde, also von Mai bis September, nisten und leben hier mehr als 1 Mio. Schlankschnabelnoddis (*Anous tenuirostris*) und Feenseeschwalben (*Sternula nereis*) sowie Weißschwanz-Tropikvögel (*Phaethon lepturus*), Seychellenweber (*Foudia sechellarum*), Regenpfeifer (*Charadriidae*) und Regenbrachvögel (*Numenius phaeopus*).

Bunte Vogelwelt

Da hier, an der nördlichsten Ecke des Archipels der Seychellen, der Indische Ozean rapide und bis auf 2.000 m Tiefe abfällt, gibt es um Bird Island herum auch reichlich Leben unter Wasser. Dazu gehören Delfine, Wale und Schildkröten. Apropos Schildkröten: Auf Bird, so heißt es, lebt die älteste Schildkröte der Welt. „Esmeralda“ heißt sie, die ein „Er“ ist, mehr als 300 kg wiegt und mindestens 200 Jahre alt ist. *Unterwasserwelt*

Nachdem hier zwischen 1896 und 1905 Guano – Exkremente von Seevögeln – als Dünger für Zuckerrohrfelder abgebaut wurde, kaufte der Seychellois Guy Savy 1967 die Insel – und gab sie seitdem nicht mehr her. Er kümmerte sich um die Bestände der Rußseeschwalben und schuf gemeinsam mit seiner Familie eine Öko-Insel samt Luxusunterkunft. Seit 2016 führen sein Söhne Nicholas und Alex das heimische Unternehmen mit seinen 24 Bungalows und der bekannten, guten Küche.

Reisepraktische Informationen Bird Island

Unterkunft

Bird Island Lodge $$$, ☏ *+248-4224925, www.birdislandseychelles.com. „Kein Fernsehen, kein Telefon – nur viele Vögel, Schildkröten und wunderschöne Strände, die Herzklopfen auslösen“, verspricht die Lodge. Die Chalets sind einfach gehalten, aber sehr gut durchdacht und schaffen ein wenig Expeditionsgefühl. „Einfach, aber klasse“, so die Aussage eines Besuchers. Maximale Aufenthaltsdauer: 7 Tage.*

Hinkommen

Ab Mahé kostet der Hin- und Rückflug 415 € p. Pers. und kann direkt über die Lodge gebucht werden.

Landegebühr

40 € p. Pers., bis 12 Jahre: 20 €.

Formalitäten

Alle Segelboote sollten die Geschäftsleitung mindestens 24 Std. vor Ankunft kontaktieren, um sie über Ankunftszeiten zu informieren und Mittag- oder Abendessen in der Lodge zu buchen. Auf Wunsch können private Wanderungen organisiert werden. Eine Tour dauert normalerweise 1–2 Std. Landen auf der Insel nach 16 Uhr ist nicht erlaubt, außer es liegt eine Buchung zum Abendessen vor.

Cousine

Cousine liegt malerisch vor der Westküste von Praslin, scheinbar nur einen Steinwurf von der Grand Anse entfernt. 6 km sind es in Wirklichkeit, die benachbarte Schwesterinsel Cousin liegt näher an der Küste. Cousine ist ein **privates Naturschutzgebiet**, in dem gleich fünf endemische Vogelarten leben. Darunter der Seychellendajal (*Copsychus sechellarum*) und der Seychellen-Rohrsänger (*Acrocephalus sechellensis*). Auch andere Tierarten sind hier heimisch, darunter die Aldabra-Riesenschildkröten (*Aldabrachelys gigantea*) und die Echte Karettschildkröte

(*Eretmochelys imbricata*). 95 % der Pflanzen sind endemisch. Früher befand sich auf Cousine eine Kokosnussplantage, heute gibt es ein Luxusresort mit fünf Villen im französischen Kolonialstil und höchstens zwölf Gästen – Exklusivität vom Feinsten.

Reisepraktische Informationen

Unterkunft

Cousine Island Lodge $$$, *☏ +248-4384706, www.cousineisland.com. Die Villas und zum Resort gehörenden Anlagen sind unauffällig auf der Insel verteilt – hier sind Störungen durch laute Nachbarn ausgeschlossen. Der nächste Strand liegt direkt vor der Tür, hinter dem Haus lockt prächtigste Pflanzenwelt. Ziel des Resorts ist es, den ökologischen Fußabdruck so gering wie möglich zu halten.*

Hinkommen

Die Anreise erfolgt mit dem Boot oder Hubschrauber und muss über die Lodge gebucht werden.

Formalitäten

Eine Landeerlaubnis muss bei der Inselverwaltung eingeholt werden und hängt von der Belegung der Unterkünfte ab. Ankermöglichkeiten für ausländische Schiffe und Boote sind, aufgrund des sensiblen Ökosystems und brütender Meeresschildkröten, stark eingeschränkt.

Denis Island

Denis Island ist eine der nördlichsten Inseln der Seychellen. 95 km sind es bis Mahé, 45 km bis Bird Island. Auch hier ist man weit weg von allem. Der Name der Insel stammt vom französischen Entdecker Denis de Trobriand, der sie am 12. August 1773 scheinbar als erster Mensch sichtete. Die ersten Entdecker waren aber wohl Araber, die bereits im 9. Jahrhundert in den Gewässern der Seychellen unterwegs waren.

Wie so viele andere kleine Inseln ereilte auch Denis in früheren Zeiten das Schicksal, als Kokosnussplantage herhalten zu müssen. Daneben wurde Guano abgebaut, der als Dünger für die Zuckerrohrfelder auf Mauritius gute Dienste tat. 70 bis 100 Menschen lebten hier, neben der Arbeit in der Plantage wurde Kopra, das getrocknete Kernfleisch von Kokosnüssen, hergestellt und fürs tägliche Überleben gefischt. Das alles änderte sich schlagartig, als der Franzose Pierre Burkhardt die Insel 1975 übernahm. Burkhardt war in der Heimat mit einem Papierhandel reich geworden und verwirklichte sich auf Denis einen Traum: ein Paradies mit dem schlagkräftigen Slogan: „Die Insel am Ende der Welt". Er baute ein Resort und hielt bis Mitte der 1990er-Jahre durch. Dann übernahm der Reiseanbieter Mason's Travel die Insel und behielt sie bis heute.

„Insel am Ende der Welt"

Ähnlich wie auf Bird Island mit den dortigen Umweltschutzmaßnahmen nisten auch hier heute wieder **zahlreiche Vögel**. Dazu gehören unter anderem Regenbrachvögel (*Numenius phaeopus*) sowie die zu Konservationszwecken eingeführten Seychellenweber (*Foudia sechellarum*) und Seychellen-Rohrsänger (*Acrocephalus sechellensis*). Ihre Welt kann man bei Wanderungen erkunden. Besucher kommen aber nicht nur wegen der Vögel, sondern auch zum Hochseefischen. Marlin, Thunfisch, Barrakuda, Dorade und Wahoo stehen ganz oben auf der Wunschliste der Hobbyfischer aus der ganzen Welt. Übernachtet wird in einem Fünf-Sterne-Luxusresort. Auch heiratswillige Pärchen und Flitterwöchner gehören zu den gerne gesehenen Gästen.

Strand auf Denis Island

Reisepraktische Informationen

Unterkunft

Denis Island Lodge $$$, ☏ *+248-4288963, www.denisisland.com. Die 25 in schickem Holz gehaltenen Cottages liegen meist nur einen Schritt vom Strand entfernt. Umgeben von einem Garten und mit Open-Air-Bädern versehen, sollte in der Lodge jeder Urlauber seine ganz eigene Zuflucht finden.*

Hinkommen

Ab Mahé kostet der Hin- und Rückflug 416 € p. Pers. und kann direkt über die Lodge gebucht werden.

Frégate

Frégate gehört zum Exklusivsten, was man für Geld buchen kann. Victoria und David Beckham sollen hier bereits gesichtet worden sein, Brad Pitt seine Flitterwochen mit Jennifer Aniston verbracht haben (vielleicht deshalb gaben er und Angelina Jolie später North Island den Vorzug). Genaueres erfährt man nicht. Das ist ja der Sinn des Ganzen. Aber das Geld ist gut angelegt: Frégate und North Island zählen zu den Vorreitern in Sachen Naturschutz auf den Seychellen. So schrieb die FAZ in ihrem Reiseblatt („Tausend Meilen außerhalb der Welt", 23.11.2017), beide Inseln gölten als „Meilensteine in der Geschichte des nachhaltigen Tourismus, als Leuchttürme des gesamten Archipels. Beide, vormals verlas-

Ungestört für viel Geld

sene, verwilderte Kokosnussplantagen, sind wieder betörend schön – fast wie zu Zeiten ihrer Entdecker." Da kann man eigentlich nichts mehr hinzufügen, außer ein paar harten Zahlen und Informationen: Frégate liegt rund 55 km von Mahé entfernt in Richtung Osten und ist somit die **östlichste Granitinsel der Seychellen**. Im 17. Jahrhundert tummelten sich die Piraten, heute sind es die Reichen und Schönen der Welt. Ob sie allerdings den Geschichten glauben und nach den wohl vergrabenen Schätzen der Freibeuter der Meere buddeln, das bleibt dahingestellt. Immerhin soll selbst der Schöpfer des Geheimagenten James Bond, der Brite Ian Fleming, bei einem Aufenthalt auf Frégate den Spaten in die Hand genommen haben.

Tourismus seit 20 Jahren

Der Seychellois Harry Savy kaufte Frégate in den wilden Zeiten nach dem Zweiten Weltkrieg und richtete hier eine gut gehende Plantage ein. Er ließ Früchte anbauen, außerdem Gemüse, Kaffee, Vanille, Zimt und züchtete Geflügel für die rasch anwachsende Bevölkerung der Seychellen. 100 Menschen lebten damals auf Frégate und bewirtschafteten Savys Ländereien. Als diese Hochzeit vorbei war, passierte erstmal nichts auf der Insel. Bis Mitte der 1990er-Jahre der Schweizer Otto Happel ihre Möglichkeiten für den Tourismus entdeckte und das erste Resort baute – umgeben von gleich 50 Vogelarten, darunter der Fregattvogel, nach dem ihr Entdecker, der Franzose Lazare Picault, die Insel 1744 benannte. Manchmal können die vielen Vögel den Gästen ein wenig auf die Pelle rücken. Hier, auf 2 km², findet man auch den bedrohten Riesigen Tenebrionidkäfer (*Polposipus herculeanus*) sowie einige der seltensten Pflanzen der Welt. Von den Gästen des Resorts, das heute zur deutschen Oetker Collection gehört, wünscht man sich übrigens, dass sie sich an einem der Umweltschutzprojekte aktiv beteiligen.

Reisepraktische Informationen

Unterkunft

Resort Fregate Island Private $$$, ☏ *+248-4670100, www.fregate.com. 16 Luxuschalets an sieben Stränden – was will man mehr? Vielleicht, dass nicht mal Tagesgäste zugelassen sind? Hier ist man also ganz privat und unter sich. Die Lodge mit ihren 16 300–500 m² großen Chalets bietet puren Barfußluxus – ab 3.000 € die Nacht.*

Hinkommen

Die Anreise erfolgt mit dem Hubschrauber und muss über die Lodge gebucht werden.

North Island

North Island ist ganze 2 km² groß und liegt 30 km nordwestlich von Mahé oder 5 km nördlich von Silhouette. Die Insel ist üppig grün bewachsen und gilt als besonders fruchtbar. Der höchste Gipfel der Insel ist der Grand Paloss, immerhin 180 m hoch. 1609 war hier die britische Sharpeigh-Expedition zugange. Alexander Sharpeigh ging auf North an Land und konnte für seine Mannschaft reichlich Proviant sammeln. Damit ist North Island eine der ersten Inseln der Seychellen, auf der Europäer „Fuß fassten". Heute steht der Name North Island für ein besonders umweltschonendes Urlaubserlebnis. Denn hier wurden vom Aussterben **bedrohte Tierarten** hergebracht und erhalten bis heute die Gelegenheit, sich zu erholen und zu vermehren. Mehr als 2.000 Bäume wurden in den letzten Jahren neu gepflanzt, um dem ursprünglichen Zustand vor der unausweichlichen Nutzung als Kokosnussplantage wiederherzustellen. Heute kann man unter Feigen- und Drachenbäumen lustwandeln, sich an Farnen, Blumen und gut riechenden Gewürzsträuchern erfreuen. Die „Vereinigung von Luxustourismus, Entwicklungshilfe und Naturschutz" ist das Motto, unter dem eine Investorengruppe um die Organisation Wilderness Safaris aus dem südlichen Afrika die Insel 1997 gekauft hat. Und dieses Konzept wird bis heute durchgehalten. So kann man nur mit dem Hubschrauber anreisen, damit keine Ratten oder andere Schädlinge auf die Insel gelangen. Waren, die auf dem Boot aus Mahé angeliefert werden, werden auf dem offenen Meer sicherheitshalber in ein anderes Boot verfrachtet. Denn die Ratten und Schädlinge hatten zu den früheren Zeiten der Plantagenwirtschaft das ökologische Gleichgewicht einiger Inseln der Seychellen zerstört. Seit 2002 also verfolgen die Betreiber durchschlagende Natur- und Artenschutzprojekte, die mit dem Gewinn aus dem Hotelbetrieb finanziert werden und das ökologische Gleichgewicht der Insel langsam, aber sicher wiederherstellen. So wurde eigens eine Biologin angestellt, sie sich um die Wiederansiedlung der Schildkröten kümmert. Besucher können sich alle Projekte anschauen und aktiv zum Gelingen beitragen.

Ökologisches Gleichgewicht

Reisepraktische Informationen

Unterkunft

Villas on North Island
$$$, *☏ +27-61-0890462, www.north-island.com. Nur elf schicke, stylishe und umweltverträglich gebaute Villen gibt es. Die Nummer 11 ist die luxuriöseste – gut genug für Brad Pitt und Angelina Jolie in ihren besseren Zeiten. In Nummer 4 haben William und Kate 2011 während ihrer Flitterwochen genächtigt. Maximal 22 Gäste werden von 110 Angestellten betreut, deren Job es ist, einem wirklich jeden Wunsch von den Augen abzulesen.*

Hinkommen

Die Anreise erfolgt mit dem Hubschrauber und muss über die Lodge gebucht werden.

Das Resort vom Strand aus gesehen

9. DIE ÄUSSEREN INSELN

Überblick

Die sogenannten „Äußeren Inseln" sind die Inseln außerhalb des Plateaus, auf dem sich die Inneren Inseln befinden. Zu ihnen gehören die **72 kleinen Sandinseln und Atolle**, die zwischen 230 und 1150 km entfernt von Mahé aus dem Indischen Ozean schauen. Zusammengefasst werden sie als Südliche Koralleninseln, Aldabra-Gruppe, Amiranten, Alphonse-Gruppe und Farquhar.

Einsame kleine Inseln

Die Äußeren Inseln liegen weitab der Touristenströme, da sie schlichtweg zu einsam und zu entfernt sind. Oft handelt es sich nur um kleine Sandhaufen, die mit ein paar Metern Höhe über dem Meeresspiegel ihr Dasein fristen, andere glänzen dafür mit nahezu unberührter Flora und Fauna. Hier leben und nisten beispielsweise die Aldabra-Riesenschildkröten und der Palmendieb, der größte Landkrebs der Welt.

Lediglich zwei der 72 Inseln verfügen über eine Übernachtungsmöglichkeit: Alphonse und Desroches. Wer sich hierher zum Ausspannen begibt, muss sich klar sein, dass er weit weg von der Welt ist. Dafür sind die Segel-, Tauch- und Schnorchelmöglichkeiten unvergleichlich gut. Die Korallenbleiche von 2016, die das Plateau der Seychellen ausgeblichen hat, ist hier fast spurlos vorbeigegangen und es gibt noch immer viel zu sehen. Eine Spezialität auf den Äußeren Inseln sind beispielsweise Strömungstauchgänge zwischen den Atollen.

Luftbild von Aldabra

i Reiseinformationen zu den Äußeren Inseln

Wer die Inseln besuchen möchte, die unter der Verwaltung der **Island Development Company** (IDC, *www.idcseychelles.com*) stehen, muss im Vorfeld eine **Landegebühr** entrichten. Diese beginnt bei 20 €. Dazu gehören: Alphonse, Bijoutier, Coëtivy, Desroches, Farquhar, Poivre-Atoll, Île Platte, Providence-Atoll, Rémire, und St. François.

D'Arros und das St.-Joseph-Atoll befinden sich in **Privatbesitz**. Hier muss man sich vor dem Anlanden mit dem jeweiligen Management in Verbindung setzen. Die Gebühren beginnen bei 10 € p. Pers. und Tag.
Einige Touranbieter organisieren Trips nach Aldabra, zu den Amiranten (meist über Desroches), nach Alphonse und nach Farquhar, entweder mit dem Schiff oder dem Flugzeug. Dazu gehören:
Aldabra Expeditions, P.O. Box 336, Victoria, Mahé, ☏ +248-4324026, www.aldabraexpeditions.com.
Silhouette Cruises, Victoria, Mahé, ☏ +248-4324026, www.seychelles-cruises.com.
Mason's Travel, Independence Ave., Victoria, Mahé, ☏ +248-4288888, www.masonstravel.com.
Creole Travel Services, Victoria, Mahé, ☏ +248-4297000, www.creoletravelservices.com.
Silversea Cruises, 10–18 Union St., London, ☏ +44-844-2510837, in Deutschland: +49-69-222212283, www.silversea.com.

Südliche Koralleninseln

Telegramm Südliche Koralleninseln	
Name	Südliche Koralleninseln
Größe	9,9 km²
Entfernung von Mahé	ca. 100 km
Einwohner	ca. 260
Inseln	Île Platte, Coëtivy

Der Begriff „Südliche Koralleninseln" steht für nur zwei Inseln, die außerhalb des Plateaus der Seychellen liegen: Île Platte und Coëtivy. Diese sind korallinen Ursprungs und können keiner der anderen oben genannten geografischen Inselgruppen zugeordnet werden.

Île Platte

Die Île Platte ist tatsächlich ein niedriges, flaches Inselchen, ganze 0,54 km² groß. Entdeckt wurde sie 1769 von Lieutenant de Lampériaire of La Curieuse, der ihr den passenden Namen gab. Platte liegt rund 100 km südlich von Mahé und 170 km nordwestlich von ihrer Kollegin Coëtivy. Umgeben wird sie von einer Lagune, die bekannt ist für ihren großen Fischreichtum. Es gibt eine kleine Siedlung, in der die Menschen hauptsächlich vom Fischfang leben. Gelegentlich kommt ein Frachtschiff vorbei und bringt die Vorräte für die nächsten sechs Monate, und jede Landung eines Flugzeugs der Island Development Company (IDC) aus Mahé ist eine Attraktion.

Coëtivy

Coëtivy ist die östlichste Insel der Seychellen und liegt 290 km von Mahé entfernt. Auf der gut 10 km langen und 1 km breiten Insel gibt es eine Siedlung mit rund 220 Einwohnern. Sie nutzen die Insel für die Erzeugung von Fisch, Fleisch- und Agrarprodukten. Seit Ende der 1980er-Jahre werden hier die Giant Tiger Prawns (Riesengarnelen) gezüchtet, die in den Restaurants der Seychellen auf die Teller kommen. Daneben befindet sich hier der längste, ununterbrochene Strand der Seychellen.

Östlichste Seychellen-Insel

Information und Genehmigungen

Islands Development Company Limited, *P.O. Box 638, New Port, Latanier Rd., Victoria, Mahé, ☏ +248-4384640, www.idcseychelles.com.*

Landegebühr

20 € p. Pers.

Formalitäten

Einlaufende ausländische Schiffe brauchen erst eine Freigabe durch die Seychelles Port Authority, bevor sie eine Genehmigung beantragen können, die Insel zu besuchen. Es werden keine Genehmigungen an Schiffe erteilt, die nach dem Besuch der Insel nicht wieder nach Mahé zurückkehren. Die Landeerlaubnis muss im Hauptbüro des IDC vor Reisebeginn beantragt und bezahlt werden. Landegebühren entfallen, wenn ein IDC-Flug zum Transfer der Kunden genutzt wird. Genehmigungen gelten für einen Tagesbesuch. Passagiere und Mannschaft müssen auf dem Schiff/Boot übernachten. Es dürfen keinerlei Haustiere an Land gebracht werden.

Die Aldabra-Gruppe

Telegramm Aldabra-Gruppe	
Name	Aldabra-Gruppe
Größe	135,8 km^2
Entfernung von Mahé	1150 km
Einwohner	Naturschutzgebiet – unbewohnt bis auf ein paar Wissenschaftler

Aldabra-Atoll

Das Aldabra-Atoll liegt 1.150 km südwestlich von Mahé und markiert so den äußersten Rand der Seychellen. Mit 34 km Länge und 15 km Breite gilt es – je nach Betrachtungsweise – als **das größte Atoll der Welt**. Zumindest im Indischen Ozean gibt es nichts Vergleichbares. Mehr als ein Dutzend Inseln bilden die Gruppe, die auch und vor allem wegen ihrer Abgeschieden- und damit Unberührtheit seit 1982 zum Weltnaturerbe der UNESCO gehört. Flora und Fauna sind einzigartig auf der Welt. Dazu gehört natürlich auch die weltweit größte Population der **Aldabra-Riesenschildkröte**. 150.000 Exemplare soll es hier geben. Auch die Welt unter Wasser ist unberührt und damit urwüchsig. Kein Wunder, dass sich Wissenschaftler von überall her auf der Forschungsstation der Seychelles Islands Foundation (SIF) die Klinke in die Hand geben. Andere Besucher können die Inseln per Segeltörn ab Mahé besuchen. Diese haben aber Expeditionscharakter und sind für Anfänger kaum geeignet.

Inseln auf Kraterrand

Entdeckt wurde Aldabra wahrscheinlich im 9. Jahrhundert von arabischen Seeleuten. Daher stammt wohl auch der Name „Al Chadra" („Grüne Insel"). Die Ursprünge des Atolls liegen viele Jahre zurück: Vor gut 120.000 Jahren stieg Aldabra langsam, aber unaufhaltsam aus den Fluten des Indischen Ozeans, der damals noch einen deutlich höheren Wasserstand als heute hatte. Aldabras Fundament ist ein **unterseeischer Vulkan**, der vor Millionen von Jahren nach einem Ausbruch im Meer versank. 4 km soll er hoch gewesen sein. Der Kraterrand, der aus dem Ozean ragt, bildet den Ring, auf dem die Inseln des Aldabra-Atolls zu finden sind. Da dieser Rand meist knapp unter der Wasseroberfläche lag, und reichlich Sonnenstrahlung vorhanden war, fanden die Korallen hervorragende Wachstumsbedingungen – was letztendlich zur heutigen (Farben-)Pracht führte. Heute erhebt sich Aldabra bis maximal 8 m über den Meeresspiegel.

Zwischen den Inseln des Atolls befinden sich Kanäle, in denen Strömungen für eine regelmäßige Zu- und Abfuhr des Meerwassers in die Lagunen sorgen – was wiederum gute Fischereibedingungen zur Folge hat. So gab es bereits 1874 eine erste kleine Siedlung. Hier wurde im Namen der britischen Kolonialherren gefischt, Guano – Dünger aus den Exkrementen von Seevögeln – abgebaut und Kopra hergestellt. Doch das sollte nicht lange anhalten. Unter anderem hatte der Vater der Evolutionstheorie, Charles Darwin, Aldabra ins Auge gefasst. Denn mithilfe des Atolls konnte er seine Theorie für die Entstehung der kreisförmigen Koralleninseln untermauern. Dabei wurde er aufmerksam auf die Kolonie der Aldabra-Riesenschildkröten und setzte sich für deren Erhalt ein. Letztendlich erfolgreich: Heute leben hier 150.000 Riesenschildkröten und damit weit mehr als auf den Galapagosinseln, Darwins „Lieblingsinseln". Daneben legen

Korallenfelsen im Wasser

Karettschildkröten und Grüne Meeresschildkröten an den Stränden der Inseln regelmäßig ihre Eier ab, die Natur ist wieder unberührt und auch die Ratten, die die ersten Siedler an Bord ihrer Schiffe mitgebracht hatten, konnte man unter Kontrolle bringen. Auf Aldabra brüten zahlreiche Vogelarten, darunter Flamingos, Fregattvögel, Reiher, Tölpel, Rotschwanz-Tropik- und Nektarvögel, Ibisse, Seeschwalben sowie Aldabradrongos. Eine Besonderheit ist die flugunfähige Aldabra-Weißkehlralle. Dazu gibt es gleich acht Mangrovenarten, Flughunde als einziges heimisches Säugetier, 200 Pflanzenarten und die letzten Exemplare der Aldabra-Schnecke, die bis 2014 als ausgestorben galt. Unter Wasser einzigartig sind die Champignonkorallen, die es nur hier gibt. Da heute nicht mehr gefischt werden darf, ist der Fischbestand natürlich gewaltig: bunte Barsche, Rochen und Makrelen gehören zum Standardprogramm, das Tauchern vor die Maske kommt. An Land krabbeln die seltenen Riesen- oder Kokosnusskrabben die Palmen hoch – sie werden auch Palmendiebe genannt. Naturschätze gibt es also en masse, daher kümmert sich seit Langem die Seychelles Islands Foundation (SIF) um das Wohl und Wehe des Aldabra-Atolls.

Scheintote Schnecke

Assumption

Assumption liegt 1.140 km südwestlich von Mahé und 40 km südwestlich von Aldabra. Die Insel ist 7 km lang und bis zu 2,5 km breit. Assumption sticht ein wenig aus dem Ozean heraus, da sich hier zwei große, bis zu 20 m hohe Sanddünen und einige Kalksteinfelsen befinden. Entdeckt wurde Assumption vom französischen Kapitän Corneille Nicolas Morphey. Er kam am 14. August 1756 vorbei und benannte die Insel nach dem christlichen Feiertag, der am nächsten Tag anstand: Mariä Himmelfahrt, L'Assomption. Im 19. Jahrhundert wurde hier Guano abgebaut, aus dieser Zeit stammen noch einige Gebäude und reichlich Zerstörung: Die ehemals dichte Vegetation wurde durch Raubbau weitestgehend vernichtet und 1920 war der überwiegende Teil der Pflanzen und Tiere hier ausgerottet. Dank staatlich verordneter **Renaturierungsprogramme** konnte die frühere Flora und Fauna inzwischen weitestgehend wiederhergestellt werden. Seit 1990 gibt es eine ausreichend lange Flugzeuglandebahn, die ab Mahé angeflogen wird. Mit den Fliegern kommen meist Wissenschaftler, die das Aldabra-Atoll erforschen wollen.

Fluglandebahn

Cosmoledo-Atoll

Rund 1.045 km südwestlich von Mahé und 120 km von Aldabra liegt das Cosmoledo-Atoll mit seinen neun Inseln. Sie umrahmen eine Lagune, die ungefähr 16 km lang und an der breitesten Stelle 11 km breit ist. Zusammen mit dem Nachbaratoll, Astove, steht Cosmoledo auf einem vulkanischen Sockel, der aus 4 km Tiefe sanft aufsteigt. Zum Atoll gehören zwei größere Inseln, Menai und Grande Île sowie ein gutes Dutzend kleiner Inselchen. Aus Menai wurde, wie auf vielen anderen Inseln Aldabras, in früheren Zeiten Guano abgebaut. Heute leben hier **große Kolonien von Seevögeln**, allein 1 Mio. Rußseeschwalben (*Onychoprion fuscatus*) wurden gezählt. Die Kolonie der Rotfußtölpel (*Sula sula*) gilt als die größte im Indischen Ozean.

Rotfußtölpel in den Bäumen von Cosmoledo

Astove

35 km südöstlich von Cosmoledo schaut das 6 km² Astove-Atoll aus dem Ozean. Das Atoll bildet mit die südlichsten Inseln der Seychellen. Ihr Pflanzen- und Tierreichtum wurde durch Raubbau im 19. Jahrhundert und eine eingeschleppte Rattenplage dem Boden weitestgehend gleichgemacht. Eine Attraktion gibt es auf den Inseln allerdings: 1911 wurde ein Piratenschatz gefunden, zu dem beispielsweise 100 Silbermünzen zählten. Damit kann Astove als eine von wenigen Inseln der Seychellen mit Recht von sich behaupten, eine Schatzinsel zu sein. Die Insel und ihre flache Lagune werden von einem Korallenriff umschlossen. An und rund um dieses Riff finden erfahrene Taucher **einzigartige Tauchspots** mit steilen Abhängen und Farbenpracht. Astove hat eine eigene Landebahn und kann ab Mahé angeflogen werden.

Piratenschatz

Landegebühr
20 € p. Pers.

Formalitäten
Einlaufende ausländische Schiffe brauchen erst eine Freigabe durch die Seychelles Port Authority, bevor sie eine Genehmigung beantragen können, die Inseln zu besuchen. Es werden keine Genehmigungen an Schiffe erteilt, die nach dem Besuch der Insel nicht wieder nach Mahé zurückkehren. Die Landeerlaubnis muss im Hauptbüro des IDC vor Reisebeginn beantragt und bezahlt werden. Landegebühren entfallen, wenn ein IDC-Flug zum Transfer der Kunden genutzt wird. Genehmigungen gelten für einen Tagesbesuch. Passagiere und Mannschaft müssen auf dem Schiff/Boot übernachten. Es dürfen keinerlei Haustiere an Land gebracht werden.

Reisepraktische Informationen Aldabra

Information und Genehmigungen

Seychelles Islands Foundation (SIF), *La Ciotat Building, Mont Fleuri, Victoria, P.O. Box 853, ☏ +248-4321735, www.sif.sc/aldabra.*

Islands Development Company Limited, *P.O. Box 638, New Port, Latanier Rd., Victoria, Mahé, ☏ +248-4384640, www.idcseychelles.com.*

Unterkunft

Für Urlauber und andere Besucher – außer Wissenschaftler – gibt es keine Übernachtungsmöglichkeiten. Wer mit der Jacht anreist, muss auch die Nächte an Bord verbringen.

Hinkommen

Einige Touranbieter auf Mahé organisieren Trips nach Aldabra, entweder mit dem Schiff oder dem Flugzeug, s. S. 222. Flüge nach Astove, Assumption, Platte und Coëtivy sind Charterflüge. Diese sind nur möglich mit der Islands Development Company (IDC) (www.idcseychelles.com).

Tauchen/Schnorcheln

Aldabra ist bekannt für spannende Strömungstauchgänge, bunte Korallenwelt und reichlich Großfisch. Wer hier tauchen will, sollte sich einem der erfahrenen Anbieter anschließen. Eine anerkannt gute Adresse auch fürs Tauchen ist **Aldabra Expeditions**, *www.aldabraexpeditions.com/diving.html*

Landegebühr

200 € p. Pers.

Formalitäten

Aufgrund des einzigartigen und sensiblen Ökosystems des Atolls ist der Zugang streng begrenzt. Alle Schiffe und Boote brauchen eine Genehmigung der Seychelles Islands Foundation (SIF) und des Hafenamtes. Sie müssen sich identifizieren und 1 km vor der Küste mit dem Inselverwalter in Verbindung setzen. Ein Ankerplatz kann selbst gesucht werden, alternativ können die vorhandenen Ankerbojen in der Nähe der Forschungsstation genutzt werden. Es muss umweltbewusst geankert werden. Der Zugang zur Lagune ist streng verboten. Auch ist es nicht gestattet, an einem anderen als den ausgewiesenen Besucherorten des Atolls an Land zu gehen.

Die Amiranten

Telegramm Amiranten	
Name	Amiranten
Größe	10,09 km²
Entfernung von Mahé	ca. 250 km
Einwohnerzahl	ca. 100
Hauptinsel	Desroches

Die **Amiranten** bilden die den Inneren Inseln am nächsten gelegenen Äußeren Inseln. Das mag akademisch klingen, ist aber korrekt. Denn die Inseln der Amiranten African Banks, D'Arros, Desroches, Poivre, Rémire, St. Joseph, Étoile, Boudeuse, Marie Louise und Desnœufs liegen nur rund 200 km in südöstlicher Richtung von Mahé entfernt. Als Teil einer unterseeischen Sandbank mit einer Ausdehnung von 250 km schauen sie nur knapp über die Wasseroberfläche hinaus.

Unterseeische Sandbank

Entdeckt wurden die Amiranten 1502 vom portugiesischen Entdecker Vasco da Gama auf seiner zweiten Indienreise. Er gab ihnen kurzerhand und nicht ganz uneigennützig den Namen „Ilhas do Almirante" („Inseln des Admirals"). Denn da Gama war selbst Admiral und hatte damit „seine" Inseln entdeckt. Daraus wurden im Laufe der Jahrhunderte und durch die Übersetzung ins Französische (aus Admiral wurde Amiral) eben die Amiranten. Den Amiranten kommt in Sachen Naturschutz nicht dieselbe Bedeutung zu wie dem Aldabra-Atoll. Somit können die Inseln meist auch von Urlaubern besucht werden – zumindest für einen **Tagesausflug**. Auf der Hauptinsel Desroches beispielsweise gibt es ein ungemein schickes und schniekes Four-Seasons-Resort.

Sehens- und besuchenswert sind die Inseln der Amiranten wegen ihrer heute wieder einzigartigen Flora und Fauna. Denn auch hier wurde unter den französischen und englischen Kolonialherren Raubbau betrieben, Guano abgebaut und Plantagen angelegt. Nach dem Ende dieser Zeit begann man in Regierungskreisen, sich der alten Schönheit der Inseln zu besinnen und versucht seitdem, mit **Naturschutzmaßnahmen** die Uhr zurückzudrehen. Sicher ist, dass die bisher unzerstörten und geschützten Korallenbänke mit reichlich Clown-, Rotfeuer-, Koffer und Papageienfischen weiterhin bunt und schön sind. Auf dem Wasser gehören die mit Untiefen gesegneten Amiranten für passionierte Segler zu den herausfordernden Segelgründen der Welt.

Farbige Korallenbänke

African Banks

African Banks liegt mit einer Gesamtfläche von rund 10 km^2 am nördlichen Rand der Amiranten und besteht aus **zwei flachen Inseln**: North und South. Die beiden liegen ca. 2 km voneinander entfernt auf einer gemeinsamen, unterseeischen Sandbank und ragen nur bis zu 3 m Höhe aus dem Ozean. Früher wurden hier die Eier von den zahlreichen Seevögeln gesammelt, um sie dann auf dem Markt von Mahé zu verkaufen. Heute ist das verboten, und die Inseln sind vor allem bekannt wegen ihrer fischreichen Gewässer. Hier tummeln sich Makrelen, Thunfische und Haie. Der ungewöhnliche Name ist wohl auf den französischen Admiral Jean-Baptiste Philibert Willaumez zurückzuführen, der sie 1797 entdeckte und „Îlots Africains" nannte.

D'Arros und St.-Joseph-Atoll

D'Arros und St. Joseph liegen dicht beieinander, rund 255 km südwestlich von Mahé und 45 km westlich der Hauptinsel Desroches. Darüber hinaus teilen sich beide Inseln auch das Schicksal, aus Privatbesitz zu stammen: D'Arros und St. Joseph gehörten seit 1975 Prinz Shahram Pahlavi-Nia, einem Mitglied der iranischen Königsfamilie. Diese beendete die Nutzung als Plantage und jeglichen Raubbau und förderte aktiv den Naturschutz. Auch das Einsammeln der Eier des Keilschwanzsturmtauchers wurde unterbunden. Die geschlüpften Küken galten damals auf den Seychellen als gerne verspeiste Delikatesse. Mit dem Niedergang des Königshauses ging D'Arros für geschätzte 18 Mio. US-Dollar 1998 an die Französin Liliane Bettencourt, ihres Zeichens Erbin der Kosmetikfirma L'Oréal. 2012 kaufte ihr die Stiftung „Save our Seas" die Insel für geschätzte 60 Mio. US-Dollar ab, um ein **Naturschutzgebiet** daraus zu machen. Seit 2014 gilt D'Arros auch offiziell als Schutzgebiet. Heute leben und nisten hier wieder zahlreiche Kolonien von Seevögeln wie beispielsweise Fregattvögel, Feenseeschwalben, Eilseeschwalben, Tropikvögel und Schlankschnabelnoddis. Daneben ist auch die Riesenlandschildkröte hier heimisch.

D'Arros von oben: Satellitenbild der NASA

Das St.-Joseph-Atoll besteht aus den Inseln St. Joseph, Fouquet, Ressource, Île Varres, Petit Carcassaye, Grand Carcassaye, Benjamin, Banc Ferrari, Chien, Banc de Sable, Banc Cocos, Île Paul und Pelican. Die Insel St. Joseph ist mit 7 km Länge und gut 5 km Breite die größte des Atolls. Hier gab es zu Plantagenzeiten eine Siedlung. Die Lohnarbeiter verdingten sich mit Kopra, der Fischerei und einer Kokosnussplantage. Die Attraktion von St. Joseph ist die berühmte Lagune. Hier leben und gedeihen zahlreiche Stachelrochen und Schildkröten. Die Blaue Schlammkrabbe ist auch hier zu Hause. Mit ein bisschen Glück kann man sie sehen, wenn sie bei Flut die Lagune verlässt und den Strand erklimmt. Besonders beliebt ist die Lagune bei Anglern, die sich am **Bonefishing** erfreuen. Bei dieser Form des Angelns stehen die Fischer nicht weit vom Strand entfernt im seichten Wasser und können die Fische quasi „zu Fuß" erbeuten.

Bekannte Lagune

Desroches

Telegramm Desroches	
Name	Desroches
Größe	4,03 km^2
Entfernung von Mahé	ca. 250 km
Einwohnerzahl	19

Strand auf Desroches

Die **Hauptinsel der Amiranten**, Desroches, liegt gut 230 km von Mahé entfernt. Damit ist sie die am nächsten zu Mahé liegende Insel der Amiranten. Mit 5 km Länge und 1,5 km Breite ist sie berühmt für die 14 km blütenreiner Strände, die von Kokospalmen oder Kasuarinen gesäumt das Ideal von seychellischen Stränden verkörpern. Wassersportler, Angler und Hochseefischer verbringen hier gerne Zeit, genauso wie Taucher und Erholungssuchende. Das einzige Resort der Insel, ein Ableger des Four Seasons auf Mahé, bedient alle Bedürfnisse dieser Klientel. Die Natur tut mit reichlich Seevögeln und Schildkrötenpopulationen ihr Übriges.

Einsames Resort

1771 erhielt die Insel ihren Namen: Kapitän Chevalier de Roslan hatte sie entdeckt und nannte sie Desroches, eine Huldigung an François-Julien du Dresnay, den damaligen Gouverneur der Îles de France et de Bourbon (heute: Mauritius und Réunion), der sich auch „Chevalier des Roches" (Ritter der Felsen) nennen durfte. Im Verlauf ihrer Geschichte diente die Insel als Standort für Kokosnussplantagen, Kopra wurde verarbeitet, und heute ist sie eine Zuflucht für wohlhabende und erholungsbedürftige Urlauber. Allein der Flug von Mahé nach Desroches schlägt mit gut 600 € ordentlich ins Kontor. Das scheint nicht genug Menschen abzuschrecken, denn trotzdem wird sie fünfmal die Woche von der Hauptinsel aus angeflogen und bildet somit die Drehscheibe für die Amiranten.

„Ritter der Felsen"

Poivre-Atoll

Das Poivre-Atoll liegt gut 270 km südwestlich von Mahé und 40 km südlich von D'Arros. Hierher kommen vor allem **Hochseefischer**, denn die Bedingungen sind hervorragend. Das Atoll besteht aus zwei Inseln, Poivre und Île du Sud, die sich landschaftlich deutlich voneinander unterscheiden. Nur Poivre ist bewohnt und beherbergte eine der ältesten Kokosnussplantagen der Äußeren Inseln. Auf Poivre, was „Pfeffer" bedeutet, wurden Gewürzpflanzen aus dem fernen Osten eingeführt, die ihren Weg über Mauritius hierher fanden. Auf Poivre wuchsen und gediehen sie prächtig. Die Idee hatte Pierre Poivre (1719–1786), der damalige Verwalter von Mauritius und La Réunion (s. S. 118), nach dem das Atoll und die Insel auch benannt sind. Bis heute ist die Insel bewohnt und beherbergt Populationen von Reihern, Fregattvögeln und Regenbrachvögeln (*Numenius phaeopus*). Auch Schildkröten nisten hier.

Bewohner nur auf Poivre

Rémire

Rémire mit nur 0,27 km² Fläche und der höchsten Erhebung bei 3 m liegt 245 km südwestlich von Mahé und ist die nördlichste bewohnte Insel der Amiranten. Sie wird auch **Eagle Island** genannt, „Adler-Insel". Hauptexportprodukt war Guano, auch die beinahe übliche Kokosnussplantage fand hier Platz. Zu literarischem Ruhm kam Rémire durch die Lebensgeschichte der Amerikanerin Wendy Day Veevers-Carter, die hier einige Jahre mit ihrem englischen Mann und Kindern verbrachte und darüber ein Buch verfasste (s. S. 243). Heute wird die Insel von der Island Development Company (IDC) verwaltet. Gut 3 km nordöstlich der Insel befindet sich das 10 km² große Rémire-Riff.

Reisepraktische Informationen Amiranten

Information

Islands Development Company Limited, *P.O. Box 638, New Port, Latanier Rd., Victoria, Mahé, ☏ +248-4384640, www.idcseychelles.com.*

Unterkunft

Four Seasons Resort Seychelles at Desroches Island $$$, *☏ +248-4393000, www.fourseasons.com/. Das 2018 eröffnete Four Seasons bietet luxuriöse Suiten und Villen oder schicke Residenzgebäude – elegant eingerichtet mit privatem Pool und ebenso privatem Strandzugang. Service und Freundlichkeit werden allseits gelobt, genauso wie die sportlichen Angebote. Auch für die Kleinen ist gesorgt mit einem Teenager-Club und dem Programm „Kids for All Seasons".*

Hinkommen

Flüge nach Desroches werden von der Islands Development Company (IDC, www.idcseychelles.com) durchgeführt.

Pool und Strand des Four Seasons auf Desroche

Einige Touranbieter auf Mahé organisieren Trips auf die Amiranten, entweder mit dem Schiff oder dem Flugzeug und meist über Desroches, s. S. 222.

Landegebühr
25 € p. Pers. für jede Amiranten-Insel

Formalitäten
Einlaufende ausländische Schiffe brauchen erst eine Freigabe durch die Seychelles Port Authority, bevor sie eine Genehmigung beantragen können, die Inseln zu besuchen. Es werden keine Genehmigungen an Schiffe erteilt, die nach dem Besuch der Insel nicht wieder nach Mahé zurückkehren. Die Landeerlaubnis muss im Hauptbüro des IDC vor Reisebeginn beantragt und bezahlt werden. Landegebühren entfallen, wenn ein IDC-Flug zum Transfer der Kunden genutzt wird. Genehmigungen gelten für einen Tagesbesuch. Passagiere und Mannschaft müssen auf dem Schiff/Boot übernachten. Es dürfen keinerlei Haustiere an Land gebracht werden.

Die Alphonse-Gruppe

Telegramm Alphonse-Gruppe	
Name	Alphonse-Gruppe
Größe	ca. 2,5 km²
Entfernung von Mahé	ca. 400 km
Einwohnerzahl	ca. 80
Inseln	Alphonse, Saint François, Bijoutier

Die Alphonse-Gruppe besteht aus den Inseln Alphonse, Saint François und Bijoutier. Sie liegt etwa 403 km südwestlich von Mahé und 90 km südlich der Amiranten. Die drei Inseln fußen auf einer unterseeischen Sandbank, die sich über rund 16 km erstreckt.

Alphonse

Alphonse ist die **Hauptinsel des gleichnamigen Atolls**. Hier gibt es im Gegensatz zu Saint François und Bijoutier eine Siedlung und sogar einen kleinen Flugplatz. Umgeben ist Alphonse von einem wegen seiner Farbenpracht nicht nur in Taucherkreisen berühmten Korallenriff. Daher gilt Alphonse als eine der schönsten Koralleninseln der Seychellen. Die Zeiten der Plantagenwirtschaft und des Guano-Abbaus sind lange vorbei: Heute gibt es hier ein Luxusresort, das 1999 eröffnete: das inzwischen renovierte Alphonse Island Resort. Hier wird dafür gesorgt, dass bei den Gästen keine Wünsche offen bleiben – vom Fliegenfischen bis zu Tauchabenteuern am Korallenriff. Auch nisten hier Schildkröten und reichlich Seevögel.

Kleiner Fleck im Ozean: Bijoutier

Saint François & Bijoutier

Die beiden Nachbarinseln von Alphonse können mit dem Boot erkundet werden. Zuerst gelangt man nach Saint François, das nur durch einen tiefen Kanal von Alphonse getrennt ist. Die Insel ist sehr flach, Schatten spenden reichlich Kokosnusspalmen. Die hiesige Plantage allerdings tat sich immer schwer, da der Boden nicht sonderlich fruchtbar ist. Dafür sind die Gewässer um Saint Françoise bekannt als einer der besten **Bonefishing-Gründe** der Welt. Ein Stück weiter befindet sich Bijoutier. Ein Spaziergang um die unbewohnte Insel dauert 10 Min., Schatten spenden auch hier Kokosnusspalmen. Von menschlichem Leben ungestört nisten hier Kolonien von Fregattvögeln, Schildkröten und riesige, blaue Schlammkrebse.

Reisepraktische Informationen Alphonse

Information

Islands Development Company Limited, *P.O. Box 638, New Port, Latanier Rd., Victoria, Mahé, ☎ +248-4384640, www.idcseychelles.com.*

Unterkunft

Alphonse Island Seychelles $$$, *☎ +27-82-4964570, www.alphonse-island.com. Hier hat man unter dem Motto „Ihr eigenes, ganz privates Paradies" die luxuriöse Wahl zwischen 21 Strandbungalows auf Stelzen und fünf Strandsuiten. Alle liegen direkt am Strand und bieten spektakuläre Ausblicke auf den Indischen Ozean. „Purer Barfußkomfort" ist angesagt und es werden zahlreiche Aktivitäten angeboten.*

Hinkommen

Flüge nach Alphonse werden von der Islands Development Company (IDC) (www.idcseychelles.com) durchgeführt. Hin- und Rückflug: ca. 800 €. Einige Touranbieter auf Mahé organisieren Trips nach Alphonse, entweder mit dem Schiff oder dem Flugzeug, *s. S. 222.*

Landegebühr

25 € p. Pers.

Formalitäten

Einlaufende ausländische Schiffe brauchen erst eine Freigabe durch die Seychelles Port Authority, bevor sie eine Genehmigung beantragen können, die Inseln zu besuchen. Es werden keine Genehmigungen an Schiffe erteilt, die nach dem Besuch der Insel nicht wieder nach Mahé zurückkehren. Die Landeerlaubnis muss im Hauptbüro des IDC vor Reisebeginn beantragt und bezahlt werden. Landegebühren entfallen, wenn ein IDC-Flug zum Transfer der Kunden genutzt wird. Genehmigungen gelten für einen Tagesbesuch. Passagiere und Mannschaft müssen auf dem Schiff/Boot übernachten. Es dürfen keinerlei Haustiere an Land gebracht werden. Es ist strengstens verboten, in einem Radius von 20 Seemeilen vor Alphonse zu angeln.

Die Farquhar-Gruppe

Telegramm Farquhar-Gruppe	
Name	Farquhar-Gruppe
Größe	10 km²
Entfernung von Mahé	770 km
Einwohner	20
Inseln	11

Die Farquhar-Gruppe bildet sich aus den beiden Atollen von Farquhar und Providence und liegt rund 700 km von Mahé entfernt. Zur Gruppe wird auch die Insel St. Pierre gezählt. Die gesamte Landfläche der Inseln beträgt rund 10 km^2, unter Wasser allerdings umfasst das Gebiet 370 km^2.

Farquhar-Atoll

Wunderschöne Lagunen

Zum 1501 durch den portugiesischen Seefahrer João da Nova entdeckten Farquhar-Atoll gehören die Inseln Île du Nord, Île du Sud, Manaha Nord, Manaha Milieu, Manaha Sud, Goëlettes, Lapin, Île du Milieu, Depose und Bancs de Sable. Sie sind bekannt für ihre wunderschönen Lagunen mit türkisfarbenem und kristallklarem Wasser sowie reichlich Fisch. In den Lagunen wird gerne geankert, während um das Atoll herum die See recht rau sein kann. Es gibt keine Unterkünfte auf dem gesamten Atoll, allerdings verfügt die Insel Farquhar selbst über eine Landebahn. Diese wird auf Charterbasis von der Islands Development Company (IDC) angeflogen.

Providence-Atoll

Das Providence-Atoll besteht aus den Inseln Providence, St. Pierre und Île au Cerf. Die Fischgründe um die Inseln herum gelten als die besten und ertragsreichen der Seychellen und werden in hohem Ausmaß befischt. Die Koralleninsel St. Pierre ist ganze 1,68 km² groß, liegt 32 km von Providence entfernt und ist in erster Linie Heimat für Seevögel. Besonders die Graureiher sind von Interesse: Sie bilden hier die größte Population auf den Seychellen. Anlanden ist schwierig, da die Riffküste bis zu 12 m hoch ist. Die Île au Cerf dagegen glänzt mit ihren Beständen an grünen Kokosnusspalmen – ein Postkartenmotiv.

Fische, Graureiher, Palmen

Reisepraktische Informationen Farquhar

Information
Islands Development Company Limited, *P.O. Box 638, New Port, Latanier Rd., Victoria, Mahé, ☏ +248-4384640, www.idcseychelles.com.*

Unterkunft
Für Urlauber und andere Besucher – außer Fischer und Lohnarbeiter – gibt es keine Übernachtungsmöglichkeiten.

Hinkommen
Einige Touranbieter auf Mahé organisieren Trips nach Farquhar, entweder mit dem Schiff oder dem Flugzeug, s. S. 222. Flüge nach Farquhar sind Charterflüge. Diese sind nur möglich mit der Islands Development Company (IDC, www.idcseychelles.com).

Landegebühr
20 € p. Pers.

Formalitäten
Einlaufende ausländische Schiffe brauchen erst eine Freigabe durch die Seychelles Port Authority, bevor sie eine Genehmigung beantragen können, die Inseln zu besuchen. Es werden keine Genehmigungen an Schiffe erteilt, die nach dem Besuch der Insel nicht wieder nach Mahé zurückkehren. Die Landeerlaubnis muss im Hauptbüro des IDC vor Reisebeginn beantragt und bezahlt werden. Landegebühren entfallen, wenn ein IDC-Flug zum Transfer der Kunden genutzt wird. Genehmigungen gelten für einen Tagesbesuch. Passagiere und Mannschaft müssen auf dem Schiff/Boot übernachten. Es dürfen keinerlei Haustiere an Land gebracht werden.

10. ANHANG

Kleiner Sprachführer

Die Schreibweise des „Seselwa", wie das Kreolische auf den Seychellen auch genannt wird, ist rein phonetisch. Das heißt nichts anderes, als dass die geschriebene Version der gesprochenen entspricht. Die Aussprache der einzelnen Buchstaben ähnelt der im Deutschen. Ausnahmen sind die Buchstaben v, w und z, die wie im Englischen ausgesprochen werden. Die Betonung liegt bei den meisten Wörtern auf der letzten Silbe.

Den französischen Ursprung vieler Wörter im Seselwa kann man oft erkennen. So ist die Herkunft von „Bonzour" (Bonjours, „Guten Tag") genauso klar wie die von „Mersi" (Merci, „Danke").

Die folgende Übersicht listet einige Sätze in Kreolisch auf, mit denen man sich als Urlauber das Leben einfacher machen kann:

Ein paar nützliche Sätze	
Deutsch	**Seselwa**
Sprechen Sie Englisch/Deutsch?	Ou koz angle/alman?
Ich heiße ...	Mon apel ...
Könnten Sie bitte langsamer sprechen?	Koz pli dousman, silvouple?
Wo kann ich einen Bus/ein Taxi finden?	Kote mon kapab pran en bis/taksi?
Könnten Sie mich bitte zum Flughafen bringen?	Amenn mwan kot erport, silvouple?
Wie viel kostet das?	Konbyen I koute?
Nehmen Sie Kreditkarte?	Mon kapab servi kart pou peye?
Wo ist die nächste Toilette?	Kote kabinen pli pre I ete?
Wo kann ich etwas zum Essen bekommen?	Kote mon kapab rod manze?
Könnten Sie mir das bitte aufschreiben?	Ekri pou mwan, silvouple?
Helfen Sie mir!	Ed mwan!
Ich habe mich verirrt.	Monn perdi.
Rufen Sie bitte die Polizei!	Silvouple telefonn lapolis!
Ich brauche einen Arzt.	Mon bezwen en dokter.
Hallo!	Allo!
Auf Wiedersehen!	Orevwar!
bitte (als Zusatz zu einer Bitte)	silvouple
Könnten Sie mir auf einer Karte zeigen, wie ich dorthin komme?	Montre mwan lo map ki mannyer mon ariv laba?
Guten Tag	bonzour
Ja/Nein	Wi/Non
Bitte	Silvouple
Danke	Mersi
Gut	Byen
Ich verstehe nicht.	Mo pas comprend.
Tut mir leid.	Mo régretté/ekskiz.
Wie spät ist es?	Qui lére?

Zahlen			
Deutsch	**Seselwa**	**Deutsch**	**Seselwa**
0	Zero	15	Kenz
1	En	16	Sez
2	De	17	Diset
3	Trwa	18	Dizwit
4	Kat	19	Disnef
5	Senk		
6	Sis	20	Ven
7	Set	30	Trant
8	Wit	40	Karant
9	Nef	50	Senkant
10	Dis	60	Swasant
11	Onz	70	Swasanndis
12	Douz	80	Katreven
13	Trez	90	Katrevendis
14	Katorz	100	San

Wochentage	
Deutsch	**Seselwa**
Montag	Lendi
Dienstag	Mardi
Mittwoch	Merkredi
Donnerstag	Zedi
Freitag	Vandredi
Samstag	Sanmedi
Sonntag	Dimans

Monate	
Deutsch	**Seselwa**
Januar	Zanvye
Februar	Fevriye
März	Mars
April	Avril
Mai	Me
Juni	Zen

Deutsch	Seselwa
Juli	Zzilyet
August	Out
September	Septanm
Oktober	Oktob
November	Novanm
Dezember	Desanm

Zeitangaben			
Deutsch	**Seselwa**	**Deutsch**	**Seselwa**
Abend	Sewar	Monat	Mwan
Am folgenden Tag	Lannmen	Morgen	Demen
Bald	Bayento	Nachmittag	Apremidi
Früher	Pli bonner	Nacht	Lannwit
Gestern	Yer	Sekunde	Segonn
Gestern Abend	Yer swar	Später	Pli tar
Heute	Ozordi	Stunde	Er
Heute Abend	Tanto	Tag	Zour
Heute Morgen	Sa bomaten	Täglich	Tou le zour
Jahr	An	Übermorgen	Apre demen
Jetzt	La menm la	Vorgestern	Avan yer
Minute	Minit	Woche	Semenn
Mittag	Midi	Wochenende	Wikenn
Mitternacht	Pti minwi		

Orts- und Richtungsangaben			
Deutsch	**Seselwa**	**Deutsch**	**Seselwa**
Am Hafen	Dan por	Links	Gos
An der Kreuzung	Dan krwaze	Nahe	Pre
Da/dort	La	Pfad	Pti santye
Fußgängerüberweg	Pasaz pyeton	Rechts	Drwat
Gegenüber	Fas an fas	Um die Ecke	Zis dan sa kontour
Geradeaus	Tou drwat	Ungeteerter Weg	Semen brit
Hier	Isi	Verkehrskreisel	Ron trafik
Im Zentrum	Dan ker lavil	Weit	Iwen

Im Restaurant/Essen	
Deutsch	**Seselwa**
Wo gibt es hier ein Restaurant?	Kote restoran i ete?
Gibt es ein Restaurant am Meer?	I annan en restoran borlanmer?
Die Karte, bitte.	Meni/kart, silvouple.
Was gibt es heute?	Ki meni ozordi?
Die Rechnung, bitte.	Donn mwan mon bil, silvouple.
Das Essen war sehr gut.	Manzela ti byen bon.
Ich esse kein ...	Mon pa manz ...
Ich brauche ein/einen ...	Mon bezwen en ...
Ich möchte ein ..., bitte.	Mon oule en ..., silvouple.

Deutsch	Seselwa	Deutsch	Seselwa
Messer	Kouto	Tintenfisch	Zourit
Gabel	Fourset	Thunfisch	Ton
Löffel	Kwiyer	Venusmuschel	Tektek
Serviette	Nap	Fleisch	Lavyann
Teller	Lasyet	Braten	Roti
Brot	Dipen	Steak	Bistek
Eier	Dizef	Ente	Kannar
Gebäck	Patisri	Hähnchen	Kok
Omelette	Lonmlet	Hammel	Mouton
Frisch/roh	Fre/kri	Huhn	Poul
Gegrillt	Griye	Rind	Bef
Gekocht	Kwi	Schwein	Koson
Gebraten	Fri	Zicklein	Kabri
Gepökelt	Sale	Gemüse	Legim
Fisch	Pwason	Auberginen	Brenzel
Barracuda	Bekin	Blumenkohl	Soufler
Garnele	Krevet	Bohnen	Zariko
Haifisch	Reken	Brotfrucht	Fryapen
Krabbe	Krab	Chili	Pti piman
Languste	Omar	Chinakohl	Bred sou-d-sin
Makrele	Makron	Gurke	Konkonm
Seezunge	Kordonnyen	Kartoffeln	Ponm-de-ter

Kohl	Sou
Kopfsalat	Leti
Kürbis	Zironmon
Lauch	Pwaro
Mais	Mai
Maniok	Mannyok
Paprika	Gro piman
Sellerie	Seiri
Süßkartoffeln	Patat
Tarowurzel	Larouy
Tomaten	Tomat
Weiße Bohnen	Bwenm
Zucchini	Kourzet
Zwiebeln	Zonnyon
Gewürze	Zepi
Basilikum	Bazilik
Chili scharf	Pti piman
Ingwer	Zepi
Knoblauch	Lay
Muskatnuss	Miskad
Nelken	Zirof
Petersilie	Persi
Pfeffer	Pimen
Salz	Disel
Vanilleschote	Gous lavanniy
Zimt	Kannel
Zitronengras	Sitronel
Zucker	Disik
Obst	Fri
Ananas	Zannannan
Avocado	Zavoka
Banane	Bannann
Jackfrucht	Zak
Kiwi	Kiwi
Limone	Limon
Litschi	Letsi
Mango	Mang
Orange	Zoranz
Papaya	Papay
Passionsfrucht	Fri lapasyon
Sternfrucht	Karanbol
Tamarinden	Tanmaren
Wassermelone	Melon-do
Zitrone	Sitron

Getränke	
Deutsch	**Seselwa**
Eine Tasse ...	En tas ...
Ein Glas ...	En ver ...
Eine Flasche ...	En sopin ...
Aperitif	Laperitif
Bier	Labyer
Cocktail	Koktel
Kaffee	Kafe
Milch	Dile
Palmwein	Kalou (toddy)
Tee	Dite
Wasser	Delo
Wein	Diven
Zuckerrohr-schnaps	Bak

Einkaufen	
Deutsch	**Seselwa**
Wo ist der/die ...	Kote ... i ete?
Apotheke	Farmasi
Bäcker	Boulanze
Bank	Labank
Buchhandlung	Libreri

Fleischer	Bouser
Markt	Bazar
Post	Lapos
Supermarkt	Sipermarse
Haben Sie ...?	Ou vann ...?
Wie viel kostet das?	Sa i kout konbyen?
Es ist zu teuer.	I tro ser.
Ist zu groß/klein.	I tro gran/pti.
Kleidung	Rad
Hemd	Semiz
Hose	Kannson
Hut	Sapo
Kleid	Rob
Rock	Zip
Sandalen	Savat
T-Shirt	Triko
Farben	Kouler
Blau	Ble
Braun	Maron
Gelb	Zonn
Grün	Ver
Rot	Rouz
Schwarz	Nwar
Weiß	Blan

Notfall/Krankheit

Deutsch	**Seselwa**
Wo ist die/das/der ...?	Kote ... i ete?
Arzt	Dokter
Klinik	Klinik
Polizei	Lapolis
Zahnarzt	Dantis
Ich habe meine/n ... verloren.	Mon`n perdi mon ...
Armbanduhr	Montr-a-bra
Brieftasche	Portfey
Fotoapparat	Kodak
Handtasche	Sak-a-men
Kreditkarte	Kart kredi
Medizin	Medsin
Ich habe (Kopf)-schmerzen.	Mon malad (latett).
Hier tut es weh.	La i fer mal.
Ich bin allergisch gegen ...	Mon alerziuk avek ...
Ich habe ...	Mon annan ...
Arm	Lebra
Auge	Lizye
Bein	Lazanm
Durchfall	Vant brouye
Entzündung	Lenflanmasyon
Fieber	Lafyev
Fuß	Lipye
Gesicht	Vizaz
Hand	Lanmen
Herz	Leker
Kopf	Latet
Ohr	Zorey
Zahnschmerzen	Mal-o-dan

Unterwegs

Deutsch	**Seselwa**
Wo ist die/das/der ...?	Kote ... i ete?
Bushaltestelle	Bistop
Flughafen	Erport
Hafen	Por
Hotel	Lotel
Restaurant	Restoran
Supermarkt	Sipermarse

Deutsch	Seselwa
Tankstelle	Stasyon petrol
Toilette	Twalet
Wo geht es nach ...?	Oli semen pour al kote ...?
Ich suche ...	Mon pe rod ...
Fährt dieser Bus nach ...?	Sa bis i pou al ...?
Da vorn anhalten!	Aret la devan!

Deutsch	Seselwa
Auto	Loto
Autovermietung	Lokasyon loto
Benzin	Benzin
Bus	Bis
Fahrer	Drayver
Frachtschiff	Bato kargo
Schiff	Bato
Segelschiff	Bato-avwal

Literaturhinweise (kleine Auswahl)

Es gibt nicht allzu viel Lesestoff über die Seychellen auf Deutsch. Auf Englisch sieht es ein bisschen besser aus, und wer Seselwa beherrscht, hat die größte Auswahl. Hier ein kleiner Überblick über Lektüre, die vor, während und nach dem Seychellenaufenthalt für Unterhaltung und Lokalkolorit sorgen kann. Vor Ort gibt es die englischsprachigen Bücher in den beiden Antigone-Buchläden am Internationalen Flughafen und in Victoria, Victoria House Arcade.

Arterial Network Seychelles, *Art in Seychelles Then and Now*, Eigenverlag 2017. In dem opulenten Bildband, den Mitglieder der Künstlerfamilie auf den Seychellen selbst zusammengestellt haben, wird im ersten Teil die Geschichte und Entwicklung der Kunst der Inseln vorgestellt. Darauf folgen 50 Porträts von zeitgenössischen Künstlern. Wer ein Buch kaufen will, kann zwischen drei Buchdeckeln wählen: gestaltet von George Camille, Michael Adams oder Sheila Markham. Der Erlös soll Projekten von jungen Künstlern zugutekommen.

John Bowler, *Wildlife of Seychelles*, Princeton University 2006. Gut gemachter Bildband, der einem die Tierwelt der Seychellen nachhaltig näherbringt. Er stellt die Vögel, Reptilien und wirbellosen Tiere vor, denen man möglicherweise bei einem Aufenthalt begegnet. Wer also das Buch bei einer Wanderung dabeihat, kann bald jedes Tier beim Gattungsnamen nennen.

Glynn Burridge, *Voices – Stories from the Seychellois Islands*, Eigenverlag 2014. Burridge schreibt Kurzgeschichten, die sich mit der Wirklichkeit des Alltags und den Träumen der Einheimischen auf den Äußeren Inseln beschäftigen. Hier lebte der Brite mehr als 20 Jahre lang und hatte reichlich Zeit, das Leben zu beobachten und in Worte zu fassen.

Wendy Day Veevers-Carter, *Island Home*, Random House 1970. Eine autobiografische Geschichte über das Leben im Robinson-Crusoe-Stil auf dem Inselchen Remire in den 1960er-Jahren. Hierhin hatte sich die US-amerikanische Autorin mit ihrem britischen Ehemann zurückgezogen. Das Überleben war ein harter Kampf. Umso mehr, da ihr Mann 1970 verstarb und sie mit drei Kindern auf Remire zurückblieb.

Bernard Georges, *The Fortunate Islands,* Calusa Bay Publications 2011. In seinem netten, anekdotischen Stil erzählt Georges sehr lebendig und auf charmante Art und Weise vom Leben der Menschen auf den Seychellen. Eine sehr schöne Annäherung an die Inseln.

Thomas Haltner, *Reise durch die Seychellen*, Stürtz Verlag 2014. Schöner Bildband über die Seychellen. Ein wenig in die Jahre gekommen, aber eine wunderbare Vorlage, um sich auf den Seychellenaufenthalt zu freuen.

Flavien Joubert, *Fish & Seafood recipes of the Seychelles Islands,* Rila Production 2017. Joubert ist der wahrscheinlich bekannteste Chef der Seychellen. Vor seinem neuen Buch, 32 Fischrezepte stark, brachte er bereits „Exotic Recipes" im Jahr 2000 unters Volk, 2015 folgten „Magical Cocktails". Im Fischbuch geht es ihm vor allem darum, den Seychellois die Welt unter Wasser und ihre Vielfalt näherzubringen – weg von der Mainstream-Küche.

Reinhold Krämer, *Seychellen: Sehnsucht nach dem Paradies*, Eigenverlag 2017. Lebendige Beschreibung des täglichen Lebens auf den Seychellen, mit viel Sympathie verfasst.

Heike Mallad, *Seychellen – Eine Anleitung zum Inselglück & Ein ganzes Jahr Seychellen – Der etwas andere Reiseführer*, FAW-Verlag 2017 & 2018. Heike Mallad ist eine renommierte Reisejournalistin, die gemeinsam mit ihrem Ehemann die Hälfte des Jahres auf Mahé lebt. Mit geprüftem Insiderwissen und geschultem Auge erzählt sie Alltagsgeschichten von den Seychellen, die Urlaubern die Inseln, die Natur und vor allem die Menschen näherbringen.

Christophe Mason-Parker, *Underwater guide to Seychelles*, John Beaufoy Publishing Ltd 2015.Wer die Gewässer der Seychellen ernsthaft betauchen will – Korallenbleiche hin oder her – kommt an diesem Buch kaum vorbei. Neben der Unterwasserwelt werden auch Tauch- und Schnorchelspots eindrücklich beschrieben.

William McAteer, *Rivals in Eden*, Pristine Books 1991. McAteer ist die Autorität, wenn es um die Geschichte der Seychellen geht. Er lebt seit etlichen Jahren hier und beschreibt in einigen Büchern das Werden der Seychellen: von den Anfängen und den Piraten bis hin zur heutigen Zeit. Sein Buch „Rivals in Eden" (1991) beschreibt den ersten Teil der Geschichte von 1742 bis 1827. Das nächste Buch „Hard Times in Paradise" erschien im Jahr 2000 und erzählt weiter bis 1919. „To be a Nation" handelt von den Zeiten zwischen 1920 und der Unabhängigkeit 1976. Die Bücher sind etwas für Urlauber, die wirklich interessiert sind.

Monsoon Collection, *Recipes from the Seychelles.* Handliches Büchlein, das für wenig Geld in den örtlichen Buchläden und am Flughafen im Duty Free-Shop zu haben ist. Bietet eine schöne und ausführliche Übersicht über die seychellische Küche. Die Rezepte sind – wenn alle Zutaten vorhanden sind – nachkochbar.

Rike Stienen, *Verliebt auf den Seychellen*, Kindlebuch 2018. Nette und routiniert geschriebene Liebesgeschichte aus der Sparte „Travel & Date", die mit reichlich Abenteuer und Verwirrungen zu einem guten Ende findet.

Stichwortverzeichnis

Bildnachweis

Alle Bilder Stefan Blank, außer:
Denis Island: S. 217; iStock: S. 12 (jonist), 102 (LRPhotographies), 220, 224, 226 (Janos); Flickr: [CC BY 2.0] S. 14, 98 (dronepicr), 76 (David Stanley), 207 (Jean-Marie Hullot); Four Seasons: S. 232; Thomas Derix: S. 15, 37, 55, 57, 89, 188; Ulrike Niederer: S. 22, 59; North Island: 24 (unten), 209, 214, vordere Umschlagklappe 1. v. u.; North Island/Marc Stickler: S. 24 oben; North Island/Hammer Design/ Andrew Howard: S. 219; STB/Torsten Dickmann: S. 8, 28, 52, 97, 140, 167, 180, 193, 201, 210, 213, vordere Umschlagklappe 3. v. o.; Wikimedia Commons: [CC BY 2.5 AR] S. 35 (Casa Rosada Argentina), [CC BY 3.0] 230 (Pietervisser), [CC BY-SA 3.0] 206 (Dreizung), 221 (Simisa), 233 (Acp), [Public Domain] 229 (NASA).

IWANOWSKI'S REISEBUCHVERLAG

IWANOWSKI'S AFRIKA

Iwanowski's Reisebuchverlag GmbH
Salm-Reifferscheidt-Allee 37 | D-41540 Dormagen
Tel: +49 (0) 21 33/26 03-0 | Fax: -34
E-Mail: info@iwanowski.de | **www.iwanowski.de**